高校图书馆阅读推广研究

刘 洋 著

中国華僑出版社
·北京·

图书在版编目(CIP)数据

高校图书馆阅读推广研究 /刘洋著. — 北京 ：中国华侨出版社，2021. 12

ISBN 978-7-5113-8500-0

Ⅰ. ①高… Ⅱ. ①刘… Ⅲ. ①院校图书馆—读书活动—研究 Ⅳ. ①G252. 17

中国版本图书馆 CIP 数据核字(2020)第 258040 号

高校图书馆阅读推广研究

著　　者 / 刘　洋
责任编辑 / 江　冰　桑梦娟
装帧设计 / 中图时代
文字编辑 / 秦丽瑶
经　　销 / 新华书店
印　　刷 / 三河市嵩川印刷有限公司
开　　本 / 710 毫米×1000 毫米　1/16　　印　　张 / 13. 5　　字　　数 / 200 千字
版　　次 / 2021 年 12 月第 1 版　　印　　次 / 2022 年 1 月第 1 次印刷
书　　号 / ISBN 978-7-5113-8500-0
定　　价 / 58. 00 元

中国华侨出版社　　北京市朝阳区西坝河东里 77 号楼底商 5 号　　邮编:100028
发 行 部:(010)64443051　　传　　真:(010)64439708
网　　址:www. oveaschin. com　　E － mail:oveaschin@ sina. com

目　录

第一章　大学图书馆阅读

第一节　阅读概论

一、阅读的含义及种类

阅读是通过视觉及触觉从书面语中提取、建构意义的认知过程。

阅读有广义和狭义之分。从狭义的方面看,阅读就是借助视觉感官,通过思考来理解文字、文本所表达的意义和内容的一种智力活动。从广义的视角分析,阅读就是借助于人的视角和触觉(手和皮肤),通过心理加工来理解文字、标符、表情、姿态、图案、服饰、社会、自然现象及其状态内容和意义的一种复杂的心理活动、行为和心理过程。阅读对象除了传统意义上的书刊,还包括各种说明书、广告、传单、公共场所展示的相关信息。这些信息的外在表现形式一般是文字及相关符号,外在形式可能是纸质的或者是非纸质的(电子屏幕)以及网络、手机等各类电子媒体。

阅读的方式。对于人类的阅读方式,以不同的标准进行划分,可以得到不同的分类:

(一)根据方式和目标的不同,可以把阅读分为五类:眺读、略读、查读、通读、细读

眺读是指翻阅报刊目录、浏览报刊题目,以选择阅读篇目的过程。在信息时代的今天,人们每天接触的读物、报刊很多,不可能所有读物都读。如何找出自己最想看的,就是眺读的目的。

略读是指以尽可能快的速度,迅速获取读物的中心和大概。阅读时,先粗略地浏览一下读物,看看是否有自己感兴趣、真正需要的资料和信息。其优点为可以在短时间内阅读大量的文献,获取主要信息。

查读指在较多的文献信息中,迅速准确地查找到某些有用的信息。查读要求

读者从中迅速查找某一项特定信息或具体事实,对其他无关部分则略去不读。查读既要求速度,又要求准确,带有明确的目的性和针对性。

通读就是把读物从头到尾大概地读一遍,要求既能抓住文献中心,又能把握比较重要的细节;既能明确文献的层次结构,又能理解主要具体的描述;既能明白作者的表达指向,又能看出其态度。

细读是指逐词逐句地阅读,特别对关键句、关键词,要仔细琢磨,以便对其有较准确、深刻的理解和掌握。不仅要理解其字面意思,而且要通过判断和推理,弄清字里行间所隐含的意思。

(二)按照读物的范围、理解的深度和广度划分,阅读可分为精读和泛读

精读是一种深刻理解、记忆的阅读行为和需要仔细阅读文献信息的过程。其中包含两层含义:一是阅读的读物要精;二是理解要准确,达到完全深刻理解和完全掌握。精读也就是逐字逐句精研细读。

泛读是指广泛阅读、整体理解和把握的一种阅读方式。泛读的对象呈现多元性,如纸质、电子、图片、表格、雕刻的、刺绣的、印刷的、绘画的、影视的、手写的、标示无声的或有声的语言、非语言符号。泛读是针对精读而言的。精读的目的在于解决对阅读材料的理解、掌握的深度和精度问题,而泛读是为解决知识和信息的广度和阅读速度问题。

(三)按照阅读的流程来划分,有泛览、预读、详读、复读

泛览是一种选择性阅读,是为选材而进行的浏览。泛览的主要内容包括浏览封面、封底、内封的内容,如书名、作者、出版时间、出版社、书评等,最后决定文献信息是否值得一读。

预读是在泛览基础决定阅读后,快速翻阅文献信息的每一页,详读各部分的第一段或每段的第一句。如果章节后有小结,或者设计有需要回答的问题,就必须认真阅读,弄清详读时需要把握的内容。

详读是详细阅读文献信息的每一页。边读边记,在认为有趣的或重要的地方做出标记,将重要的内容以及可能要回读的内容做提示标记。

复读是对读过的文献信息,从头到尾一页页、一段段反复阅读所标注的重要部分或内容,然后提纲式地列出已读文献信息的要点。

(四)按对阅读材料的处理方式划分

理解性阅读,是指以全面理解文献信息内容为目的。理解包括三个层次:表层

理解（字面）、深层理解（推理性）和评价性理解（批判性）。

略读与通览基本相同，即翻阅文献信息，首先要看序言、目录、开头、结尾，然后从头到尾地浏览，力求从整体上迅速把握读物的脉络和主旨，明确主要内容。

寻读也叫查阅或扫读，是为获取特定的信息，在大量的信息文献中查找特定信息的阅读方法，如在网络或报刊中查找某篇报道等。

跳读，是指有所舍弃，择其所需而读。读者必须牢记所需的信息或者内容，包括章节、段落、词语和句子，大胆舍弃与所需内容无关的部分。

批注阅读，是指在阅读过程中边读边做必要的批注。勾画出信息文献的重点、难点、疑点，并加注阅读感想和认识，使读者尽可能快捷地获得所需要的知识和信息。

（五）按读物呈现的方式划分

阅读又可分为网络阅读，书写、刻画和纸质文献阅读，以及电子文档阅读。随着科技的发展和电子产品的广泛应用，读物呈现方式越来越多，除了传统纸质信息文献外，电子图书、多媒体课件、视频、电影、电视以及当今使用最广泛的电子网络信息，应有尽有，令人目不暇接。

二、阅读主体

（一）阅读主体的定义及类型

阅读主体，是指在阅读过程中，与读物产生阅读关系并始终抱积极主动态度的读者，即凡有阅读能力并利用阅读客体的一切社会成员。由于读者在阅读过程中始终处于积极主动的地位，所以称之为阅读主体。阅读主体既可以是个体，也可以是群体。作为阅读主体的读者，广泛存在于全社会各行业和阶层之中，一切具有阅读能力并开展具体阅读活动的人，都属于读者范畴。一个人要成为阅读主体，起码应该具有三个方面条件：一有阅读欲望，二具备一定阅读能力，三从事阅读活动。

阅读主体有三种类型："可能阅读主体"或"潜在阅读主体"，即具有阅读某种读物的能力而尚未去阅读的人；"实现阅读主体"，就是正在一个阅读过程中从事阅读活动的人；"完成阅读主体"，即已经阅读过某种读物的人。因为"可能读者"还够不上阅读主体，所以只有"实现读者"和"完成读者"才称得上阅读主体。

（二）阅读主体的作用

1. 阅读主体为文章写作的参与者和推动者

“任何文章，都预想着有读者。”（夏丏尊、叶圣陶《国文百八课·文话十七》）严肃的作者都会心存“为谁写”的读者意识：文章是为读者而作的，写作的整个过程要时时为读者着想；文章是为读者阅读的，写作的方方面面要处处为读者着想，目的上力求满足读者的需要，态度上尊重读者的地位，方法上吻合读者的心理。因此，“写作过程包含着与之辩证相关的阅读过程”（萨特《为谁而写作》）。读者在动笔前、行文中和完篇后的信息反馈，对作者的写作活动直接或间接地起着激励、调节、修正、鞭策等控制作用，实际上是读者以公开或隐蔽的身份参与了写作，最后完成了写作，又不断推动着写作的修改与完善。

2. 阅读主体是作品的评判者与价值的实现者

任何作者都渴望自己的作品在读者中引起相当的反响。所有文章都依赖阅读主体而生存。物化在文字符号系统中的作者的思想感情，只有通过阅读主体的理解、认读和欣赏，方能得以激活并显现，从而意化为精神营养。文章的体式、风貌和信息，文章的是非、优劣、得失，唯有经过阅读主体的理智判断和科学评价，方能得以吸收和借鉴，从而产生其社会效应。一篇文章或一本书，只有被阅读主体认识和把握，其潜在的价值才会转化为现实的价值。

3. 阅读主体是文章的传播者与再生产者

阅读活动是文章创作、传播、接受整个流程的最后阶段。文章作为交际工具，总要传播到社会上去，供读者阅读和接受。阅读实现了跨时空的信息传播。阅读要从文章中摄取和提炼信息，它不是被动地接受、简单地还原，而是结合自己的社会体验去理解和改造原文，结合自己的文学积淀去欣赏和丰富作品的多重含义，从中产生新体验、新思路。阅读传播的过程中，文章价值不仅不会受到损耗，而且能增加其影响力，使读者不断发现它的新价值。许多经久不衰的名篇佳作，主要源于读者在阅读欣赏文章的过程中，不断地进行着再创造。

要想提高文章的社会功能、发挥阅读主体的创造潜力，就必须在阅读过程中提高阅读主体的阅读素质。这就要求读者不仅应有健康的阅读生理和心理机能，更要在阅读的意向品质和智力技能两方面形成一个完美的阅读个性。

三、阅读客体

(一)阅读客体的定义及特征

阅读客体包括阅读对象、阅读时间、阅读工具、阅读环境。任何阅读活动都是阅读主体在一定时境,通过一定手段,而指向一定的阅读对象。这个被阅读主体认识和把握的客观对象,就是阅读客体。

阅读客体具有以下特征:

思想观念性。阅读客体是精神产品,与物质产品不同,精神产品倾注着精神生产者的思想观念,它是作者对客观事物的主观反映,包含着作者的某种思想情感,表达了作者一定的文化科学知识,属于间接经验,具有观念形态的性质。从内容上说,阅读客体是一种信息,但并非一切信息都是阅读客体。阅读客体所内含的信息是社会信息、间接信息、外化信息。人类信息是人的精神产物的外化和内储。

语言符号性。从实物到图画,再到文字,这些信息媒介的转换和使用,表明符号表达事物和情意的功能在逐步提高。语言符号的主要功能在于使抽象化的观念具体化,将无形的变为有形的,把不可知的变为可知的,使埋藏心里深层的变成可见的。语言符号能表达最丰富的内容、最抽象的思想、最复杂的感情,因而是最基本、最重要的传播工具,是高级的信息载体,是直接的阅读对象。

物质载体性。语言符号的出现,使阅读客体的产生具备了条件。但文字必须借助一定的物质形态,必须依靠物质载体,才能存在和流传。图画和文字等符号,仅是阅读客体形式的第一因素,除文字等符号外,还必须有便于流传和适于书写的材料。刻写文字等符号的物质材料,是阅读客体存在形式的第二因素。

读物主观性。读物主观性按其运动过程,表现为两个层面:一是写作阶段作品中作者主体意识的注入,二是阅读阶段读者主体意识渗透于作品。用动态的眼光来观察,读物先是作者的精神产品,再后是读者的精神消费品,灌注着双重主体意识。

作者的精神产品不只是为了自我欣赏和享用,作为一种社会产品,必然要传播到社会,供读者欣赏和消费。如果把阅读活动理解成主动的认识过程,那么,阅读对象就是依赖于阅读主体而存在的。产品是在消费过程中证实了自己是产品才成为产品的。一篇文章或一部书只有通过阅读,才算写作行为的最后完成,精神产品才能成为现实的精神消费品,使其潜在的价值转化为现实的价值。在这个过程中,读者主观条件就显得特别重要。如果读者没有相当的阅读能力,那么,再好的读物对他来说也是毫无任何价值的。

(二)阅读客体的类别

从符号看,阅读客体包括文字和图画。阅读的直接对象是留有痕迹的信息符号。任何读者都是通过感知信息符号去理解和欣赏读物内容的。阅读客体的符号系统有语言和非语言的两大类:一般说来,文字、款式、标点等语言符号是基本的;照片、图画、公式、乐谱等非语言类符号是辅助性的,二者互为补充。

从载体看,阅读客体包括无声和有声两大类。无声阅读客体是通过文字、图画等无声符号使人理解其表达内容的阅读材料。主要指印刷在各种纸张上的出版物,如图书、报纸、杂志、地图、画册等,也包括书写、刻铸在甲骨、金石、纸帛、竹木等物质上的文字资料。还有微缩型读物,采用现代化照相技术将全书内容缩摄在微缩胶卷、胶片或卡片等载体上,然后凭阅读器放大而进行阅读。有声读物是通过记录有声语言,供人理解其表达内容的阅读材料,如文学朗读片、报告录像、录音、磁带等。

从内容看,阅读客体包括人文科学和自然科学。人文科学是反映人类社会各种文化现象及本质的读物,包括哲学、政治、经济、法律、军事、文化、教育、语言、艺术、文学、历史、体育、心理学、社会学、人口学、统计学等学科。自然科学是揭示自然现象及规律的科学,包括数学、生物学、物理学、化学、天文学、地球科学、医药卫生等基础学科。此外,还有各种交叉学科、边缘学科、综合学科。

从地域看,阅读客体有中文和外文。中文读物是以中国文字为主体符号的精神产品。外文读物是以外国文字为主体符号的精神产品。

从时代看,阅读客体包括古文和今文。

除了以上标准之外,按作品思想的优劣高下,可分有益和有害的;按读者的年龄素质,可分幼儿、青少年、成人和老年的;或者按层次,可分一般读物和专业读物。

(三)阅读客体对阅读主体的作用

阅读主体的精神享受对象是阅读客体。阅读作为人类高级的对象性活动,必以对象的存在为前提。可以说,没有阅读客体,就没有阅读,就不可能产生阅读主体。作为主客体统一的产物,阅读客体既具有主观性又具有客观性。阅读客体在写作和阅读的过程中逐步实现其价值,阅读客体以主体性对象的沉入为表征,容纳着作者和读者双重的主体意识。一旦作者的精神外化为语言符号系统，进而固化在物质载体内，阅读客体就变成一个独立存在的实体，即所谓“第二自然”，成为读者精神享受的客观对象。阅读客体的客观性包含有三层意思：阅读客体反映的内容是客观世界；具有物质外壳的阅读客体，具有独立于读者之外、独立存在的外观；在读者之外，客观地存在于精神文化体系之中，这个精神文化既有前人留下的财富，又有今人创造的结晶。

通过阅读可以获取阅读客体提供的文献资源信息。阅读是读者通过耳闻目睹作家作品与作者进行信息交流的一种方式，其中，最主要的是吸收信息。作为信息的储蓄器，阅读客体是第一信息源。读者对阅读客体释放的信息接收就是阅读。阅读客体释放的信息量越大，阅读主体接收的信息就随之而变大。无论阅读客体提供的科学信息或是表现出的审美信息都是如此。这就是所说的仁者见仁，智者见智，阅读主体所获取的“仁”和“智”，既有阅读客体所自身携带的，也包括读者以此而生发、想象出来的。

阅读客体限定了阅读的目标和思路。阅读要求主体按照客体所指引的方向与规定的范围进行。阅读目标强烈地依附于阅读客体之中。常规的理解性阅读必须使阅读目标与作者的写作目的保持一致。阅读欣赏中的共鸣现象证明了阅读目标与写作目的的同一性。共鸣需要读者和作者的思想感情达到相对一致，甚至契合无间。发生共鸣的因素为多元的，有民族的、阶级的、时代的、社会共同体的等，它们均表现在阅读主体与客体的高度融洽与结合上。

阅读客体制约着阅读的方法和效率。不同的阅读客体使用不同的阅读方法，科学的阅读方法必须适应读物的性质和特征。就结构而言，单篇短章与长篇巨著应有不同，短篇宜做精读，需认真剖析；长篇巨著宜用略读，得其大概。就文体来说，文章中的科学信息明晰性强，阅读呈线性的对应关系，宜取冷读法和分读法；文学中的美感信息带朦胧性、含蓄性，要求全身心地去感受，宜取热读法和全读法。记叙文和论说文也不一样，记叙文在看作者文学性描绘的手段，论说文在阐明作者推论的途径。阅读对象也制约着阅读的效率。要在最短时间内通过阅读获得尽可能多的信息量，必须提高阅读速度和理解程度。这是个多因素的问题，首要因素在于阅读客体的性质。科学著作的信息密度高，冗余度低，宜做研读、慢读，文学作品的描写成分多，冗余度高，适用快读。

阅读客体给予阅读再创造的巨大可能性。阅读是主体通过认识图式去同化客体内容的过程。阅读主体作为阅读客体信息的接受者和加工者,延续着作者的创作,从而实现着作品的价值。阅读的创造性思考、想象、评判均以作品为基础,作品留下的不确定性和想象空白越多,阅读主体的主动性越大,获得的思想营养和审美感受也越多。阅读主体的主观能动性是阅读客体的"结构"召唤来的,想象力丰富的阅读主体在不留空白的阅读客体面前无用武之地。阅读客体的诱导空间越大,给予阅读主体的视野期待越多,越能调动阅读主体的能动性。

阅读的再造想象必须在理解阅读客体的信息表现形式——语词的基础上进行。想象是阅读鉴赏和信息理解的主要工具,而阅读客体所提供的再造条件是想象必不可少的依据和动因。不论是先后承接的想象或者为组合完形的想象,都是阅读客体的表现形式——语词的触发与引导的结果。由于同一阅读客体有着等量和固定的语词,所以,不同阅读主体通过语词、图片等触媒而生发的再造想象,在总体趋势上是大致相同的。这种阅读想象的多元同向性证明了阅读客体的约束力。阅读的创造评价以客体形象为基础。尽管不同社会、时代、阶级、民族的阅读主体对同一阅读客体有不同体验,但阅读客体的客观蕴含却具有相对稳定性。

四、阅读介体

阅读主体与阅读客体之间建立联系的中介是阅读工具,阅读工具是阅读主体为了把握阅读客体在一定时境中运用的全部手段。人类的历史是从制造工具开始的。作为人类特有的阅读活动,本质上是阅读主体借助于阅读工具同阅读对象相互作用的结果。没有阅读工具,阅读主体就不能与阅读客体产生相互作用,建立信息联系,就不能获得对阅读客体的深刻理解,也就无所谓阅读活动。任何阅读过程,除了阅读主体、阅读客体之外,还应有阅读中介,即阅读手段。因此,阅读工具属于阅读介体的范畴。阅读工具是一个内容丰富的系统,它一般由两大要素,即"硬件"和"软件"构成。阅读工具的"硬件",是指以实物形态存在的阅读工具,如各类工具书和阅读器具;阅读工具的"软件",是指以观念形态存在的阅读工具,如各种阅读工具学科和阅读工具语言,阅读的"硬件"和"软件"彼此紧密配合,缺一不可。制造和利用阅读工具的能力,往往是阅读发展水平的真实体现。

第二节 大学图书馆阅读文化

一、阅读文化的含义及种类

阅读文化是建立在一定科学技术和物质材料的基础上，在社会意识、阅读环境、相关制度制约下而形成的阅读价值取向和阅读文化活动。

作为一种社会文化系统，阅读文化可划分为阅读精神文化、阅读物质文化和阅读制度文化。

(一)阅读精神文化

阅读文化的本质特征和精神内核是阅读精神文化。正如福楼拜所说，阅读是为了活着。就超越世俗生活的层面而言，阅读的意义具体表现在建立精神生活的五彩缤纷世界。阅读精神文化主要包括阅读需求、阅读观念、阅读的价值取向、阅读习惯和阅读技能等；宗教信仰、道德价值、民族精神对阅读活动可以产生相当的影响；阅读对读者品格意志、道德情操、社会生活、价值观念都能够产生一定的影响。

(二)阅读物质文化

阅读文化产生和发展的物质基础是阅读物质文化，阅读物质文化包括社会经济、大学图书馆、社区与家庭、出版业、教育等方面。阅读文化产生和发展的前提条件是经济基础，人们必须在一定的经济基础条件下，才会尽情享受阅读的快乐。阅读文化的物质基础，需要大学图书馆、出版社、社区和家庭以及教育来支撑。出版业的发展现状决定了阅读内容和规模。同时出版业、大学图书馆和社区也是开展社会阅读的主体。一个人能力与成就的大小和家庭教育密切相关，而阅读就是家庭教育的核心内容。此外，社会教育普及程度的高低也一定程度上影响社会阅读风气的形成。

(三)阅读制度文化

作为一种社会文化现象，阅读必然会受各种社会因素的左右和制约。处于阅读文化中间层的阅读制度文化，不同程度地必然受到群体意识、政治制度以及社会不同阶段禁书等因素的影响。例如，在20世纪的50年代到70年代，以阶级斗争为纲的、极“左”的政治意识弥漫在中国社会及文化生活的方方面面，严重影响了读者阅读心理、阅读客体选择，社会阅读状况“万马齐喑”，势必造成政治化的阅读审美，单一化的阅读选择。在历史上，各国的禁书运动对当时社会阅读的影响，集中体现于阅读内容的限制性、趋同化的阅读形式。同时，在民主政治中，政府文化政策是鼓励读书，从而保障了社会阅读的发展。例如全世界读书人的节日——“世界阅读日”，就是为了推进全民阅读，促进知识获取的蓬勃发展。

二、大学图书馆阅读文化的特点

（一）阅读主体为大学图书馆全体读者

建设校园阅读文化必须首先要考虑的问题是阅读主体。阅读主体包括教师、学生及管理人员。

教师是大学校园阅读文化建设的直接参与者和引导者，教师对大学校园阅读文化起着关键性的作用。教师的阅读不仅是大学生读书的前提，而且是整个教育的前提。教师的阅读，是教学的需要，能给教学增添活力；教师的阅读，在不断地丰富自己知识的同时，也是自身专业化发展和个人成长的需要。教师的阅读直接关系并影响着学生的阅读，因为老师爱阅读，必然支持和鼓励自己的学生去阅读，教师的阅读方法和经验对学生的阅读起到重要的作用。

学生是大学教育的对象，是学校的主体，是大学校园阅读文化主体，如果每个大学生都投入到阅读活动中去，大学基本上就是阅读型校园了。因此，大学校园阅读文化主要是大学生的阅读文化，大学生是大学校园阅读文化的主体。建设大学校园的阅读文化，大学生读者既是出发点，又是终结点。

在大学校园阅读文化中，学校领导起着至关重要、不可忽视的作用，因为学校领导是大学校园阅读文化建设的关键、决定性力量。为了更好地加强学校管理，校长需要先进的办学理念并以此为指导，为此，就需要持续不断地阅读、坚持不懈地学习；校长是学校师生员工的表率，其自身的阅读行为必然引领、激励整个学校的阅读活动。只有学校领导在阅读活动中率先垂范、身体力行，才能有师生员工的阅读，最终才能发展校园阅读文化。

大学图书馆阅读文化是大学图书馆所有读者的共有文化，只有学校所有师生员工的共同参与，才能建立起校园阅读文化来，才能成为真正的校园阅读文化。

向上的阅读信息,保证网络阅读文化的健康发展。

3. 宣传作用

开展阅读活动是大学校园文化建设的一个很重要内容。通过开展读书活动,建设阅读文化,促进阅读意义的提升,大学生可以进一步明确阅读的目标,了解阅读的意义,充分发挥大学生主动阅读的能动性,为阅读提供更多的动力支持;通过阅读技巧的推介,大学生能够养成良好的阅读习惯,轻松阅读,以此充分发挥大学校园文化建设对阅读文化发展的宣传作用。

第三节　大学图书馆网络阅读

一、网络阅读

网络为我们打开了一个新的天地,今天的阅读已不是传统意义上的读书。今天的阅读不仅指读书,还包括“读屏”“读图”。在数字化快速发展、网络盛行的今天,互联网成为空前巨大的一个信息交流平台。电子图书、微博、微信、博客等新兴媒体的影响,以迅雷不及掩耳之势在全球普及。每时每刻、角角落落,这些不同的信息载体无不吸引着人们的眼球,转移着人们的注意力。虽然阅读活动的基本过程并没有发生太大的变化,但是最终导致巨大变化的是人们的阅读活动的整体解码环境。大众阅读方式随新媒体的介入和发展已经表现出不可逆转的变革趋势。正如林明智先生所说,社会阅读正呈现如下发展态势:屏幕阅读将成主流,导读的需求将会加大,阅读需求个性化,移动阅读渐成常态习惯,大众阅读将呈现趋同化、娱乐化及不确定性特征。

(一)网络阅读的内涵和外延

网络阅读是指网络文化语境中的阅读活动,是指借助网络和计算机等硬件设施,获取网络文本,并通过计算机终端、电子图书阅读终端窗口显示或播放,从而使读者信息接收端完成意义构建的过程。

根据“网络”和“阅读”是否同步,一般将网络阅读分为在线阅读和离线阅读。在线阅读主要是指借助计算机,离线阅读是指离开计算机后,读者可以使用电子文本阅读器进行阅读。从这个定义可以看出,网络阅读是计算机互联时代的一种阅读方式，阅读平台已经从传统的纸质印刷品转为各种电子设备，阅读对象也从单纯的文字和图像扩大到多媒体，阅读活动不在仅仅局限于主动识别图文符号，还包括听声音、看影像等多种行为方式。因此，网络阅读空间要比任何种媒介形式的阅读空间都更为广阔。

网络阅读必须具备以下要素：

①网络阅读主体的组成部分是网民。根据 CNNIC 的定义“网民”的含义是指每周至少使用一个小时互联网的公民。

②网络阅读客体必须是数字化阅读文本，这种文本格式是超媒体或者超文本的，而且通过网络来获取、保存的数字化阅读文本。超媒体是指用超文本技术来管理多媒体信息；超文本是指“一种按信息之间关系非线性地存储、组织、管理和浏览信息的计算机技术”。数字化阅读文本是以二进制表示的，计算机作为阅读文本的存储、阅览工具和载体。

③网络读者和网络阅读客体必须发生交流，或者网络阅读客体受到主体的影响，或者网络读者吸收客体的知识内容。

网络阅读包括以下网络行为或活动：

①仔细阅读或浏览政府、教学或科研单位、商务、个人以及其他公益性网站的网页内容。

②仔细浏览或阅读 BBS。

③查看并阅读电子邮箱邮件。

④访问各类论坛。

⑤阅读 E-book、E-newspaper、E-paper、E-journal 等。

⑥使用搜索引擎。

⑦观看演示文档，如 PPT。

⑧欣赏数字化、网络化图片。

⑨观看网络化和数字化的多媒体文件。

⑩阅读计算机程序。

⑪阅读对方传送的文字或图片，部分网络聊天行为。

⑫读取短信等无线信息。

(二)网络阅读的特征

1. 网络文本的特征

(1)内容丰富。在这个无限信息充斥的时代,浩如烟海的网络信息总量远远超过了世界上任何一个国家的资料库或大学图书馆。

(2)资源共享。网络信息的发布和阅读门槛都比较低,信息交换、流通率甚高。网络文本的共享性势必造成严重的信息污染,影响网络文本的权威性。

(3)多媒体。基于电子设备的网络文本横跨音频、视频媒体,可以同时调动阅读者的多个感官,从而生动有效地传递信息。

(4)主题杂糅。在同一场合,Web 页面往往出现许多不同主题的内容,以充分满足各个阅读者的不同信息需求。

(5)结构开放。网络文本往往是相互关联的非线性信息组合,可供读者随时跳转和调用,在阅读顺序、内容等方面支持阅读者的个性化选择。

(6)时尚的语汇。网络语言是网络文化的标志性特征之一。网络语言是在常规语言的基础上,赋予一些常规词语新的含义,也会创造一些新的词语,同时使用大量的符号化语言。网络语言的更新远远超过传统语言,非常迅速,甚至于常规的文本处理技术都不能与之相适应。

(7)无固定形态。网络文本是“流动的信息”,始终呈现灵活多变,随时可以扩展、更新、移动或删除,没有终极的形态。这一性质突出了网络文本的时效性,同时也降低了它的稳定性。

2. 网络阅读的模式

(1)互动。网络阅读强调回馈机制,在信息流动的过程中常常涉及反馈的信息,体现了信息提供者和接收者之间的互动性。

(2)传播的不对等性。网络阅读的互动性并没有使作者和读者的界限彻底模糊,总体来说,信息仍然是从作者到读者的单向流动,信息反馈对信息传播过程只起到一定的修正作用。实际上,“阅读者和网络文本资源的提供者在知识水平、传播能力等方面都存在差异,对等的阅读只是局部的”。

(3)技术的依赖。信息技术的重要性常常通过网络阅读过程加以体现,对读者阅读效果的直接影响,甚至包括信息利用技术和软硬件设备。

(4)阅读原始文本、提供文本搜索与提示服务的双重角色往往由“直接读者”

扮演。在现实情况下,这体现出门户网站等网络资源的整合。

3. 网络阅读的优势

(1)阅读内容的丰富性。这是由丰富的网络文本所决定的。

(2)阅读环境的开放性。网络阅读把作者和读者都置身在开放的互联网世界,与传统的纸质媒体资源相比,网络信息的检索和传播所受到的限制极少,这就使网络阅读在诸多场合成为快速查找信息的首选。

(3)阅读过程的互动性。网络阅读是非线性阅读,读者可以通过点击链接、在线查询、自定义阅读界面等方式充分表现出自己在阅读过程中的主导作用。

(4)阅读方式的虚拟性。网络本身是一个虚拟的空间,这就使网络阅读者在利用网络检索文本时,能够隐匿自己的真实身份,从而避免现实生活中阅读可能带来的种种不适和尴尬。

(5)阅读行为的共时性。网络阅读的即时双向互动就使网络文本的生产和接收有一定的重叠性。例如在使用网络论坛阅读他人的文章以后,自己的评论或回复又立即成为他人的阅读材料。虽然在许多情况下,网络文本的生产和接收不是完全对等的,但借助于网络平台,读者反馈的共享性和即时性能最大限度地发掘人的创造性,这绝对是传统纸质媒体所无法比拟的。

4. 网络阅读的缺陷

(1)文本质量参差不齐。网络阅读环境的开放性和内容的多样性势必导致网络文本过于庞杂,精华与糟粕并存之处随手拈来,整体而言,信息质量差强人意。

(2)对读者的信息技术掌握程度有相当的要求。网络阅读需要使用计算机或E-book等阅读终端设备,对读者的软件使用技巧和硬件操作能力都提出了相当高的要求,这也是网络阅读者大都是反应快、能力强的青年人的主要原因;更极端地说,网络阅读存在“读者排斥”或“人群歧视”现象。

(3)阅读方式有诸多限制。网络阅读必须借助于外部电子设备,使用姿势远远比不上传统纸质媒体随意,而阅读屏幕的狭小也使读者很难对资料有一个全局性的把握,并且长时间地使用这些设备对人的听力、视力、骨骼等身体器官都有所影响。

(4)对外部硬件设施要求较高。获取网络文本的成本虽然低廉,但便携式阅读器或计算机的获取却要求有较多的一次性投入。

(5)纷繁的网络文本容易导致使用者的“网络迷航”。网络文本内容丰富多彩而形式更是多种多样，许多网络阅读者或者在大量使人眼花缭乱的信息面前“找不着北”；或者在阅读过程中经常由于其他无关信息吸引而偏离原来的阅读目标，甚至忘记最初的阅读目的；或者由于文本里的层层链接太多太深而“难觅归途”；或者沉溺于网络世界里的各种信息难以抽身。因此，网络阅读对读者的注意力和自控能力提出相当大的挑战。

二、网络文化

(一)网络文化的定义和特征

网络文化是网络信息时代的产物。网络文化是以计算机和通信技术为物质支撑，基于信息传递所衍生的一切文化活动，影响和改变现实社会中人的行为方式和思维方式的新型文化形式的总和。

网络文化具有以下特征：

高度开放性。网络为所有读者搭建了任意存取信息交流环境的平台，只要符合网络管理的基本要求，任何人都可以在网上发表自己的意见，阐述自己的观点，也可以将自己想发布的各种信息通过网络发送到世界的角角落落。网络可以将这些信息以最快的速度向全球传播和扩散。

动态的交互性。网络是主客体的兼容，个人只是网络中的一个节点，他们既是网络的使用者，又是网络的主体，扮演着创造、提供和使用网络信息的角色。每一个参与网络生活的人都可以自由地通过网络所能提供的各种形式的文、图、音、像来沟通交流，随时随地发表自己的想法和意见。网上信息交流方式和功能更加有效、完备、及时。

高效的便捷性。计算机网络实现了通信的瞬时化，跨越了现实社会的时间与空间，极大地加快了社会生活的节奏，将全社会紧密地联结在一起。网络中每一个体之间的时空距离通过网络而走得更近，世界上发生的各种重大事件或我们感兴趣的各种信息，都可以通过网络在第一时间获得；为了获取研究所需资料，我们也不必到外地或大学图书馆寻找，只需把所需的资料目录输入大学图书馆的信息检索系统，便能从数字图书馆的数据库中即时找到。高效的便捷性体现了网络文化注重效率的特点。

虚拟性。网络是由虚拟社会人和虚拟时空所构成的虚拟社会空间。人们可以在网络空间中组成独特的虚拟社区或文化交流群体,甚至可以在网络中通过技术手段创建出逼真直观的虚拟现实情景,模拟人们交往的情感、语言和行为模式。

(二)网络文化与大众文化的关系

从广义上来说,即从大众文化和网络文化所具有的最广泛意义的群众性来说,二者都可以成为大众文化。网络文化与大众文化都具有文化的共性,再加上它们的现实存在具有共时性和交叉性融合的特征,就使得人们在日常使用时,很容易将网络文化视为大众文化。以此可以看出,大众文化是一个外延更宽泛、含义更丰富的概念。不同的时代有不同的大众文化,网络时代也是如此。

从狭义上来说,在工业时代,大众文化具有特定的内涵;在网络时代,网络文化也如此。由于二者具有不同的文化本质和特点,所以它们还应该是两种不同类型的文化。

大众文化和网络文化的联系表现在:首先,二者的主体都是社会上范围最广泛的民众,大家共同存在一个社会体制中,存在和活动的空间散布于社会各个角落,对参与者的社会身份没有特殊要求,二者具有交叉性。其次,二者还体现出有一些文化共性,如草根性、普及性、平民性、身份平等性等。

但由于二者是不同历史发展阶段出现的文化现象,又存在着差异和不同,体现出各自独有的文化特性:一是大众文化的主体更具被动性和消极性,有被操纵的特征;而网络文化的主体更具主动性,在网络上表现为消费者和生产者的统一体。二是大众文化有较高的准入门槛,消费门槛相对较低;而网络文化在拥有和使用计算机之后才出现,消费和准入的门槛都相对较低。三是大众文化数量上更追求大规模、群体内部更追求标准化和整齐划一;信息时代的网络文化则并不十分追求群体内部的同质性和整齐划一,反而更注重内部的自由度和多样化。

三、网络阅读文化

网络阅读是由文本变化所带来的一种新阅读方式,专指网络文化语境中的阅读活动,也就是借助网络技术、计算机来获取包括文本在内的多媒体合成知识和信息,以完成意义构建的超文本的一种阅读行为。网络阅读文化是把网民作为阅读主体、把各类阅读文本作为阅读客体、把网络作为中介的文化,是阅读主体、阅读文本和网络三位一体的各种精神、物质和制度的总和。

在信息文化的大环境下,网络文化通过文化与网络的相互影响、相互结合而产生，阅读文化通过文化与阅读的相互结合而产生；网络阅读文化又由网络文化和阅读文化相互交叉而形成。

从文化哲学与信息文化的视角出发，网络阅读文化可以划分为网络阅读精神文化、网络阅读物质文化和网络阅读制度文化。

1. 网络阅读精神文化

网络阅读精神文化是指网络读者与数字化、网络化文本实现知识与信息交流的、饱含非遗产信息的、各类网络阅读的精神成果，是网络阅读读者以网络阅读为表现形式的、精神化的一种生存方式。网络阅读精神文化的要素主要有：网络阅读需求、网络阅读兴趣与动机、网络阅读习惯、网络阅读技能、网络阅读战略和模式等。

在网络环境下，网络社会中的个体所产生的、渴望进行的网络阅读活动就是网络阅读需求，也就是与各类网络阅读文本进行互动的心理状态，是网络阅读个体对网络时代生存和发展所必需的、特殊的网络活动体验，是网络阅读个体缺乏网络阅读文本所包含的知识、信息与意义时而产生的动作行为。

网络阅读兴趣是网络读者个体醉心于网络阅读的文本主题、类型、媒介、领域等，是一种在网络阅读活动中体现出的积极心理倾向，是网络阅读动机的进一步延伸与发展。

维持与推动网络读者个体进行网络阅读活动的内部动力或原因是网络阅读的动机，也是网络读者意识到的、存在于自身需要的，必须具备一定的外部条件，如网络阅读设备、网络阅读文本、网络阅读环境等条件。

网络读者在进行网络阅读活动时，以求达到与网络阅读文本互动所需要的技术、能力、技巧、方法和素质是网络阅读技能。在阅读过程中，网络读者所形成的特殊行为倾向即网络阅读习惯，网络阅读习惯是自动的、经过长期形成的、稳定的网络阅读行为。网络阅读习惯与作为积极心理倾向的网络阅读兴趣不同，网络阅读习惯是一种行为倾向。

2. 网络阅读物质文化

网络阅读物质文化是指网络读者与数字化、网络化文本实现信息与知识交流的、各类网络阅读的物质成果，是网络读者的一种以网络阅读为表现形式的、物质化的生存方式。网络阅读物质文化要素主要包括：网络阅读文本、网络阅读环境、网络阅读设备、网络阅读方式、网络阅读行为等。

网络阅读文本即以网络形式存在的阅读对象，是网络化、数字化和标准化编码形成的意义表达系统。网络化是以超文本、超媒体和非线性形式出现的编码，数字化是计算机文本的典型特征，代表基于“0”和“1”的网络阅读文本。

网络读者和网络阅读文本发生互动所处的物理环境就是网络阅读环境，包括网络阅读行为的经济条件、发生的场所等所包括的人类生存方式与手段以及文化意义等。

网络阅读设备是指支持网络阅读读者实现网络阅读行为的网络设备和计算机硬件，包括输出设备、输入设备、网络设备、控制器、运算器、存储器。

网络读者与网络阅读文本发生互动的主要模式即网络阅读方式，包括浏览、精读、泛读、检索、下载等方式。

在网络阅读活动中，在特定阅读环境下，网络读者与网络阅读文本双方产生关系的动作和活动，就是网络阅读行为。主要包括查看新闻、收发电子邮件、发表和评论文章、阅读论坛、阅读电子图书、浏览 Web 页等行为。

3. 网络阅读制度文化

网络阅读制度文化是指网络读者与网络化、数字化文本实现知识与信息交流的、各类网络阅读的、饱含非遗产信息的制度成果，是一种网络读者以网络阅读为表现形式、制度化的生存方式。其要素主要有：网络阅读促进政策、网络阅读规范、网络阅读伦理、网络阅读约束意识等。

第二章　阅读推广概述

第一节　世界阅读推广发展概况

阅读推广是提升国民素质的基础路径之一。中国新教育实验发起人朱永新教授指出："一个人的精神发育史就是他的阅读史，一个民族的精神境界取决于这个民族的阅读水平，一个没有阅读的学校永远不可能有真正的教育，一个书香充盈的城市才能成为美丽的精神家园。"由于阅读对于个人、民族、国家乃至全世界发展都具有非常重要的意义，联合国教科文组织（United Nations Educational, Scientific and Cultural Organization, UNESCO）、欧美主要国家很早就开始推行世界性或全国性的阅读推广计划，并产生了众多颇具世界影响力的品牌项目，极大地推动了书香社会的发展进程。

一、联合国教科文组织

联合国教科文组织成立于1946年，旨在通过教育、科学和文化促进各国合作，对世界和平和安全做出贡献，在世界性图书及阅读推广行动的开展方面，起着积极的推进与引导作用。1970年，联合国教科文组织第16届大会宣布确定1972年为"国际图书年"（International Book Year, IBY），并选择了4个主题：鼓励著作权和翻译；图书生产和销售，包括发展图书馆；培养阅读习惯；服务于教育、国际理解与和平合作的图书。国际图书年的确立及系列行动计划推动着世界范围内的图书推广进程。1972年，联合国教科文组织发起了全民读书"Books for All"的倡议。在该倡议的推动下，许多成员国及地区建立起图书发展委员会，发起书展、文学奖评选、阅读协会和俱乐部、读书讲座与读书会等阅读推广活动。为评估过去十年图书推广成效，并规划未来的行动计划，1982年，联合国教科文组织在伦敦召开题为"走向阅读社会——80年代的目标"的世界图书大会，提出了规划国家图书战略、在各种社会中创造阅读环境等发展目标。1995年联合国教科文组织将4月23日定为

“世界图书与版权日”，以推进阅读、出版与版权保护。此后，每年的 4 月 23 日前后世界上许多国家和地区均会举行丰富多彩的阅读活动。1997 年，联合国教科文组织发起全民阅读“Reading for All”活动。为促进图书出版与公众阅读，2001 年联合国教科文组织启动了“世界图书之都”（World Book Capital）项目，联合国际出版商联合会、国际书商联合会和国际图书协会，共同讨论评选在阅读文化上做出突出贡献的城市，西班牙马德里、埃及亚历山大、印度新德里、比利时安特卫普、加拿大蒙特利尔、意大利都灵、哥伦比亚波哥大、荷兰阿姆斯特丹、黎巴嫩贝鲁特、斯洛文尼亚卢布尔雅那、阿根廷布宜诺斯艾利斯、亚美尼亚埃里温、泰国曼谷、尼日利亚哈科特港、韩国仁川、波兰弗罗茨瓦夫、几内亚共和国科纳克里、希腊雅典等城市先后获此荣誉。该项目被认为是全世界图书与阅读最成功的项目之一。

二、德国

早在 18 世纪晚期，德国就曾掀起过历时 25 年的“阅读革命”。这场革命使读书不再是贵族的特权，中产阶级和普通老百姓开始广泛触及阅读图书，整个德国社会热衷读书的大幕由此拉开。大诗人席勒将 18 世纪的德国称为“一个被墨渍铺盖的世纪”“一个读书成瘾的世纪”。1763 年德国颁布了《普遍义务教法》，1807 年普鲁士政府承担起“教育整个民族”的重任，这两项举措进一步将“阅读革命”推向高潮，奠定起深厚的民族阅读根基。其后，德国通过发展出版事业、书店业、图书馆业、创建阅读引导机构阅读基金会（Stiftung Lesen）等方式，营造出书香之国的氛围。

德国的出版业、书店、图书馆系统均非常发达。根据《中国出版传媒商报》的报道，德国有 2 200 多家出版社，2016 年、2017 年出版新书均为 7.2 万余种。由德国书业协会创办于 1949 年的法兰克福书展被誉为“出版界的奥林匹克大会”，每年有 100 多个国家和地区、7 000 多家出版商和书商、30 多万个新品种参加，已成为世界最大和最重要的图书贸易展销会，被称作“世界文化的风向标”。根据《光明日报》2016 年 4 月的报道，德国有近 8 000 家书店，另有许多书店与咖啡厅结合的读书场所，书店工作人员达 31 000 余名。许多书店因为极富创意的设计及独特的主题特色，吸引着全世界的爱书人专程前来选购书籍。德国拥有发达的图书馆系统，包括州立图书馆、市（镇）图书馆、社区图书馆、学校图书馆、教会图书馆等在内的各类型图书馆约有 1.8 万家，使德国人看书“比买啤酒还方便”。2011 年前后，公共书架(Public bookshelves)悄然兴起于德国的街头、城市广场及郊区超市里。这种书架每个造价约为5 000欧元,主要依靠捐赠并由志愿者团队管理,可以放置200本左右的书。人们可以拿走想看的书,并留下自己希望与他人共享的书,无须登记,也无借阅期限。书店、图书馆、公共书架让德国民众可以随时阅读图书,营造出浓厚的书香气息,推动了德国社会阅读的发展。

德国阅读基金会(Stiftung Lesen)成立于1988年,是一个政府支持、众多名人参与的全民阅读推广组织,致力于为不同的社会群体提供相应的阅读促进计划,使德国成为一个阅读之国,让每个孩子、每位成年人都具备良好的阅读和媒体素养。基金会扮演着全民阅读的国家联系人和践行者的角色,通过调查研究、政策建议和各种项目不断改善"德国国民阅读境界"。同时,基金会还将自己视为促进社会和政府间对话交流的中间人,促进不同国家机构、基金会、政府、公众、学术界和商界之间合作的协调者。基金会由历届德国总统担任名誉主席和总顾问,组织构成包括理事会、联合委员会、学术顾问组以及日常运营团队。理事会成员由出版机构代表、图书馆协会代表、教育协会代表、总统办公室代表、政府各部代表、广电机构代表等构成,是基金会的决策机构,工作内容包括确定工作方向,并在争取政治、经济及社会各界参与基金会项目活动方面提供支持。联合委员会主要为基金会提供资金支持,由多元机构、协会及企业成员构成。学术顾问组为基金会的科研和项目工作提供内容支持,并跟踪研究阅读和媒介素养领域的新趋势和新问题。基金会的工作还得到很多社会精英和知名人士的志愿支持,包括作家、政治家、学者、媒体人、音乐家、主持人、体育明星、娱乐明星等。这些志愿者无偿担任基金会的阅读大使,并亲自参加基金会的许多活动。日常运营团队由总经理、业务经理、运营经理及下属项目部组成,拥有全职员工40余人。下属项目部主要有"家庭和幼儿园"项目部、"少年和学校"项目部、科研项目部、公关部等,面向青少年、家长、教育工作者、图书馆员、社会人士,为他们提供阅读建议、培训、导读手册等免费服务。此外,基金会还设有阅读与媒体研究所,主要任务是对媒介使用、阅读及朗读、阅读的社会化等问题进行科研调查,对项目进行跟踪与评估,组织阅读和媒体研究领域的各种主题会议。为了更好地开展基金会的工作,有效地提高基金会工作人员的辅导能力和指导水平,2004年,基金会在汉诺威莱布尼茨图书馆成立了"阅读推广学院",为基金会的阅读推广工作人员提供专业的阅读指导和训练。基金会通过开展全国性的阅读推广项目、设立阅读相关奖项的方式,来引导及推动全民阅读。典型的阅读推广项目及奖项有：

(1)“4·23 世界图书日”。从 1996 年起，阅读基金会联合德国书业协会、德国邮政、电视台等举办“送个故事给你”活动，将 25 万册图书送给全国 4~5 年级的小学生，同时还为教师提供阅读辅助材料和指导服务。2012 年起，该活动扩展至成年人，名为“以书会友”。阅读达人可以从专家推荐的书单中选出一种，在 4 月 23 日赠送给多个朋友，分享阅读的快乐。

(2)“全国朗读日”。从 2004 年开始，阅读基金会联合时代周报和德国铁路基金会在全国范围内开展朗读日活动，让人们在学校、幼儿园、书店、图书馆、博物馆、火车站、购物中心、游乐场大声朗读，以激发全民阅读和朗读的兴趣与热情。许多来自政治、文化、体育及传媒界的名人也参与了全国朗读日活动。

(3)“阅读起航”。参照起源于英国的“阅读起步走”(Bookstart)项目，2011 年阅读基金会与德国联邦教育和研究部联合发起全国性的“阅读起航”项目。项目联合儿科诊所、幼儿园和小学，分别在孩子 1 岁、3 岁和 6 岁时向家庭赠送阅读礼包，其中有给孩子的适龄图书、给父母的亲子阅读指导和当地的阅读服务大全。根据基金会 2013 年的统计，约有 5 000 位儿科医生和 4 800 家图书馆加入了“阅读起航”项目。

(4)“德国阅读奖”。由阅读基金会与德国商业银行基金会共同设立，于 2013 年 10 月首次颁发，年度奖金总额为 23 000 欧元。

(5)“迪特里希奥彭贝格媒体奖”。由基金会与新鲁尔新莱茵报基金会共同设立，旨奖励在教育政策和阅读文化方面有突出表现的作品。该奖每年颁发一次，奖金为 6 000 欧元。

三、英国

英国是一个较早开展阅读推广事业的国家，政府部门、基金会、慈善机构、企业等均直接或间接地推动着社会阅读及图书馆事业的发展。从政府部门来看，英国文化、媒体和体育部(Department of Culture, Media and Sport, DCMS)及其下属的英国艺术委员会(Arts Council England, ACE)、英国教育和就业部(Department for Education and Employment, DEE)对于社会阅读推广事业给予了极大的支持。以培育社会阅读兴趣与习惯为基本目标的基金会及慈善组织有英国图书信托基金会(Booktrust)、英国全国读写素养信托基金会(National Literacy Trust, NLT)、阅读社

(The Reading Agency),英国全国性的阅读推广项目多由这些机构发起或实施。同时,英国还有一个非常特殊的、对英国阅读推广及图书馆事业发展起着很大推动作用的公司——开卷(Opening the Book)。

(一)英国图书信托基金会发起的阅读推广项目

英国图书信托基金会创建于1921年,是英国最大的儿童阅读慈善机构,目标为以阅读改变生活,通过赠送图书及资料并提供相关支持,每年为340万儿童提供阅读服务。

英国图书信托基金会主导的旗舰项目为1992年发起的"阅读起步走"(Bookstart)。该计划由英国文化、媒体和体育部资助,通过医疗卫生机构、图书馆等与儿童早期教育相关的机构,在孩子0~12月之间及3~4岁之间将图书礼包赠送给幼儿家庭,以帮助婴幼儿家庭从小培养孩子的阅读兴趣与习惯。鉴于该项目对儿童学习能力所产生的良性成效,1998年英国森宝利连锁超市(Salisbury's)赞助600万英镑的经费,以在全英国范围内推广该计划。2000年,英国约有92%的幼儿受惠于此项目。2005年,英国政府拨款2700万英镑,赠送450万份图书礼包给全英国4岁以下的幼儿。"阅读起步走"模式在全世界产生了广泛的影响,已扩展至欧洲各国及澳大利亚、日本、韩国、泰国等国家,以及中国的台湾地区和苏州等城市。

图书信托基金会发起的其他阅读推广项目包括:"阅读时光"(Time to Read),为4~5岁的孩子提供图书礼包,推动家庭每天亲子阅读10分钟;"信箱俱乐部"(Letterbox Club),由地方当局和学校为孩子报名参加,半年内每个月为5~13岁的学生提供彩色图书、数字游戏和文具;"故事猎人"(Story Hunters),由学校为4年级学生报名参加,半年内每个月为学生提供精选书籍、相关游戏及资料,以培养阅读兴趣;"图书嗡嗡"(Bookbuzz),由学校为11~13岁的学生报名参加,为学生提供他们从专家推荐的17种图书中挑选出的图书。

(二)英国全国读写素养信托基金会发起的阅读推广项目

英国全国读写素养信托基金会创建于1992年,是一个独立的慈善组织,致力于提升英国贫困社区(1/3的人存在读写问题的社区)的阅读与听写技能,领导、发起及参与了英国诸多具有广泛影响的阅读促进项目。

在英国教育和就业部的支持下,英国全国读写素养信托基金会于1998年9月至1999年8月领导及实施了"国家阅读年"(National Year of Reading, NYR)活动计划，旨在创建一个读者之国，并帮助提高学校的阅读标准。阅读年中每个月均设定了主题，如讲故事、诗歌阅读、戏剧阅读、多媒体图书阅读、互联网阅读、运动阅读、报刊阅读等。通过项目资助的方式，“国家阅读年”激发了社会各界广泛的阅读推广热情，商界、传媒界、图书馆和教育机构、政府组织、志愿部门、文学界、艺术界、图书业等纷纷参与活动，以创新的方式推动社会阅读。“国家阅读年”还产生了广泛的社会影响，活动意义及效果受到多方认可与赞扬，并得到高度认同机构的赞助，如森宝利连锁超市给予英国全国读写素养信托基金600万英镑的资助，英国文化、媒体和体育部设立为期两年、每年200万英镑的读者发展基金以支持公共图书馆的读者发展。延续1998年阅读年模式，在英国全国读写素养信托基金、阅读社及由英国艺术委员会、图书信托基金会、博物馆、图书馆和档案馆委员会、国家青年社等9个组织联盟的领导下，“国家阅读年”活动于2008年再次举行。此次活动取得了极大的成功：网站登记的活动有近6 000起；图书馆新增230万读者，其中70%为儿童，比“国家阅读年”启动时增加了58%；参加暑期阅读挑战活动的男孩有2.3万人。

（三）阅读社发起的阅读推广活动

阅读社（The Reading Agency）创建于2002年，是一个致力于推广阅读的慈善机构，主要由英国艺术委员会资助，与公共图书馆有着密切的关系。阅读社的基本信念为：当我们阅读时，一切都在改变。为激励儿童、青少年及成人等不同社会群体的阅读，阅读社发起了多项影响全国的阅读活动。

（1）“夏季阅读挑战”（Summer Reading Challenge）。该项目是英国最大的儿童阅读挑战计划，目标是推动4～11岁的儿童夏季阅读6本及以上的图书，完成挑战的孩子将获得证书。98%的英国公共图书馆参与了该计划。

（2）“图书絮语”（Chatterbooks）。该项目始于2001年，以阅读俱乐部的方式开展，目前是英国最大的儿童读书俱乐部网络，目标对象是4～12岁的儿童，目前有9000多名儿童会员。

（3）“阅读先行”（Reading Ahead）。每年英国公共图书馆、高校、工作场所、监狱都会举行该活动，鼓励成人参加6本书阅读挑战。2017年至2018年，3.85万人参与了这个活动项目。

（4）“世界图书之夜”（World Book Night）。该项目名源于“世界图书日”，首次活动举行于2011年。自2012年开始，该庆祝活动于每年4月23日举行，通过图书馆、监狱、高校、医院、收容所等机构或热心人士向那些不常读书的人赠送图书，以推动更多的成人阅读。

(5)“阅读之友”(Reading Friends)。该项目由大彩票基金资助，旨在通过阅读来开展对话，以解决孤独和孤立的问题。

(6)“健康阅读”(Reading Well)。该项目由健康专家和有生活经验的人开发及支持，旨在与图书馆合作，帮助人们通过阅读来理解及管理他们的健康问题。

(7)“快读”(Quick Reads)。该项目于2006年推出，通过与知名作家合作，请其创作出版短小且引人入胜的书籍，在图书馆、监狱、大学、医院和成人学习组织中分发，或是在书店出售，以推动那些有阅读困难的人阅读。

(四)开卷发起的阅读推广项目

开卷源起于雷切尔(Rachel Van Riel)1990年创建的创造性阅读、写作与出版咨询工作室，1991年该工作室得到艺术委员会的资助，为公共图书馆提供咨询与培训。1992年，在艺术委员会的支持下开卷举办了题为“解读未来”(Reading the Future)的研讨会，探讨公共图书馆在现代文学推广中所扮演的角色，对英国公共图书馆产生了巨大的影响。“读者发展”(Reader Development)是开卷服务及产品设计的核心理念，意指通过积极干预来增强人们的阅读信心与乐趣，开展阅读选择，提供阅读经验分享机会，以及提升阅读作为创造性活动的地位。基于读者发展理念，开卷本着以读者为中心而非传统的以馆藏为中心的思想，对图书馆家具、物理空间布局、推广方法、读者参与方式进行新型思考与设计，以新型家具供应、图书馆布局支持、馆员培训的方式，服务于英国公共图书馆、中小学图书馆的建设与革新，产生了广泛的影响。开卷发起的主要阅读项目有：

(1)“分枝”(Branching Out)，一期于1998年启动，有33家图书馆参加，将“读者发展”的理念应用到图书馆政策、职责描述、馆藏管理、推广、员工培训、以读者为中心的网站等图书馆服务设计中；二期由艺术委员会支持，于2006年完成，有149家图书馆参与。

(2)馆藏质量评估工具SQHC(Stock Quality Health Check)，开发于2004年，因为应用该工具后产生了惊人的对比数据并引发激烈的讨论，之后短短3年SQHC就几乎被所有图书馆的服务评估所采用。

(3)“前线”(Frontline)在线培训项目，启动于2005年；2006年，成为图书馆界最成功的大型在线培训案例；2005年至2007年间98%的英国图书馆参与了“前线”项目;2013 年“维多利亚前线”(Frontline Victoria)完成,成功培训了 1 000 名澳大利亚图书馆工作人员;2015 年“前线”更新为“前线基础版”(Frontline Basics)、“前线标准版”(Frontline Standard)、“前线专业版”(Frontline Professional)3 个版本。基础版含 4 次课程,为新进馆员及志愿者介绍图书馆环境下的“客户关怀”理念;标准版含 5 次课程,通过示范与互动练习的方式,开展标准的图书及阅读推广的培训,使被培训人员的服务水平达到开卷设计的标准。专业版含 5 个模块,教授在图书馆工作中引入、发展及嵌入“以顾客为中心”的实践。

(4)“图书空间”(Book Space),2011 年开卷将“图书空间”概念引入小学,其后的 3 年,开卷为 150 所小学设计创建了图书馆或图书角,2015 年开卷成为英国小学“图书空间”引领性提供商。

另外,开卷基于新型研究与设计,于 2003 年提出了“快速挑选”(Quick Choice)的概念,又在艺术委员会的支持下于 2008 年出版了《读者友好的图书馆服务》(*The Reader-friendly Library Service*)一书。2016 年,开卷创立了北美分公司,将其理念及产品向美国、加拿大扩展。

2013 年,英国文化、媒体和体育部发布了《未来的框架:未来 10 年的图书馆、学习和信息》(*Framework for the Future: Libraries, Learning and Informationinthe Next Decade*),该框架认为阅读几乎是所有文化和社会活动的首要前提,并将阅读推广和非正式学习推进列为图书馆现代使命的三大核心之一,进一步明确了阅读推广在现代图书馆工作中的重要地位。在政府部门、慈善机构、文化企业的合力推动下,英国呈现出书香社会的风貌,对世界各国的阅读推广事业产生了极大的借鉴示范作用。

四、美国

美国是一个非常重视阅读推广的国家,从总统及第一夫人,到相关政府部门、由政府支持的非营利性机构,均积极地推出全国性或地方性的阅读推广计划,联合图书馆、学校、教会、出版传媒机构、医疗卫生组织、志愿者等,面向未成年人或是全体社会,开展丰富多彩的阅读推广活动,营造出热烈的阅读推广氛围。

1966 年,致力于推进 0~8 岁儿童阅读与读写能力的非营利组织“阅读是基础”(Reading Is Fundamental, RIF)成立,成立当年即有 4.1 万华盛顿小学生收到 20 万本书。其后两年福特基金开始资助 RIF,该项目由此进一步推广至全美。RIF 主要实施的项目有：旗舰项目 Books for Ownership、Care for Read、Family of Reader。所有 RIF 的推广项目均包含 3 个核心要素：阅读激励、家庭和社区参与、挑选及留存免费图书的兴奋感。目前，RIF 的项目遍布美国 50 个州，每年通过各州社区志愿者为儿童提供约 400 万份免费新书及素养资料，英国亦借鉴应用了该模式。

美国历史上数任总统及第一夫人对社会阅读问题均高度关注，专门出台相关法案或计划来推动国民阅读。里根政府将 1987 年定为“全国读者年”（Years of the Reader）。克林顿总统非常重视美国儿童的阅读问题，为确保儿童在小学三年级末掌握独立阅读的能力，分别于 1997 年、1998 年通过了《美国阅读挑战法案》（*America Reads ChallengeAct*）、《卓越阅读法案》（*Reading Excellence Act*）。2002 年，小布什政府签署了《不让一个孩子落伍法》（*No Child Left Behind Act*）的教育改革法案，其中包含“阅读优先”（Reading First）计划，要求由该计划资助的学校须基于科学研究来开展三年级儿童的阅读指导。

1977 年，美国国会图书馆设立图书中心，在全国性阅读推广计划的策划、组织与引导中发挥重要作用。图书中心推出的极有影响力的两个阅读推广项目为：

（1）“一城一书”（One City One Book），雏形起源于 1998 年西雅图公共图书馆华盛顿图书中心主任南希·珀尔（Nancy Pearl）发起的“如果西雅图全城共读同一本书”（If All of Seattle Read the Same Book）活动，其后该活动形式得到广泛推行。一城一书的活动内容通常包括：“同读一本书”活动、读书研讨会、关于图书的报告或演讲、作者见面会、展览、相关电影播放，或是作为高校整合课程的一部分。为指导各地开展该活动，美国图书馆协会制作了详细的实施指南，包括如何组织活动、如何挑选图书等。国会图书馆图书中心网站记录了过去举行过的“一城一书”项目及曾被挑选阅读的图书目录等信息。美国国家艺术基金会 2006 年开始启动“大阅读计划”（The Big Read），从大阅读图书馆中挑选同一本书进行阅读的社区共读活动（也称为“One Community One Book”）可以申请大阅读计划资助。“一城一书”模式于 2000 年左右开始在美国高校流行，并且在全世界范围内都颇为盛行。

（2）美国国家图书节（National Book Festival）由美国第 43 任总统夫人劳拉·布什（Laura Bush），与国会图书馆图书中心于 2001 年共同发起。劳拉于 1973 年获得图书馆学硕士学位并开始成为图书馆员，这种经历使她非常重视阅读对于个人与国家发展的重要性。因此，早在 1995 年她即与相关人士联手创建了以奖励作者、推动阅读兴趣及助益公共图书馆为目标的得克萨斯州图书节，并于 1996 年领导举办了第一届活动。成为美国第一夫人后，她仍热衷于推广阅读。2001 年，她作为名誉主席，与国会图书馆馆长詹姆斯 · 贝灵顿（James H. Billington）联合发起举办了第一届美国国家图书节。图书节每年一届，在每年的九十月份于华盛顿国家广场举行盛大的图书节庆典活动，吸引了众多游人参加。劳拉连续担任了 8 届国家图书节名誉主席，自 2009 年起由奥巴马与其夫人共同担任名誉主席。2013 年，超过 20 万人参加了国家图书节，以致华盛顿国家广场的草坪被踏坏。图书节期间，美国各州图书馆也会举行展览、图书签售会、音乐表演、讲故事活动、圆桌会议、插图和新技术演示等系列活动，全国范围内呈现出浓厚的阅读氛围。贝灵顿认为"国家图书节已经成为真正的美国习俗"。

美国国家艺术基金会（The National Endowment for the Arts，NEA）委托美国国家统计局于 2002 年开展了一项关于美国文学阅读的全国性大型调查。调查报告《阅读危机：美国文学阅读的调查》（*Reading at risk*：*a survey of literary reading in America*）显示美国文学阅读在加速衰落，尤其在青年群体中此种趋势更为明显。为复兴美国文学阅读的文化力量，美国国家艺术基金会与美国中西部艺术联盟（Arts Midwest）合作于 2006 年发起了"大阅读计划"（The Big Read），通过项目申请资助、提供备选书目、立项机构以"一城一书"的形式开展多元活动的模式，推动全国阅读的发展。"大阅读计划"每年资助 75 个左右的动态社区阅读项目，经费为 5 000~15 000 美元，同时提供资源及各种培训。培训主题包括如何与当地父母合作，发展公共关系的策略，如何引导读书讨论等。阅读活动通常持续一个月，相关活动包括市政官员参加的开幕式、小组研讨与作者朗诵、相关电影与戏剧表演等。自 2006 年以来，美国国家艺术基金会共资助了超过 1 400 个大阅读活动，提供了超过 1 900 万美元的赞助，活动覆盖到美国每一个国会选区。截至 2018 年初的 11 年里，受资助机构促使当地出资超过 4 400 万美元来支持大阅读活动。超过 490 万美国公民参加了大阅读活动，约 8.2 万志愿者与 3.9 万个社区组织参与其中。

为推动未成年人阅读，美国各类机构不遗余力地启动了大量儿童阅读推广项目，如美国教育协会（National Education Association）于 1997 年开始推出"读遍美国"（Read Across America），国会图书馆图书中心于 1993 年开始推出的"文学书信"（Letters about Literature Contest）、1995 年开始推出的"词汇之河"（River of Words）、2008 年开始推出的"全美青少年文学大使"（Natioral Ambassador for Young People's Literature），美国医疗机构发起的"触手可读"（Reach Out and Read），美国出版商协会发起的“直击阅读”(Get Caught Reading),美国教育部推出的“夏季阅读运动”(Summer Reading Campaign)、“现在读写”(Read Write Now!)等,覆盖到医院、图书馆、学校、教堂、书店、社区、公园、超市,甚至是餐厅等场所。

第二节　我国阅读推广发展概况

图书馆是一个国家或民族最基础及核心的阅读推广主体之一。欧美各国阅读推广事业的发展,往往是在国家政府的引领下出台相关法案或计划,发动学校、图书馆、医疗机构、社区、教堂、出版社、书店等相关机构,携手营造出全社会重阅读、促阅读的文化氛围,进而推动社会阅读的发展。由于现代意义上作为书刊及知识信息提供中心的图书馆在我国出现的历史并不长,因此阅读推广在我国的发展与欧美各国不尽相同,呈现与我国图书馆事业之发展水平紧密相连的态势。

追本溯源,学者名流推荐书目,可谓是中国最早的阅读指导方法。李正辉在《推荐书目源流考》一文中将之追溯至《国语·楚语·申叔时论傅太子之道》记载的申叔时给士亹推荐春秋、世、诗、礼、乐、令、语、故志和训典九种课程以教育太子;而最早正式成目录的为唐初释道宣所编《大唐内典录》之九《历代众经举要转读录》。王重民、彭斐章、王余光等先生则以敦煌发现的《杂钞》中的“唐末士子之读书目”为最早的推荐书目,该书目为当时的学子开列了一个包含25种图书的书目清单。其后历代为指导读书治学均有推荐书目产生,如元代程端礼《程氏家塾读书分年日程》、清代龙启瑞《经籍举要》、张之洞《书目答问》等。民国至今,推荐书目一直被广泛应用于阅读指导及推广活动中,胡适、梁启超、钱穆、蔡尚思、王余光,及一些机构均开列过推荐书目。20世纪初,中国新式图书馆开始建立。其时的图书馆除了收藏中西书刊,还举办读书会、展览会、巡回讲座、读者竞赛(演讲比赛、时事测验、健康比赛)等阅读推广活动,并通过设分馆、图书流通处、图书代借处、办理巡回文库(又称流通图书馆)等方式来推广阅读。

从文献报道来看,我国中小学教育者于20世纪50年代开始关注并研究“阅读指导”的问题,20世纪80年代开始产生了关于图书馆阅读指导工作的研究。周文骏主编的《图书馆学和情报学词典》将阅读指导定义为:图书馆服务之一,是对人们的阅读目的、内容与方法实施积极影响的教育活动。沈继武在《藏书建设与读者工作》一书中对阅读指导工作进行了界定:指导阅读的工作,是在熟知读者及阅读需要的基础上，参与读者阅读活动，积极影响读者选择阅读范围，使他们正确地领会文献内容，帮助他们学会利用文献和图书馆。从这些界定可以看出，图书馆阅读指导指介入式地引导读者利用文献和图书馆的服务。20世纪90年代，图书馆导读的概念开始被提出和研究。黄本华认为，图书馆读者导读工作是在图书馆阅读指导基础上发展演变而来，与阅读指导既相联系又有区别，其内容层次更深刻，范围更广泛，将其界定为“图书馆读者导读工作是以图书馆的文献资源和馆舍设施为基础，以引导和影响读者阅读，提高阅读效率，提高选择和阅读文献的能力，提高利用文献的水平等为目的，以图书馆特定的工作方法为手段的一种活动（行为）过程”。张启新认为读者导读工作是指“图书馆工作者根据读者求知内容范围即解读、注读、查找、检索等过程中对读者进行辅导的一种行为。这种行为一般分为四大构成要素，即活动主体（读者）、活动客体（馆员）、活动过程（辅导读者求知过程）和活动环境（图书、馆舍条件、技术手段等），而且，这种行为是一种活动主体与客体相互作用的‘双向行为’，是图书馆工作人员与服务对象即读者之间的一种‘求知’与‘引导’的过程”。

由学者们的论述可以看出，图书馆阅读指导或导读是一个宽泛的概念，含括了图书馆使用指导、阅读内容与方法指导、目录及工具书使用方法指导、文献检索知识教育等所有指导、引导或辅导读者利用图书馆、文献与阅读的服务及活动。从图书馆重点工作演变历史来看，过去被统括于导读工作范畴的内容逐渐分化并进一步拓展，成为专门的实践及研究领域，如参考咨询、信息素养教育，以及应时代需求脱颖而出的阅读推广。

综上所述，我们虽然可以从国内过去的阅读指导或导读工作中追寻到阅读推广的历史轨迹，但整个20世纪我国图书馆事业还处于建立图书馆网络、健全现代图书馆服务功能的状态，阅读推广意识较弱，阅读推广活动较零散，其目标、理念、模式、规模等与当今提出的阅读推广均不可同日而语。

以1997年中宣部、文化部、国家教委、国家科委、广播电影电视部、新闻出版总署等九部门联合发出《关于在全国组织实施“知识工程”的通知》为标志，我国政府部门开始有意识地倡导社会阅读。“知识工程”办公室设于文化部图书馆司，以发展图书馆事业为手段，以倡导读书、传播知识、推动社会文明与进步为目标。“知识工程”实施目标之一为：形成全社会爱书、读书、利用图书馆的良好风尚，提高全民族的思想道德素质和科学文化水平。2000年，“知识工程”领导小组把每年的12

月定为“全民读书月”，当年深圳市委市政府率先发起了“深圳读书月”活动。2004年4月23日，全国“知识工程”领导小组和文化部联合主办、中国图书馆学会和国家图书馆承办了以“倡导全民阅读建设阅读社会”为主题的“世界读书日”宣传活动，进一步推动了我国阅读推广的进程。2006年，中国图书馆学会科普与阅读指导委员会成立，其年，作为特定术语的“阅读推广”一词开始在文献中正式使用。2008年，中国图书馆学会发布了《中国图书馆服务宣言》，第6条为“图书馆努力促进全民阅读。图书馆为公民终身学习提供保障，促进学习型社会的建设”宣示了我国图书馆所肩负的阅读推广使命。2009年，中国图书馆学会科普与阅读指导委员会于换届时更名为阅读推广委员会。此后，在图书馆界的大力呼吁与不懈努力下，国家政府文件或宣传中均表现出对社会阅读问题越来越多的重视与支持，同时，越来越多的组织及个人参与到社会阅读推广事业中来，在短短十余年间开展了广泛丰富的阅读推广实践，掀起了阅读推广大潮，产生了众多示范单位、阅读推广品牌与先进个人，阅读推广愈见成效。

阅读是国民教育及文化传承的基础。随着国家领导层对于文化在国家发展战略中重要地位日益深刻的认识，文化及与文化发展息息相关的国民阅读问题，自2011年党的十七届六中全会通过了《关于深化文化体制改革推动社会主义文化大发展大繁荣若干重大问题的决定》后，受到国家的高度重视，并于近年出台了相关行动规划及法律法规。2011年出台的《关于深化文化体制改革推动社会主义文化大发展大繁荣若干重大问题的决定》指出“文化越来越成为民族凝聚力和创造力的重要源泉、越来越成为综合国力竞争的重要因素”“建设优秀传统文化传承体系。优秀传统文化凝聚着中华民族自强不息的精神追求和历久弥新的精神财富，是发展社会主义先进文化的深厚基础，是建设中华民族共有精神家园的重要支撑”。提出要大力发展公益性文化事业、建设优秀传统文化传承体系，把深入开展全民阅读活动作为加快城乡文化一体化发展的重要内容。2012年党的十八大报告提出“建设优秀传统文化传承体系，弘扬中华优秀传统文化”“开展全民阅读活动”。2014年《政府工作报告》提出“倡导全民阅读”“传承和弘扬优秀传统文化”。2015年《政府工作报告》则指出要“弘扬中华优秀传统文化”“倡导全民阅读，建设学习型社会，提高国民素质”。2016年《政府工作报告》把“倡导全民阅读，普及科学知识，提高国民素质和社会文明程度”作为“十三五”时期的重要工作；其后出台的《中国国民经济和社会发展第十三个五年规划纲要》要求“推动全民阅读”，并将全民阅读工程列为“十三五”时期文化重大工程之一；同年12月，《中华人民共和国公共文化服务保障法》《全民阅读“十三五”时期发展规划》相继出台。《全民阅读“十三五”时期发展规划》是我国首个国家级全民阅读规划，旨在推动全民阅读工作常态化、规范化发展，标志着全民阅读问题已上升至国家战略高度。2017年《政府工作报告》继续提出要大力推动全民阅读。同年，《中华人民共和国公共图书馆法》于11月通过，第33条将公益性讲座、阅读推广、培训、展览列为公共图书馆应向公众免费提供的服务，第36条要求公共图书馆通过开展阅读指导、读书交流、演讲诵读、图书互换共享等活动来推广全民阅读。国家主席习近平也在多个场合宣扬阅读的价值，认为读书可以让人保持思想活力、得到智慧启发、滋养浩然之气；认为体现一个国家综合实力最核心的、最高层的，还是文化软实力；中华优秀传统文化是中国在世界文化激荡中站稳脚跟的根基。

国家政府层面对于全民阅读问题的重视与支持，加之中国图书馆学会阅读推广委员会的多方引领，我国阅读推广事业近十年来发展迅猛。中国图书馆学会通过建立阅读推广专业委员会，召开阅读推广峰会，评选示范基地、优秀组织、优秀项目，开展阅读推广人培训，组织出版阅读推广教材等方式，来引领全国阅读推广工作的开展。目前，中国图书馆学会阅读推广委员会分委会的个数已从创建当年的15个增加至21个，每个分委会的人数25人左右，吸纳了大量的阅读推广人员。自2006年起，中国图书馆学会开始组织召开“全民阅读论坛”，至2018年，已连续开展12届；2013年开始举行“全民阅读推广高峰论坛”。各分委会也举办了很多极具特色的研讨会，如经典阅读推广委员会于2013年开始举办“经典亲近边疆·边远行”。这些研讨会的举办，对于阅读推广理论与实践的发展起到了积极的推动作用。为激励及表彰全国阅读推广工作的开展，中国图书馆学会设立了“全民阅读示范基地”“全民阅读先进单位”“全民阅读优秀组织”“阅读推广优秀项目”等评选活动，这些评选活动得到了社会各界广泛的响应与参与。值得一提的是，高校图书馆在前两项评选中表现不俗。据南昌大学图书馆副研究馆员熊莉君等2016年的统计，10年来全国有22个地区71家高校图书馆获得了114次“全民阅读先进单位”荣誉称号，有12个地区30家高校图书馆获得“全民阅读示范基地”荣誉称号。目前，中图学会网站已展示的品牌阅读活动有“世界读书日”“全国少年儿童阅读年”“中国文化风”“绿色阅读”等。2014年，中国图书馆学会在全民阅读推广峰会上举行了“阅读推广人”培育行动启动仪式，至2018年初已成功举办9期培训班，培养了2 100余名阅读推广人，主题涵盖了阅读推广基础工作、阅读推广基础理论、儿童阅读推广、经典阅读推广等。

在建设全民阅读社会的呼声下，图书馆、出版社、书店、传媒机构、营利性机构（如亲子教育机构、国学培训机构、会员制的图书出借机构、移动阅读平台研制者）、学校或研究机构、政府及相关公益机构、社会团体（如志愿者组织“故事妈妈”）、个人等纷纷加入阅读推广大潮中来，从各自的视域开展了丰富多彩、各具特色的阅读推广实践，为整体社会性阅读推广风潮的形成推波助澜。

作为阅读推广的核心机构，阅读推广工作在图书馆全局工作中的位置已全然改变。过去部分图书馆也会举办一些展览、讲座、读书竞赛等推动阅读的活动，但往往处于零星的、可有可无的、非系统非常态的状态。当前，阅读推广已成为图书馆的主流核心工作，也成为许多图书馆的工作考核要求。2015年教育部修订颁布的《普通高等学校图书馆规程》界定高校图书馆既是学校的文献信息资源中心，也是校园文化和社会文化建设的重要基地。《普通高等学校图书馆规程》第三十二条规定高校图书馆应积极参与校园文化建设，积极采用新媒体，开展阅读推广等文化活动。2017年文化部颁发的全国第六次公共图书馆评估定级标准中，“阅读推广与社会教育”成为新增的评估重点，数量指标包括：讲座培训次数、展览次数、阅读推广活动数量、数字阅读量占比、每万人参加读者活动人次、阅读指导、图书馆服务宣传推广。为推进阅读推广工作，许多图书馆从空间与设施、人员、服务设计等方面对图书馆整体工作进行了重新规划与布局，设置专门的阅读推广部门或岗位，配置富于吸引力的阅读空间，采用新模式、新技术、新方法来开展阅读推广工作，增强阅读推广的活力与效果。与图书馆相似，书店在空间布局改造、阅读活动举办等方面也令人耳目一新，如广为人所称道的钟书阁、先锋书店、诚品书店、西西弗书店皆成为所在城市美丽的人文风景。响应当前文化发展及阅读推广的形势，传媒机构推出《朗读者》《中国诗词大会》《见字如面》等大受好评的节目，影响着大批观众接触、了解及阅读更多有价值的作品。随着社会、技术等的发展，在庞大的社会阅读推广群体中，不断有新的力量加入。例如，来源广泛的移动阅读平台提供商推出掌阅 iReader、QQ 阅读、天翼阅读、书旗小说、微信读书等数字阅读网站或 App。又如，基于对儿童教育的热情，“故事妈妈”等志愿者群体在青少年阅读方面起到了良好的推动作用。目前，不同的阅读推广主体间合作与融合的发展趋势日益明显。在推广社会阅读的共同目标下，各种社会阅读推广力量竞合联动，举办了大量极具创意的阅读推广活动,形成了一种文化现象、一股社会风潮。

第三节　高校图书馆阅读推广发展概况

在世界性的阅读推广潮流中,高校图书馆亦无例外加入其中,面向师生或是所在地区开展阅读推广活动。

一、国外高校图书馆的阅读推广

世界各国高校图书馆对于阅读推广的认可及参与程度不一。从文献报道来看,美国高校图书馆的阅读推广工作是伴随着“读者咨询”(Readers' advisory)工作的开展而不断发展的。克劳力(Crowley B)将美国的读者咨询工作发展分为4个阶段:1876年至1920年为产生阶段,1920年至1940年为以非小说类图书为咨询重点的阶段,1940年至1984年为读者咨询在成人服务中的缺失阶段,1984年至2005年为读者咨询工作的复苏阶段。他认为现代读者咨询可以被理解为有组织地推广小说或非小说自主阅读的项目,以达到满足读者需求及促进人口素质提高的双重目标,其对读者咨询工作复苏影响较大的事件为1984年“成人阅读圆桌”(The Adult Reading Round Table)的创建。该委员会由一群芝加哥公共图书馆员创建,旨在通过读者咨询培训、深度体裁风格研究、读书俱乐部培训来推动公共图书馆的读者咨询工作与休闲阅读推广。因为教学和研究服务是高校的核心任务,故关于课外阅读或称休闲、消遣阅读(Extracurricular Reading、Recreational Reading、Leisure Reading)是否为高校图书馆的必须服务,也常处于有争议的状态。

朱莉·埃利奥特(Julie Elliott)等梳理总结了课外阅读推广在美国高校图书馆的发展历程:20世纪20年代至30年代课外阅读推广通常被视为高校图书馆的使命之一;20世纪30年代至40年代研究者较多讨论了大学生的课外阅读状况;20世纪50年代起由于图书馆文献资源日益增加、馆员工作量加大,以及由美国第一波婴儿潮引起的用户量激增,美国高校图书馆的课外阅读推广开始被忽略,许多馆员亦不认为这应该是其工作内容;20世纪70年代由于信息技术成为各类型图书馆的关注重点,高校图书馆课外阅读推广进一步被削弱;20世纪80年代随着咨询工作的复苏,高校图书馆的课外阅读推广工作亦重新得到关注。

麦克·亚当(Mac Adam)指出,学生阅读日渐减少,这会直接影响到他们的批判性思维能力,建议以发展流行阅读馆藏与阅览室、开发活动项目、编制阅读书目的方式来推广休闲阅读。保罗·B. 维纳(Paul B. Wiener)于 1982 年对美国 110 所高校图书馆进行了调研,发现 61.4%的被调查高校图书馆,通过设置休闲阅览室的方式向用户提供课外阅读服务;由于经费、人员及空间方面的困难,也有少数学校不提供此类服务。Paul B. Wiener 指出以历史的眼光看待,高校图书馆要满足用户的教育需求,课外阅读推广就应该被视为其不可或缺的服务。

莫里塞特(Morrissett)于 1993 年调查了美国东南部 85 家高校图书馆,发现有 45%开展了消遣阅读服务。克恩斯(Kems)于 1999 年调研 40 家田纳西州高校图书馆的结果发现,70%的被调查高校图书馆有独立的休闲阅览收藏。桑德斯(Sanders)于 2009 年在 3 个美国东南部州的高校图书馆调研结果发现,64%的被调查馆提供独立的休闲馆藏。根据朱莉·埃利奥特 2007 年的调研,有 270 人填写了调查问卷,显示设置休闲读物展示及阅览区域是最普遍的阅读推广方式(71.4%的被调查者有专门的休闲阅览区域,66.2%的被调查者有独立的休闲阅览室),另外被调查机构也采用了图书交换、推荐书目、新书专区、一校一书等阅读推广方式。从上述调研结果来看,美国高校图书馆阅读推广工作开展得比较普及。

从实践报道情况来看,美国高校图书馆也出现了颇为流行的阅读项目,或是一些已形成品牌的阅读项目。即使在阅读推广较为低落的 20 世纪 60 年代,美国高校也出现过一些产生了良好示范效应的阅读推广项目。1961 年,摩根州立学院(Morgan State College,现为 Morgan State University)校长马丁·杰金斯(Martin Jenkins)启动了校园共读项目。他每两个月给师生提供同一本书、讨论计划和播放相关电影。图书馆员是执行委员会成员,开展与所挑选的书相关的资料展示活动。该项目非常成功,杰金斯评论该创新举措为校园带来新的智力活力。

2000 年左右,“一城一书”模式在美国高校悄然兴起,有“一校一书”(One Campus One Book)、“同一本书”(Common Book)、“共同阅读项目”(Common Reading Program)等称谓。根据安迪·吐温(Andi Twiton)2007 年发布的题为《高等教育中的共同阅读项目》(*Common Reading Programs in Higher Education*)的调研报告显示,在被调查高校中,61.2%已具有 4 年的活动记录,18.6%具有 7 年的活动记录;“同一本书”项目的主要目标在于构造智力参与模式(to model intellectual engagement)、开启社区感受(to develop a sense of community);其次是激励阅读、提供学生理解多元视角的机会,及增强新生培训的学术成分。根据对象范围,美国高校图书馆开展的“同一本书”项目可分为面向校园社区及面向包括校园社区在内的当地社区两种类型。面向校园社区的“同一本书”项目通常与学校针对新生的First Year Seminars（FYS）课程项目或是新生培训项目结合在一起。运作方式：由教师、图书馆员、学生事务工作人员、学生等组成的校“同一本书”委员会共同讨论确定一本作为下一年度新生共同阅读讨论的图书，图书入选的主要标准为图书是否具备激发讨论的能力、是否适应学生的趣味并引发其提出有价值的问题的能力；新生入学后夏季阅读及讨论选定的图书；秋季图书作者会来到学校面向全校师生演讲及交流，借之将围绕一本书的思考与讨论推向高潮并得以升华。

康奈尔大学图书馆“新生阅读计划”即属于面向校园社区的阅读项目。该馆自2001年起开始实施以“同一本书”项目为基础模型的“新生阅读计划”，以培养新生的文化修养及批判性思维能力。每年春天，康奈尔大学负责本科生教育的副教务长会组建一个选书小组，以“内容可以使读者从人文科学跳入其他学科领域进行思维”为基本挑选原则，从多本提名书籍中挑出一本既有历史影响又有现实意义的文学作品。选书小组遴选出的图书于新生入校前分发给新生；根据新生阅读计划委员会的安排，新生必须在入校前将书读完，并从预设的十个思考题中任选一题写读书体会；新生报到后的第一周参加与该书相关的讲座、讨论、作文竞赛和其他活动；在整个学年中，不同院系会以不同的形式和从不同的角度发起关于图书内容的深度揭示及讨论交流，以加深学生对于图书所涉及主题的理解与思考，促进学生批判性思维能力的形成。康奈尔大学图书馆深度参与了这项学校主创的新生阅读计划。图书馆的一位参考咨询馆员和一位美工设计师全程参与了计划的实施，参考咨询馆员负责创建阅读活动网站，更新及保存历届阅读活动的信息；美工设计师负责活动宣传海报的设计与活动的整体宣传推广；其他馆员则义务参加由200余位康奈尔大学教师员工带领的学生讨论小组。为配合活动的开展，图书馆还举办小型展览。2013年，该校挑选出《当皇帝为天神之时》（*When the Emperor Was Divine*）供新生、新转校生等阅读。该书激发起一系列的讨论，包括“二战”的政治背景、移民与流亡、阿拉伯裔美国人及穆斯林美国人的后9·11体验、文化差异与同文化间的对话、公民自由与人权、记忆与创伤等。计划委员会2013年8月组织6次演讲，促使学生探索图书内容所涉及的主题、学科、活动及资料，教师和员工引导阅读讨论。

新墨西哥大学图书馆、密西西比大学图书馆则在社区范围内发起了同一本书活动。2007 年,新墨西哥大学图书馆申请并得到美国国家艺术基金会 10 000 美元的资助,开展了社区性的“大阅读”(The Big Read)活动。系列活动的开幕式由获奖诗人吉米·圣地亚哥·巴卡(Jimmy Santiageo Baca)的演讲拉开,美国国家艺术基金会负责人到场发言,并安排有当地舞蹈、芭蕾舞剧表演等节目。150 人参加了开幕式活动,其中许多是高中生。后续系列文化活动包括音乐表演、讲故事、谈话节目、魔法表演、参观、多语种朗读、影展、散文与摄影竞赛、读书讨论等。最初,社区民众对开幕式之后的活动参与度不高,但随着活动的开展,参与人数逐渐增多,当地长住民及新搬迁过来希望及早融入当地文化的人们加入进来,并涌现出一些非常活跃的参与者,如高中教师不仅带学生来参加活动,而且在学校举办读书讨论会、鼓励学生参加竞赛活动,并积极策划他们自己与图书相关的活动。活动开展过程伴随着密集的宣传推广,包括在人群集中的地方张贴海报、分发读者指南等宣传物,当地报纸、电台、广播实时发布活动资讯等。活动举办得非常成功,最终约有 1 900 人参加了至少一个活动项目,其中 68%是年轻人。此后,大阅读计划成为当地每年必办的活动项目。该馆将成功经验总结为:分发图书、作者参与、明确活动性质、与社区利益相关者合作并向他们学习、激发图书馆内部参与和交流。

与新墨西哥大学图书馆的做法类似,密西西比大学图书馆于 2010 年秋季面向本校师生及当地社区举办“一社区一书”(One Book, One Community)活动,该活动是该馆最成功的延伸项目之一。该馆延伸委员会发起活动的目的是希望通过围绕同一本书的共同阅读、写作及学习的经历,让学生形成批判性思考、阅读与写作的能力,激发由同学、邻居、教师共同构成的社区感觉,使图书议题、学生、社区之间产生关联。整个秋季,该项目共举行了 9 项活动,主体活动为文艺表演、社区讨论播客、作者演讲等,约有 300 人出席了活动。活动总经费为 11 980 美元,其中,学校提供 7 500 美元(63%)、密西西比人文艺术委员会提供 4 000 美元(33%)、图书馆提供 280 美元(2%)、当地企业赞助 200 美元(2%)。由于活动的成功举办,学校给予图书馆更多经费及资源支持,以保证此项活动作为一种年度活动项目正常举办。

另外,由于阅读推广活动在美国社会的广泛开展,美国高校图书馆也产生了一些品牌性的脍炙人口的阅读推广项目,如西肯塔基大学图书馆的“南肯塔基图书节”。“南肯塔基图书节”创始于 20 世纪 90 年代中期,起初该馆希望通过举办图书节为馆藏建设增加经费,结果不尽如人意。1999 年图书馆转变观念,不再将图书节视为盈利工具,而是将其作为图书馆与社会联系的纽带。至 21 世纪后,图书节的宗旨被定义为“鼓励阅读及爱书，积极贡献于本地区和本州的扫盲运动”，很清晰地体现了大学服务于社会的主旨。

西肯塔基大学图书馆在图书节运作过程中探索出一套非常有特色及有成效的管理模式。图书节活动以伙伴单位合办的方式开展，以西肯塔基大学图书馆为主，社区公共图书馆和连锁书店为合作伙伴。合作伙伴成立了图书节组织委员会。

（一）主要成员

（1）图书节联席主席，由三位在大学和公共图书馆任董事或顾问的社区领袖担任，作为一种荣誉职位发挥其在社区德高望重的影响力。

（2）图书节管理委员会，是图书节组织委员会的执行机构，也是领导图书节活动开展的核心力量。委员会成员分别为：西肯塔基大学图书馆馆长，社会服务负责人（需要具备极强的人际关系与协调能力，直接向馆长汇报，负责统筹图书馆的社会服务活动，包括联络及协调社区其他合作伙伴，领导公关负责人做好社会服务宣传，紧密配合发展部负责人为社会服务集资，配合数字图书馆负责人提供社会服务网站所需信息），发展负责人（隶属于学校发展办公室，同时接受馆长领导，负责筹款），数字图书馆负责人（负责利用网页、博客、播客等网络工具宣传报道各项活动），公共图书馆的正、副馆长及公关负责人，书店的正副级经理及公关负责人。

（3）图书节管理委员会下另设若干委员会，负责图书节各项活动的筹备和组织工作，包括募捐委员会、肯塔基作家大会筹办委员会、作家联谊会筹办委员会、写作竞赛委员会、肯塔基文学奖评选委员会。各委员会由馆员、大学教师和社区志愿者等组成。

在社会服务负责人的主持下，合作伙伴组成的图书节管理委员会形成定期开会的制度，制定方针政策，讨论各项活动安排，并根据形势变化，调整活动内容与时间，不断创新。图书节活动经费以社会集资（包括现金及食物、酒水、花卉等实物）为主，以活动收益（包括旧书出售、售书分成等）为辅，收支平衡，略有结余。

每年4月，图书节与美国图书馆协会倡导的“全国图书馆周”同时举行，为期两天，选在周五和周六，以便小学及社区居民参与。

（二）主要活动

（1）“一本书、一个校园、一个社区”。该活动为图书节活动亮点，操作方式为：首先，图书节组织者出台一套图书选择标准：要么作者为肯塔基人，要么内容与肯塔基有关;然后,建立一个由馆员、教师、合作伙伴、社区群众组成的图书筛选委员会,通过筛选、阅读、讨论、投票选举等程序,选出一本在校园和社区推广阅读的图书。其次,举行活动启动仪式:图书馆领导开场,英国文学教授简单介绍作者和作品,免费分发由筹集的资金购买的图书。然后,组织读者根据网上公布的讨论大纲讨论读书心得,并开通博客让读者随时参加讨论。若图书已被拍成电影,还会在校园和公共图书馆免费展映该影片。最后,邀请作者亲临现场畅谈写作心得,朗读图书章节,解答读者的阅读疑问,为读者签书。现场也举行售书,所得收益作为图书节活动经费。受大学版的"一本书"活动的启发,图书节组织者萌生了少儿版的"一本书"活动——"同在一页上"。该活动利用公共图书馆的优势争取到很多小学的支持与积极参与。启动仪式上由当地有名望的政治家、活动家和企业家到学校给学生们读书。邀请作者到学校与学生见面,时间往往配合全美"儿童读书周"来进行。"同在一页上"活动也取得了巨大的成功,组织者进而从 2007 年秋开始,举行针对中学生的名为"1 Read"的"一本书阅读活动"。

(2)肯塔基作家大会。作家大会在图书节前一天举行,会议内容包括讲座、座谈等。参会的小说家、散文家、诗人、作曲家等会分享其写作经验、投稿遭遇、出版流程以及音乐诗词的创作等。受邀和主动申请参加图书节的作者每年有 200 人左右,大都来自肯塔基和周边地区,也有全国知名作家。除著名或特邀作者外,其他作者的路费和住宿费基本自理。会议对社会免费开放,对写作感兴趣的大学师生及当地群众踊跃参会,与作家进行面对面的交流。英文教授把参会作为教学内容的一部分,动员学生参会。会议期间亦举行发言作家图书展售活动,收益与图书节分成。综而观之,作家大会是作家、师生及社区群众共聚一堂的盛会。

(3)作家联谊餐会。该餐会是图书节组织者为图书节筹款而特意设计的活动环节。餐会的酒水由赞助商提供,作者免费参加,有兴趣与作者接触的当地群众也可以提前购票参加。由于门票价格较高,故来者多为社会名流。

(4)肯塔基文学奖。活动由文学奖评选委员会组织,委员会成员由西肯塔基大学英文系教师、馆员,以及当地文学爱好人士组成。被评选的图书须具备两个条件:其一,图书要么作者是肯塔基人,要么内容与肯塔基有关;其二,图书必须是前一年内出版的、用英文书写的新书,即重印的、外文的、自费出版的图书不符合提名条件。文学奖按小说、非小说、诗歌三大类,分设一二三等奖各一名。该文学奖的重要性随着图书节和其他相关活动知名度的提高而有所攀升。

(5)其他活动包括:针对地区内的中小学生开展的写作竞赛活动、学生会捐书行动、图书与篮球、旧书大卖场、全美家庭识字月等。

南肯塔基图书节活动具有浓郁的地方特色、文化教育性及大学与社区紧密结合的特点,取得了很大的成功。该活动 1999 年举办时参加人数已有 3 000 余人,到 2002 年跃升到 6 000 余人,现在参与人数过万。活动持续性地举办,不仅有利于提高社区居民的文化素养,而且也有利于图书馆的重要性被学校、院系及社区广泛认可,有利于大学招生及保持在校生的就读率,及培育图书馆的赞助者。

与美国情况不太相同的是,英国高校图书馆开展阅读推广工作的比较少。根据瑞秋·格拉德温(Rachel Gladwin)和安·古尔德(Ann Goulding)的调查,57.9%的被调研高校图书馆既没有休闲阅读收藏,也不推广休闲阅读;仅 40%的被调研馆或有休闲阅读收藏,或开展了休闲阅读推广工作。这些开展阅读推广的高校图书馆采用的方式主要有:读书群组、推荐图书(含展览及书单)、图书交换、作者活动、小测验。英国高校图书馆开展休闲阅读推广的主要障碍在于:定位、经费、职责、空间、员工态度、员工时间。对于休闲阅读的看法,绝大多数被调查者认为它对于大学生很重要或是重要,也认为它有利于提高学术成绩,但几乎同样多的被调查者认为高校图书馆不应该提供休闲阅读材料。

二、我国高校图书馆的阅读推广

(一)历史发展

我国高校图书馆的阅读推广工作与 20 世纪 80 年代中后期我国开始出现的图书馆阅读指导、图书馆导读工作及校园文化建设有所渊源。其时,高校图书馆的资源主要为纸本书刊,比较重视图书导读工作,通过创办读书社团、举办讲座、读书会、新书推介、推荐书目、读书写作与交流等活动,来推动校园阅读氛围的形成及推进学生人文综合素质的提升。1986 年,同济大学学生会对 500 多名历届毕业生进行追踪调查,在最后提交的报告中有这样一段话:“大学生活是学生走向成熟的一个重要阶段,他们不仅需要掌握必备的科学技术知识,更重要的是要成为一名合格的全面人才。他们在这里形成自己思考问题、解决问题的方法,不断形成、改变并最后确立自己的人生观和世界观。在这一过程中他们需要最充分的教育和引导。然而调查结果表明,约有 70%的毕业生认为学校教育在这方面是缺乏的。”在这个诱因的推动下,同济大学图书馆于 1989 年联合团委、学生会等建立“同济大学学生读书小组”，举办读书报告、征文、读书沙龙等读书活动，以达到拓宽学生知识面、增进个人修养、培养学生独特的知识爱好及文字表达能力的目标，并使图书馆“在发挥情报作用的同时，更好地发挥教育职能，使阅览和借阅得到延伸，影响或指导学生课外阅读”。华东师范大学图书馆抓住大学生感兴趣的热点问题及校园文化动态，邀请著名作家、知名文化人士来馆举办讲座或书画展览，推选“师大人最喜欢的十本书”，组织书评活动等。上海交通大学包玉刚图书馆流通部于1994年组建“求索书社”，举办讲座、图书荐读、漫画大赛、读书竞赛、小说写作与话剧表演等活动。

随着信息技术的发展，电子资源逐渐成为图书馆馆藏的重要组成部分，并日益为用户所倚重。在此背景下，围绕着电子资源的推荐与使用，图书馆的工作重心发生了很大的转变，参考咨询、信息素养教育等工作日益被视为图书馆支持教学科研的主体服务，而以图书推介为主的图书导读工作逐渐被边缘化，与之相关的阅读指导及推广工作处于可有可无的状态。图书馆如果认为该工作值得投入人力物力去做就开展；反之，就处于断断续续、时有时无的状态。

（二）相关调研

20世纪末至21世纪初，随着国家层面的日益重视与相关文件及政策出台，阅读推广不仅成为公共图书馆的核心工作，而且跃升为高校图书馆的核心工作内容。中国高校图书馆不仅仅出于职业精神，而是带有更多国家行动意味，掀起了系统化、规模化、持续化的阅读推广工作热潮。

根据中原工学院图书馆馆长岳修志于2010年开展的调查，2/3的被调查高校图书馆每年举办阅读活动，1/3的图书馆不定期举行。主要采用的方式有：读书征文比赛、图书推介、名家讲座、图书捐赠、读书有奖知识竞赛、图书漂流、精品图书展览、经典视频展播、读书箴言征集、名著影视欣赏、馆徽设计征集、名著名篇朗诵、品茗书香思辨赛、评选优秀读者，前三种是主要方式。

滁州学院图书馆丁芬芬等调研了39所“985”高校图书馆，填写问卷的36家全部开展了阅读推广活动，其中图书展览、书目推荐、读者征文、名家讲座、图书漂流是被采用得最多的5种方式。

华北理工大学图书馆李杏丽于2014年调研了华北地区（北京、天津、河北、山西、内蒙古）的336所高校图书馆网站，发现52.9%的图书馆有开展阅读推广活动的报道；河北省56所高校图书馆中73.8%开展了阅读推广活动。

南京信息工程大学图书馆副研究馆员丁枝秀调研了江苏省130所高校图书馆

的网站,发现 88 家(占比约 68%)近 3 年开展了阅读推广活动;活动方式频次从高到低依次为:好书荐购、经典诵读、阅读推广专题讲座、信息资源检索与利用讲座、信息检索大赛、书海寻宝、优秀中外文书展、精品书画展、精品摄影展、经典电影欣赏、主题征文大赛、阅读之星评选、阅读推广活动问卷调查、读者座谈会、超期豁免、电子阅览室免费冲浪、爱心图书修补等。

韶关学院图书馆邝秀君访问广东省 72 家高校图书馆网站,发现 51.4%的图书馆开展了阅读推广活动。湘潭大学公共管理学院蒋逸颖和杨思洛于 2014 年对湖南省 34 所高校图书馆网站进行调查,发现这些图书馆基本都开展了阅读推广活动。黑龙江科技大学图书馆研究馆员鞠兰萍于 2015 年通过网络或电话的方式对黑龙江地区的 24 家高校图书馆进行调查,发现 91.7%的图书馆开展了阅读推广工作。西安邮电大学图书馆的周秋霞于 2016 年调研陕西省 34 家高校图书馆,除了一家网站无法打开外,其余 33 家都开展了阅读推广活动。河池学院图书馆副研究馆员彭年冬于 2013 年调研了广西壮族自治区 53 家高校图书馆,其中开展了阅读推广工作的图书馆比例为 88.68%。天津财经大学图书馆靳峥于 2014 年面向 40 余家财经类高校图书馆的调研显示,高校图书馆开展阅读推广工作主要是基于丰富校园文化及配合全国全民阅读推广活动的考虑;40%的被调查高校阅读推广工作有专门部门负责。

这些调研显示了中国不同省份地区或是特定类型高校图书馆的阅读推广工作普及的程度、主要活动方式及面临的主要问题,但未能形成大规模的覆盖全国所有地区的高校图书馆调查,无法全面展示中国高校图书馆阅读推广的整体情况。

(三)问卷调查数据

基于揭示阅读推广在高校图书馆整体开展情况的考虑,我们综合已有研究成果,重新设计了包含 17 个问题的问卷,于 2018 年 7 月至 8 月间开展了一项覆盖 42 所世界一流大学的高校图书馆及国内东西南北中各地区、各种类型的高校图书馆的问卷调查。最终回收到 177 家高校图书馆的有效问卷(调查报告见附录)。调查统计结果如下:

(1)关于高校图书馆对于阅读推广的态度,98.31%的被调研者认为高校图书馆应该开展阅读推广工作;91.53%的被调研者认为本馆重视阅读推广工作,在 177 位被调研者中只有 15 位认为本馆不重视阅读推广工作。事实上,被调研的 177 家图书馆全部在不同程度上开展了阅读推广工作。

(2)关于高校图书馆的阅读推广是常年开展，还是在某一时段开展，调查结果显示，有68.93%的图书馆常年开展阅读推广活动，88.14%的图书馆在世界读书日开展阅读推广活动，67.8%的图书馆在新生入学季会设计特别活动。另外，在出现社会文化热点事件、毕业季、校庆等时间节点，也分别有47.46%、45.2%和33.33%的图书馆会开展阅读活动。

(3)关于开展阅读推广活动的口号，62.15%的图书馆采用自创的阅读活动品牌作为发起口号，55.93%的图书馆用世界读书日作为口号，以读书月、读书节、读者服务月等作为活动发起口号的占比分别为41.81%、38.42%和24.86%。

(4)各图书馆均采用了极为丰富多元的方式来开展阅读推广工作，表2-1显示了这些方法被采用的频率。七成以上的图书馆采用了图书推荐、讲座、展览、优秀读者评选、读书沙龙或研讨会、写作(征文或书评)六种活动方式；五成以上的图书馆采用了表中所列占比排名前十的方式。除了选项中列举的方式外，还有一些图书馆填写了文化体验活动、阅读训练营活动、走读活动、图书馆安静日或书斋生存挑战活动等方式。

表2-1 各种阅读推广方式被采用的频率统计

活动方式	频率	活动方式	频率	活动方式	频率
图书推荐	94.35%	阅读+朗诵或表演秀	60.45%	阅读 App	19.77%
讲座	85.31%	志愿者活动	53.11%	编辑出版阅读刊物	14.69%
展览	77.97%	阅读数据报告	51.41%	阅读马拉松	12.43%
优秀读者评选	73.45%	阅读知识闯关赛	27.68%	其他	11.3%
读书沙龙或研讨会	72.32%	真人图书馆	22.03%	阅读学分课程	10.73%
写作(征文或书评)	71.75%	阅读微拍及推荐	21.47%	共同阅读	8.47%
图书捐赠或漂流	68.93%	线上全文阅读网站	20.9%	21天阅读打卡	6.78%

(5)关于推广内容,各类型文献占比分别为:人文经典 88.14%,热门图书 76.84%,新书 57.06%,专业经典文献 55.93%,特色馆藏 45.76%,其他 14.12%,地方文献 12.43%。数据显示,七成以上的图书馆以人文经典、热门图书作为重点推广内容;新书、专业经典文献、特藏的推广也受到五成左右的图书馆重视。

(6)关于阅读推广活动的宣传推广,各类媒介占比分别为:海报 88.14%,图书馆网站新闻 85.88%,图书馆官微(微信、微博)83.62%,展板 83.05%,图书馆网站专栏 61.58%,横幅 47.46%,专门微信公众号 38.42%,传单折页 33.33%,其他 14.12%,邮件 9.6%。数据显示,传统纸媒的海报和展板、图书馆官网与官微是阅读推广宣传的主媒介。超过六成的图书馆创建了阅读推广网站专栏,近四成的图书馆创建了专门的阅读微信公众号,显示出图书馆对阅读推广活动宣传展示工作的重视程度。另外,也有被调查者补充填写通过学校官网、电子屏来宣传展示阅读推广活动。

(7)空间及设施也是激发读者阅读兴趣的重要举措。调查显示,有 50.85%的图书馆建有特色阅读文化展示空间,有 25.99%的图书馆建有 IC 空间,有 19.77%的图书馆建有新技术体验空间。

(8)在阅读推广人员的岗位设置方面,27.12%的图书馆新成立了与文化、宣传推广、阅读推广相关的部门;55.93%的图书馆调整了部门职责,将阅读推广工作纳入传统的借阅部门或读者服务部门的岗位职责;46.33%的图书馆采用了跨部门工作小组的形式。另有 4 家图书馆回复由信息咨询部或技术部兼职,也有 1 家回复无该岗位设置。

(9)关于阅读推广活动是否拓展到校外社区,30.51%的图书馆开展了校外阅读推广活动,69.49%的图书馆不面向校外开展阅读推广活动。

(10)关于阅读推广主体的合作模式,77.97%的图书馆采用了图书馆主导,团委、学指委、宣传部、教务处等职能部门合作支持的模式;12.99%的图书馆采用以学生社团为推广主体、图书馆指导的模式;2.26%采用院系或其他部门主导、图书馆协作的方式。另有 2 家图书馆反映根据不同的活动项目综合采用上述 3 种合作模式。

(11)读者的参与对于阅读推广活动的成败至关重要,因此采用有效的激励机制非常重要。调查数据显示绝大多数图书馆采用的是授予奖品及荣誉称号的形式,分别占比 89.27%和 88.14%;一小部分图书馆采用给予素拓分、学分的激励方式,分别占比 18.08%和 16.95%;也有 2 家图书馆反馈无奖品、荣誉、素拓分、学分等具有实际作用的奖励措施。

(12)关于阅读推广活动的经费,87.57%的图书馆来源于本馆的行政经费,36.72%来自企业或社会捐助,16.38%来源于学校专项经费。另外,也有图书馆反馈来自学校其他职能部门,如宣传部、学工部,有 1 家图书馆反馈无经费支持。

(13)关于阅读推广成效,89.83%的图书馆反馈读者参与度及反馈好,53.67%的图书馆因阅读推广工作获得学校主管部门的赞誉,36.72%的图书馆获得了中国图书馆学会或高校图书情报工作委员会等行业学会举办的评选活动的奖项,42.37%的图书馆阅读推广工作获得媒体好评与报道。另有图书馆提到,开展阅读推广工作提高了馆员素质、推动了科研。

(14)关于高校图书馆阅读推广工作开展的障碍,各种因素占比分别为:阅读推广人才欠缺 67.8%、活动经费不足 59.32%、活动缺乏创意 58.19%、读者参与积极性不高 44.07%、没有设置专门岗位 35.03%、领导不重视 27.12%、其他 5.08%。前三个是各图书馆普遍认同的障碍性因素。另有 1 位受访者填写道:“只有相关领导和馆员在努力,普通馆员参与度不高;没有一个明确的目标、路径以及考核指标。”

(15)对于未来高校图书馆阅读推广的发展,68.93%的馆员持乐观态度,28.81%的馆员持中间态度,2.26%的馆员持悲观态度。

(四)现状与特点

(1)从态度及重视度来看,中国高校图书馆对阅读推广高度认同,显示出不同于英美不少高校图书馆员所持的精英主义思想,即不认为高校图书馆应该开展阅读推广工作的观点;多数中国馆员对高校图书馆阅读推广的未来发展持乐观态度;几乎所有的图书馆都重视阅读推广工作。

(2)从实施主体来看,近八成的图书馆阅读推广活动采用了图书馆主导、职能部门或院系协作的模式开展,活动所需经费也主要由图书馆行政经费支持。

(3)从活动发起口号来看,62.15%的图书馆采用自创的阅读活动品牌作为发起口号,说明多数高校图书馆已建立或形成了活动品牌。

(4)从活动方式来看,五成以上的图书馆采用了图书推荐、讲座、展览、读书沙龙或研讨会、优秀读者评选、写作(征文或书评)、图书捐赠或漂流、阅读+朗诵或表演秀、志愿者活动、阅读数据报告等活动方式。这些活动方式非常立体多元，覆盖到读者读、听、说、观、写等多维感观，体现出强烈的体验性特征与“阅读+”的复合发展模式。阅读推广活动方式的另一个显著特点是采用微信、微博、视音频等新媒体，或系统技术、数据挖掘技术来推广阅读。这类阅读推广方式适应青年学子的阅读行为偏好，且颇具创意，大受欢迎。

(5)从推广内容来看，人文经典、热门图书是阅读推广的重点。实证案例显示，许多高校图书馆的阅读推广品牌名以经典为标志，例如南京大学的“悦读经典计划”，武汉大学图书馆的“拯救小布之消失的经典”、湖南省高校图工委在全省高校开展的“一校一书——经典、精读、经世”活动等。

(6)从宣传展示来看，纸媒、数媒是高校图书馆同时采用的重要渠道。

(7)从推广对象来看，当前高校图书馆阅读推广主要面向本校师生开展，也有30.51%的高校图书馆将阅读推广活动拓展到校园之外的读者。

(8)从参与激励机制来看，近九成的图书馆采用授予荣誉称号及奖品的形式。

(9)从成效来看，九成的阅读推广工作取得了良好的读者参与度和反馈，达成了开展阅读推广工作的目标。

纵观世界范围内的阅读推广潮流，欧美等国家政府及相关机构非常重视对于未成年人的阅读推广，已具有较长的推广历史，出台了相关政策法规或计划，并形成了具有世界影响力的品牌项目，其中，美国高校图书馆显示出对于阅读推广的关注，且通常与新生研讨课结合在一起。我国是一个颇具“耕读传家”文化精神的国家，自古至今积累了许多对当下仍有借鉴意义的阅读理论、方法与实践。现今所言的“阅读推广”在我国发展的历史并不长，仅走过十余年历程，却发展迅速，而今已是如火如荼。在全民阅读社会建设中，我国高校图书馆亦高度参与，革新空间设施、组织结构、管理机制与服务体系，全方位推进阅读推广工作的开展，形成与国外高校图书馆既有借鉴又截然不同的发展状况。在我国高校图书馆阅读推广蓬勃发展的形势下，关于高校图书馆阅读推广理论与方法的研究可以说是实践总结的必然，也是理论发展的要求。

第三章　高校图书馆阅读推广概论

第一节　阅读推广的概念

一、相关定义

界定概念,是研究及实践的起点。近十年来,我国阅读推广发展迅猛,已发展成一股强劲的社会潮流、一项社会事业。考察已有文献,2010 年左右开始有研究人员对阅读推广的概念进行界定。因为图书馆是阅读推广的主力军,且阅读推广研究人员绝大多数为图书情报专业人员,所以当前的定义对象既有阅读推广,也有图书馆阅读推广。关于阅读推广,研究者多数从建设全民阅读社会的时代背景出发,并以社会阅读数量、阅读意愿及兴趣提升的推广目标作为判断是否归属于阅读推广范畴的依据。陕西省图书馆发展研究部主任万行明认为,阅读推广即推广阅读,就是图书馆及社会相关方面为培养读者阅读习惯、激发读者阅读兴趣、提升读者阅读水平,进而促进全民阅读所从事的一切工作的总称。柳州市图书馆王辛培认为,阅读推广是图书馆、出版机构、媒体、网络、政府及相关部门等为培养读者阅读习惯、激发阅读兴趣、提升阅读水平、促进全民阅读所开展的有关活动和工作。中原工学院图书馆馆长张怀涛认为,“阅读推广”也可以称为“阅读促进”,是在“阅读辅导”“导读”“读书指导”“阅读宣传”“阅读营销”等概念的基础上发展而来的;指社会组织或个人,为促进阅读这一人类独有的活动,采用相应的途径和方式,扩展阅读的作用范围,增强阅读的影响力度,使人们更有意愿、更有条件参与阅读的文化活动和事业。《大学图书馆学报》副主编王波认为,阅读推广,就是为了推动人人阅读,以提高人类文化素质、提升各民族软实力、加快各国富强和民族振兴的进程为战略目标,而由各国的机构和个人开展的旨在培养民众的阅读兴趣、阅读习惯,提高民众的阅读质量、阅读能力、阅读效果的活动。

关于图书馆阅读推广,研究者在推广内容的指向性方面界定有所差异。南开大学教授于良芝将图书馆阅读推广重点定位于学习和工作之外的休闲阅读，认为图书馆阅读推广“主要指以培养一般阅读习惯或特定阅读兴趣为目标而开展的图书宣传推介或读者活动。‘培养阅读习惯或兴趣’这一目标决定阅读推广试图影响的通常是休闲阅读行为，即与工作或学习任务无关的阅读行为”。北京大学教授王余光在其主持的国家社科基金重点项目“建设学习型社会与图书馆的社会服务研究”的研究报告中对公共图书馆阅读推广进行了界定，认为公共图书馆阅读推广指由公共图书馆独立或者参与发起组织的，普遍面向读者大众的，以扩大阅读普及度、改善阅读环境、提高读者阅读数量和质量等为目的的，有规划有策略的社会活动。这个定义将改善阅读环境的举措也视为公共图书馆阅读推广的范畴。王波则将推广重点定位在馆藏，认为图书馆阅读推广“是指图书馆通过精心创意、策划，将读者的注意力从海量馆藏引导到小范围的有吸引力的馆藏，以提高馆藏的流通量和利用率的活动”；馆藏的范围为现有馆藏、未来馆藏，以及延伸馆藏（含可获文献、门径文献）。上海对外经贸大学图书馆副研究馆员谢蓉等则将信息素养教育与阅读推广归并起来，认为“图书馆的阅读推广是图书馆利用其信息资源、设备设施、专业团队和社会关系等各种条件，鼓励各类人群成为图书馆的读者，并培养其阅读兴趣、养成阅读习惯或提升其信息素养的各种实践”。本书主要从推广效果、推广内容、推广方法等方面尝试对阅读推广进行更为清晰的界定，我们认为，“阅读推广，指在传承文化、提升素质的时代要求之下，组织或个人开展的能起到培育社会对于有价值的多元媒介作品的阅读兴趣与习惯、提升阅读技能与效果、增进社会阅读数量与质量作用的阅读推广空间营造、阅读推广平台创建、多元阅读引导活动举办的实践”“图书馆阅读推广，指图书馆以文化传承和素质提升为宗旨，以推进社会阅读意愿、行为与水平为目标，以具备特定价值，尤其是具备独特思想文化价值的多元媒介作品为推广客体，而开展的阅读推广空间与平台创建、多元阅读引导活动举办的服务实践”。

二、要素解析

上述对于阅读推广的概念界定，显示出从宽泛到具体的趋向。从包含要素看，阅读推广含括推广目标、推广主体（谁推广）、推广客体（推广什么）、推广对象（向谁推广）、推广方法、推广效果等关键要素。廓清要素内涵，有利于明确阅读推广的概念范畴。

(1)推广目标与效果。阅读推广是一种文化行为。任何一种推广主体在开展阅读推广活动时,主观上必然会遵从于一定的精神意旨,希望达到特定的目标,客观上起到特定的效果。已有界定中,阅读推广目标是每一位研究人员都会阐述说明的要素。王波除了具体目标的说明,还从宏观战略目标层面进行了阐述。阅读推广的目标与其产生的时代背景是一种因果关系,产生背景决定着阅读推广的目标及重点推广内容与领域。如前文所述,阅读推广是在文化上升为国家战略,而国民阅读状况不佳的大时代背景下产生的一种社会需求、倡导与行为。从宏观层面看,阅读推广承担着传承文化、提升国民素质的使命,或者说有这么一种精神旨归。从具体的目标来看,阅读推广需要推动社会阅读数量与质量的提升。"阅读"含括阅读主体、阅读客体,以及主体与客体之间的交互。阅读主体即读者,主观上涉及阅读兴趣、动机、习惯、能力等要素;客观上涉及阅读场所与平台、读者数量与类型等统计学意义上的特征。阅读客体是类型丰富、功能各异、数量众多的书籍。由于读者需求、兴趣及能力等方面的差异,其阅读图书的数量、理解领悟程度等书与人之间的交互性因素也存在较大的差异。阅读推广的具体目标就体现在阅读涵括的各类要素的提升或增进,即客观上阅读场所及平台、读者数量、所读书的数量的增多;主观上社会阅读意愿、阅读能力与阅读质量的提升。受市场驱使而进入到阅读推广领域的营利性机构,如电信运营商、门户网站等推出移动阅读平台并不遗余力发展受众,其直接目标在于盈利,但从效果上看确实起到了推广社会阅读的作用。这种宗旨与目标可能并没有设定为社会阅读推广,事实上却具备阅读推广效果的行为与实践,也属于阅读推广范畴。

(2)推广客体,即推广什么或推广内容,是已有界定中涉及最少的一个要素。阅读是一个含义深广的概念。以个体阅读行为而言,按功用可分为:①知识/技能/生活需要型阅读,即为课堂学习、工作及生活需要等开展的阅读;②消遣型阅读,指为消磨时间阅读消遣性读物的行为,现今网络小说多为此类读物;③人文素养提升型阅读,主要指有意识地阅读公认的文学名著类作品,以增加体验与见识、提升人文修养;④生命智慧增进型阅读,指阅读集成人类大智慧的,有阅读难度,需要反复阅读、理解、体悟的经典作品,以提升个体与自我、社会及自然相处的修养与智慧。按照价值公立、阅读自由的原则,从广义的阅读来看,图书馆需要支持及推广上述各类阅读,以达到让不爱阅读、不会阅读的人爱上阅读、会阅读,有阅读困难的跨越阅读障碍的目标。因此,在当前阅读推广实践中,经典名著、排行榜好书、获奖图书、机构学人著作、新书等都成为阅读推广的内容。时代需求导致阅读推广的产生,故阅读推广客体或者说重点推广内容及领域,需与时代背景要求一致。就中国社会而言,1949 年之后真正的发展是在施行改革开放的发展策略之后。这个发展进程起到的推动作用更多的是在经济、科技领域,在文化、精神领域则有所缺失,而国际发展趋势则越来越显示文化已成为国家核心竞争力。正是在这种形势下,中共十七届六中全会通过了《中共中央关于深化文化体制改革推动社会主义文化大发展大繁荣若干重大问题的决定》,其后的政府工作报告中越来越多地谈及文化发展的重要性,并要求建设公共文化服务体系及倡导全民阅读。从时代背景需求而言,当前阅读推广的重点领域在于文化、精神、思想领域,而非实用功利层面的阅读。于良芝教授认为"与工作或学习任务相关的阅读,其目标是解决工作或学习中的问题,它既然主要受任务驱动,便不易受阅读推广的影响""阅读推广试图影响的通常是休闲阅读行为"。这种观点在一定程度上与时代需求的阅读推广不谋而合。当前阅读推广的重点在于推广承载思想文化和人类智慧集大成的、能起到传承文化及提升人文修养作用的书籍,而不是专业或学习类文献,更不是消遣读物。重点与一般的把握,对于阅读推广的成效非常关键。

(3)推广主体与对象。在建设全民阅读社会的呼声下,阅读推广主体与对象皆为泛指,任何有志于此的组织或个人均可成为推广主体,任何人均是阅读推广的对象。在实践界,图书馆、出版社、书店、传媒机构、营利性机构(如亲子教育机构、国学培训机构、会员制的图书出借机构、移动阅读平台)、学校或研究机构、政府及相关公益机构、社会团体(如志愿者组织"故事妈妈")、个人等均从各自的视域开展了丰富多彩、特色各异的阅读推广活动,为整体社会性阅读推广风潮的形成推波助澜。不同的阅读推广主体间形成了日益合作与融合的发展趋势。阅读推广的基本目标在于激发整体社会的阅读兴趣、培养阅读习惯,因此,阅读推广的对象是所有的社会人。需要注意的是,应当针对不同特征的群体,设计具有针对性的阅读推广活动,以推动其阅读或是引导其更有效地阅读。

(4)推广方法。概括而言,阅读推广方法有五种类型:一为创建富有吸引力的阅读推广空间;二为研制适应当下阅读偏好的移动阅读平台;三为开展形式多样的阅读推广活动或服务,如展览、读书会、讲座、图书漂流、读书竞赛、图书推荐、阅读指导与咨询等;四为开设推动阅读的课程;五为国家政府出台政策或法律。不同的阅读推广主体在阅读推广方法的运用上各有偏好,如图书馆和书店在阅读空间营造及阅读推广活动的推陈出新方面不遗余力；出版社、电信运营商、门户网站等在数字移动阅读平台的创建方面颇费心力，部分图书馆也开始涉足此领域；亲子教育机构、培训机构则在连锁式绘本馆建设、阅读指导与咨询服务方面着力不少；"故事妈妈"群体通过自建站点，与学校及图书馆合作来开展阅读推广实践。在有吸引力的阅读推广主题或品牌下，不同阅读推广主体越来越多地开始合作，运用各自的方法优势，共同推进全社会的阅读推广氛围，建设全民阅读社会。

三、高校图书馆阅读推广的概念

华东师范大学教授范并思在《阅读推广的理论自觉》一文中指出阅读推广的基本概念是亟待研究的理论问题之一，"讨论这些概念并非学究式研究，而是帮助图书馆人正确地进行阅读推广的服务定位"。界定高校图书馆阅读推广的概念范围对于高校图书馆有效定位及开展阅读推广工作非常必要。综合已有定义及对于阅读推广要素的解析，基于高校图书馆的特点，我们认为高校图书馆阅读推广，指高校图书馆以文化传承和素质提升为宗旨，以推进读者阅读意愿、行为与水平为目标，以具备特定价值，尤其是具备独特思想文化价值的多元媒介作品为推广客体，而创建阅读推广空间或平台、开展多元阅读活动及开设阅读促进课程的实践。对推广目标、客体、方法进行范围限定，既有利于明确高校图书馆阅读推广工作的重点与方法，也有利于将阅读推广与容易混为一谈的图书馆宣传推广、读者活动、信息素养教育活动等区别开来。

高校图书馆阅读推广工作的重心，在于推动有价值作品的阅读数量、技能与质量的提升，而非止于推广图书馆本身。基于文化传承使命，图书馆阅读推广内容也不仅限于馆藏，推广内容的重点应是有价值的作品，并且可以根据阅读推广实践来补充及优化本馆馆藏。高校图书馆阅读推广工作也不仅限于"活动"，凡是能推动阅读意愿、行为与水平的举措，皆可视为阅读推广的范畴，包括读书会、展览、读书讲座等典型活动，也包括研制推出移动阅读平台、创建旨在推动阅读的实体空间环境的举措，同时还包括开设阅读促进类课程的实践。阅读推广虽然与高校图书馆的宣传推广、读者活动等有诸多重合之处，但其概念范畴是不同的。高校图书馆宣传推广是对于图书馆整体的多重面向的宣传推广行为，如面向用户主要是宣传推广图书馆的资源与服务，面向主管单位主要是宣传图书馆的业绩与价值，面向同行则是侧重于业界声誉的宣传推广。图书馆的宣传推广方式包括多元媒介的宣传报道、会议报告及开展读者活动。很明显,两者的推广目标、推广重点、方法及对象均有所不同。为增强图书馆与读者的联系,高校图书馆亦会举办形式多样的读者活动。过去这类活动通常名之为“读者服务月”,活动项目含括读书活动、信息素养教育活动,以及其他图书馆服务推广活动。阅读推广兴起后,许多图书馆以“读书节”“读书月”为名来开展读者活动,并有意识地突出活动的阅读主旨,并增强阅读推广活动在整体读者活动中的比重。虽然在图书馆宣传中无须过分关注各类型工作的定义区分,但在整体工作的规划、组织与管理过程中则需要明确其范畴所指,如此方能避免由于概念不明所导致的阅读推广重点与特色不足、创新性不够、成效不佳等问题。作为信息服务机构,信息素养教育是高校图书馆的重点工作。基于读者活动的传统,现今的研究者或图书馆从业人员亦常将信息素养讲座视为阅读推广活动。从图书馆宣传或工作总结的角度讲,这样的归类有较强的便利性,但是,太宽泛的界定必定会削弱核心成效。在阅读推广已成为高校图书馆常态化、活动化的主体服务内容之一的形势下,仍将信息素养教育的内容归并到阅读推广工作中显然是不合适的认知及做法。阅读推广不是读者服务月的简单延伸,也不是读者活动的重新组合,它已成为与信息素养教育工作、情报服务工作等同样重要的高校图书馆重点工作领域之一。作为推广主体的高校图书馆,明确阅读推广的概念范畴,方能有效定位、规划、管理及推动各项工作有效开展。

第二节　阅读推广理论的研究范式

研究方法论为阅读推广理论的有机组成部分。当前关于阅读推广的论著可谓汪洋恣肆,探讨其研究范式,既能充实阅读推广理论体系,也能形成对于阅读推广研究的有益借鉴。以研究者的学科背景、研究视角、主要观点、研究方法而论,当前阅读推广研究可分为六种范式:文史范式、图书馆学范式、阅读行为学范式、传播营销学范式、法理研究范式和阅读疗法范式。

一、文史范式

文史范式的研究重心可概括为两方面:一是分析描画书、阅读在不同社会历史文化时空中的呈现;二是考察书、阅读对不同历史年代的社会文化的影响。该研究范式的核心代表人物为王余光和徐雁,他们也是阅读及阅读推广研究的引领人物,中国图书馆学会阅读推广委员会的前身——科普与阅读指导委员会即是由此派学者推动建成。

王余光为北京大学信息管理系教授，曾师从华中师范大学历史文献学研究所张舜徽教授，获历史学博士学位，历史文献学是其研究的学科基础。基于此学科基础，他展开了对书、出版及阅读的研究。按照时代顺序，王余光的代表著作主要有《中国历史文献学》（1988 年）、《影响中国历史的三十本书》（1990 年出版，该书曾被中国台湾、韩国引进出版，并于 2007 年再版）、《中国读书大辞典》（1993 年，与徐雁合作主编，获第八届“中国图书奖”）、《塑造中华文明的 200 本书》（1997 年）、《中国读者理想藏书》（1999 年）、《中国出版通史（8）：民国卷》（2008 年，系国家社科基金重点资助项目、国家“十五”和“十一五”重点图书出版项目成果）、《阅读，与经典同行》（2013 年）、《图书馆阅读推广研究》（2015 年）、《中国阅读通史》（2017 年）。

徐雁现为南京大学信息管理系教授、中国阅读学研究会会长，早年在北京大学图书馆学系求学时，曾按当时的教学要求在中文系学习两年，故其研究有较浓厚的文化学、文学风格，尤其注重书文化的研究。其代表作主要有《中国文化的历史命运》（1988 年）、《中国历史藏书论著读本》（1990 年）、与王余光合作主编《中国读书大辞典》（1993 年）、《秋禾书话》（1994 年）、《名人读书录》（1995 年）、《中国思想史与思想家评传》（2002 年）、《中国旧书业百年》（2005 年）、《藏书与读书》（2008 年）、《江淮雁斋读书志》（2010 年）、《中国图书文化简史》（2010 年）、《全民阅读推广手册》（2011 年）、《全民阅读参考读本》（2011 年）、《图书馆评论与阅读推广》（2017 年）、与王京生合作主编《书香中国·全民阅读推广丛书》（2017 年）。

文史范式学者注重研究书与社会的交互关系，研究主题通常涉及：对一个民族、社会产生过重要影响的书籍；典籍在不同历史年代的流传情况；经典的界定与遴选；经典阅读对民族文化传承及民众素质提升的意义；古今中外的推荐书目；特定历史情境下图书的出版情况；不同历史年代的社会阅读状况；媒介对社会阅读的影响；图书馆与社会阅读。阅读推广之兴起，源于社会希望通过促进阅读来提升民众素质及传承文化，本质是阅读与社会的交互关系。因此，文史学派从社会文化的角度对书与阅读展开的研究，成为阅读推广研究的源头，是阅读推广研究的中流砥柱，指引着阅读推广的重点与方向，对阅读推广研究与实践均有着极大的影响。

从标志性成果来看，文史学派既是阅读推广研究的奠基者，亦是引领者。2011

年徐雁主编的《全民阅读推广手册》是首部题名中包含“阅读推广”的著作，集锦式呈现了世界儿童阅读节日、组织、阅读项目、分级阅读体系、推荐书目，世界性阅读节、阅读活动，阅读疗法，代表性书店与图书馆，中国各类型阅读机构，名人读书方法，印刷术与图书版本知识，读书类报刊和网站等内容。2015 年王余光主编的《图书馆阅读推广研究》，是图书馆阅读推广理论与实践研究之集大成者。同年，王余光与中国图书馆学会秘书长霍瑞娟合作主编“图书馆阅读推广人系列教材”第一辑 6 册出版。

从实践领域来看，文史学派从专业学会组建、推广重点指引及推广方法指导等方面推动着社会阅读推广事业的发展。中国图书馆学会阅读推广委员会的前身由王余光等直接推动建立，该委员会通过多方举措引导全国性阅读推广浪潮；开展全国性阅读推广培训，为社会阅读推广事业培养了大量的生力军。阅读推广涉及的要素有推广主体、推广对象、推广内容、推广方法、推广目标、推广效果。其中，关于推广内容，即推广什么的问题是当前阅读推广相关研究中较模糊的一个环节，但这正是文史学派研究和宣扬较多的内容。王余光旗帜鲜明地指出经典应是阅读推广工作的核心。从阅读推广兴起的时代背景来看，经典也应是阅读推广的重心。在推广方法上，文史学派注重三种方式：一是开设经典名著导读课程，以推动经典阅读，王余光一直在身体力行开设名著导读课程，南京大学启动“悦读经典计划”亦说明高校纷纷认识到以教育的方式来推动经典阅读的重要性；二是设置经典阅读室或是经典专架等特色阅读空间来推动阅读，该思想已得到许多图书馆的响应，如深圳图书馆专设“南书房”、河北沧州市图书馆建立诗经阅览室与经典阅览室；三是开设读书讲坛，这种方式为众多图书馆所采用。整体而言，文史学派是阅读推广理论及实践方面的引领性力量。

二、图书馆学范式

图书馆学范式是图书馆本位的一种研究范式，研究图书馆阅读推广基础理论和实践问题。图书馆阅读推广基础理论的代表性研究者为吴晞和范并思。

吴晞 1982 年毕业于北京大学图书馆学系（现信息管理系），曾在文化部图书馆司、深圳图书馆等机构任职，曾任中国图书馆学会阅读推广委员会主任，是提出及引领全民阅读社会建设的灵魂人物。吴晞对图书馆事业史有深刻的理解和把握，曾翻译《西方图书馆史》（1989 年），出版《北京大学图书馆九十年记略》（1992

年)、《从藏书楼到图书馆》(1996 年)、《图书馆史话》(2015 年)等著作,主编《图书馆阅读推广基础理论》(2015 年)。基于图书馆史的研究模式,他对阅读推广的历史发展脉络、在图书馆事业史上的定位有着极为深刻清晰的把握。他在多种场合、论文或报告中阐述图书馆在阅读推广中责无旁贷的核心作用,认为图书馆服务已从文献服务、信息服务阶段转化到阅读推广阶段。

范并思是华东师范大学教授,在图书馆学基础理论研究方面建树颇多,出版有《20 世纪西方与中国的图书馆学:基于德尔斐法测评的理论史纲》(2004 年)、《图书馆学理论变革:观念与思潮》(2007 年)等著作,引领了中国图书馆界对图书馆核心价值、图书馆精神、图书馆公平的研究。阅读推广兴起后,他基于图书馆学基础理论研究的深厚造诣,提出"阅读推广已成为图书馆主流服务"的判言,开创性地举起阅读推广基础理论研究的大旗,2012 年领导创设上海图书馆学会阅读推广委员会(含阅读推广理论与方法分委会),2016 年领衔建立中国图书馆学会阅读推广理论研究专业委员会并任主任,主持 2015 年度国家社科基金重点项目"图书馆阅读推广的基础理论和体系结构研究"。学理性研究是范并思阅读推广研究的特点。他在《阅读推广与图书馆学:基础理论问题分析》一文中指出,阅读推广是图书馆服务的一种形式,是活动化、碎片化、介入式的服务;目标人群是全体公民,重点是特殊人群;阅读推广的最终目标是通过阅读提升公民素养,使不爱阅读的人爱上阅读,使不会阅读的人学会阅读,使阅读有困难的人跨越阅读的障碍;而阅读推广的定义、阅读推广与图书馆服务、图书馆核心价值的关系是阅读推广的重要基础理论问题。

阅读推广具有强烈的活动化特征,故当前探讨怎么做、做什么的研究占有极大的比例,主题通常涉及高校图书馆/公共图书馆的阅读推广策略、儿童/青少年/大学生的阅读推广方法方式、阅读困难人群的阅读推广策略、经典阅读推广方法、数字阅读推广模式、新媒体环境下的阅读推广策略、特定图书馆的阅读推广实践、世界各国的阅读推广模式、阅读推广实践现状调研。这些研究展示了丰富的阅读推广方法、模式及案例,为同行提供了极大的实践参考,也为"形而上"的理论研究提供了鲜活的第一手实践资料的支持。

三、阅读行为学范式

阅读行为学范式认为只有对阅读行为有深入了解和把握,方能提出科学的建议与结论，故在研究方式上较多借鉴认知科学、行为科学的理论与方法，采用实证或实验的方式，基于数据分析结果研究阅读动机、行为、体验、效果等的关系特征，进而提出阅读推广策略或服务建议。

实证研究是阅读行为研究领域备受关注与推崇的研究模式。典型流程为：①基于相关学科的理论模型，提出模型与假设；②问卷设计：采用文献研究结果、焦点小组或专家访谈结果，以及小规模问卷测试来形成最终的问卷；问卷通常采用 Likert 七分或五分量表；③数据收集：选定调查对象，说明原因与样本特征、问卷发放方式、发放问卷数、回收的有效问卷数量及比例；④研究结果：检验测量模型，考察量表的信度与效度，然后进行假设检验；⑤讨论或结论。例如，《移动服务用户采纳行为的整合模型——基于移动阅读的实证研究》一文基于信息系统、行为科学和心理学理论，从一般技术因素、特定技术因素、消费者心理因素和社会影响因素四个方面构建了一个整合的移动服务用户采纳行为结构方程模型，接着采用问卷调查法对模型假设进行验证。其中，问卷的形成经历了三个过程：首先依据文献研究提取各变量的测度项形成初始量表，通过专家意见法对初始量表进行检验修正，进行小规模测试，依据结果继续修订部分题项，形成最终的问卷；然后运用 SPSS 13.0 和 PLS 结构方程分析软件验证模型和假设；最后对研究发现进行讨论。

图情领域具跨学科研究视野的学者将此种研究模式成功引入阅读推广相关研究中，较有代表性的为上海交通大学媒体与设计学院教授李武、南京农业大学信息管理系教授茆意宏、四川大学公共管理学院教授李桂华等。李武现为中国图书馆学会阅读推广理论研究专业委员会委员，主持国家社会科学基金 2013 年度青年项目“新媒介环境下青少年社会化阅读及其引导机制研究”、上海市哲学社会科学规划课题 2012 年度青年项目“上海市青少年数字阅读及其引导机制研究”，发表了《感知需求对大学生采纳和使用社会化阅读 App 的影响研究——以移动新闻客户端为例》《大学生社会化阅读 App 持续使用意愿及发生机理研究》《青少年社会化阅读动机与行为之关系研究——以上海市初高中生微信阅读为例》等多篇阅读行为研究论文。其中，《大学生社会化阅读 App 持续使用意愿及发生机理研究》典型地采用了这种实证研究模式：基于信息系统持续使用模型 ECM 进行研究假设，综合文献研究、焦点小组访谈的结果设置问项，变量测量主要采用李克特五级量表形式；利用 SPSS 20.0 对统计数据进行描述性分析，利用 AMOS 21.0 进行结构方程模型分析；最后分析讨论。茆意宏主持了国家社科基金 2012 年度项目“移动互联网用户阅读行为与服务策略研究”和2016年度项目“基于内容营销的深度数字阅读推广研究”。他应用实证研究方法，以移动互联网用户阅读寻求行为、阅读使用行为、阅读交流行为等为主题开展研究，并发表了系列论文。李桂华主持国家社科基金2016年度重点项目“全媒体环境下复合阅读行为及其阅读推广对策研究”，发表了《当代阅读行为研究：研究导向与概念构成》《阅读社区研究：阅读推广视角的社群信息学研究实践》等前期理论性成果，目前正采用实证方式进行课题研究。

新一代研究人员越来越注重采用实证方法来开展更有科学依据与数据支持的规范性研究。李新祥的博士论文《数字时代我国国民阅读行为嬗变及对策研究》根据已有文献及国民阅读调查数据，提炼出一个包括阅读主体、阅读媒介、阅读环境三个维度的指标体系；并据之设计问卷，展开基于量化的国民阅读行为特征的研究。

实验研究模式往往采用实验对照数据来探讨阅读机理与效果，进而提出阅读引导策略。较有代表性的研究人员为东南大学图书馆研究馆员袁曦临。她主持了国家社科基金2013年度一般项目“数字阅读机制与导读策略研究”，发表了《纸质阅读与数字阅读理解效果实验研究》《网络数字阅读行为对阅读脑的改造及其对认知的影响》《基于PAD的移动阅读行为及阅读体验实证研究》等论文。

阅读行为学范式以较成熟的理论或模型为基础，采用定量的方式研究阅读行为，由此产生实践性策略建议，是新一代研究人员较推崇及认可的研究方式。应用这种研究范式能有效提升阅读推广研究的科学化、规范化及国际化程度，因而应用前景更为广阔。

四、传播营销学范式

传播营销学范式通常从要素或模式的角度探究传播学、营销学等相关学科与阅读推广的相近之处，并应用其理论框架来展开阅读推广的研究与实践。谢蓉认为，阅读推广活动从本质上可以归结为一种传播活动，符合传播学的一般原理。拉斯韦尔5W模式理论将传播过程分为五类要素：Who（谁）、Says What（说了什么）、In Which Channel（通过什么渠道）、To Whom（向谁说）以及With What Effect（有什么效果），可用来总结和解释图书馆阅读推广的整个过程。根据传播学理论，任何阅读推广活动，不外是对推广主体、阅读者、阅读对象以及推广媒介等要素在一定时空范围内进行一定的设计、组合、组织和配置的结果。后来谢蓉携手刘炜、赵珊珊等对阅读推广与相关学科的关系进行进一步地阐述，认为阅读学、教育学、传播学、社会学、认知科学、图书馆学、市场营销学是阅读推广的相关学科，而侧重通过方法和过程设计达到传播效果的传播学最值得借鉴；图书馆阅读推广是阅读学、图书馆学、传播学交叉的领域。此类研究借鉴传播学的理论模型来建构阅读推广的理论模型，对阅读推广研究产生有益的启迪。南开大学陆晓红在文献调研与实证研究的基础上，引入战略管理、营销、儿童发展、阅读等多个学科的理论，构建公共图书馆儿童阅读推广模式。广西科技大学图书馆副馆长薛宏珍借鉴7P服务营销组合理论（Product、Price、Place、Promotion、People、Process、Physical Evidence）开展“微书评”“书香吧”的阅读推广实践。南开大学刘怡君应用4R营销理论框架（Relevance、Reaction、Relationship、Reward）展开阅读推广研究及实践。阅读推广兼具营销与传播的性质，传播学与营销学领域已有相当多成熟的理论或模型，将其应用于阅读推广研究与实践，甚至是形成阅读推广理论模型，将是非常有价值的借鉴。

五、法理研究范式

立法对于社会阅读具有重要的、根基性的保障促进作用。法理研究范式通过对阅读相关立法问题的研究来宣扬及推动立法进程而自成领域。研究主题包括立法的可行性、必要性、价值意义，国际上相关立法情况、重点内容、对阅读的推进作用，中国相关立法背景、历程、评价、立法框架与内容建议等。研究主体主要来自图情领域、新闻出版领域和法学领域。

《全民阅读立法：以国家意志推动学习》一文指出：“全民阅读立法，就是以法律法规的形式将推动全民阅读工作纳入法制化轨道，确定政府为促进全民阅读的责任主体。具体的设想包括：将全民阅读经费纳入财政预算，制定全民阅读规划，发布全民阅读调查情况，提供公共阅读场所，举办全民阅读活动，保障公民阅读权利等。”张麒麟的硕士论文《全民阅读立法研究》总结了国外阅读立法经验，探讨了我国阅读立法的依据，提出《全民阅读促进条例》的基本框架。肖容梅对我国阅读立法的背景、进展情况进行了梳理与分析。蔡箐分析了国外阅读立法情况与特点，包括重视未成年人的阅读、调动各界力量共促阅读、保障图书馆等公共文化设施资源的建设、注重提高阅读能力和培育阅读素养、制订规划、设立阅读日和阅读基金制度等，以启迪国内的阅读立法工作。这些研究虽然并不直接以阅读推广为研究对象,但能有效推动阅读领域相关法律条文的制定与出台。

《国外阅读领域立法分类探究》一文将阅读领域的立法分为三类:一是综合性法律,如俄罗斯的《国家支持与发展阅读纲要》、韩国的《读书文化振兴法》;二是专门性法律,如美国的《阅读卓越法》、日本的《关于推进儿童读书运动的法律》;三是行业性法律,如加拿大的《国家图书档案馆法》、丹麦的《图书馆服务法》。相应地,近一年来国内先后出台了三项具有阅读促进作用的法律条文:一是 2017 年 3 月 1 日起施行的《中华人民共和国公共文化服务保障法》;二是 2017 年 6 月国务院法制办办务会议审议通过、自 2017 年 6 月起实施的《全民阅读促进条例(草案)》,该条例是为促进全民阅读,保障公民的基本阅读权利,提高公民的思想道德素质和科学文化素质,培育和践行社会主义核心价值观,传承中华优秀传统文化,推动社会文明程度显著提高,根据宪法和有关法律而制定;三是 2018 年 1 月 1 日起施行的《中华人民共和国公共图书馆法》。这些法律法规对社会阅读基础设施设置、经费保障、服务规则、总体规划等基本问题进行规定,能够有效保障及推进社会阅读。

六、阅读疗法范式

阅读疗法是一种以医学的精度将特定阅读内容推送给针对性读者进行深读和体会,以达到推动读者心理健康发展或促进读者心理精神疾病康复的阅读推广方式。与普及性阅读推广相比,阅读疗法在人员资质、技术水准、实施效果等方面要求更高、更专业,因而成为一个独特的医学、心理学、图情人士交叉研究的领域。医学界人士的研究主要有三类:一是对阅读疗法起源、发展历程的推介性介绍;二是阅读疗法的应用情况述评;三是阅读疗法在治疗各类精神、心理性疾病方面的临床效果研究,通常会采用实验对照的研究方法。在国外,阅读疗法在医疗过程中应用广泛,因而医学领域研究者发表的成果远多于国内。

相对而言,中国阅读疗法的大部分研究成果由图情学者贡献,并产生了王波、陈书梅、宫梅玲等代表性研究者。王波为《大学图书馆学报》副主编,兼任中国图书馆学会阅读与心理健康分委员会首届主任。早在 1998 年,他即发表《图书疗法在中国》一文,是国内较早关注及研究阅读疗法的学者。其后,他对阅读疗法原理、概念、类型、书目、中国不同历史时期阅读疗法的应用、国外阅读疗法等问题进行了研究,发表了系列论文,并于 2007 年出版《阅读疗法》一书,可谓阅读疗法的集大成研究者。陈书梅为中国台湾大学资讯管理系副教授,是中国台湾研究阅读疗法的领头人,侧重采用德尔菲法、半结构式深度访谈法、问卷调查法等,研究小说、电影、绘本等阅读材料对儿童、大学生、流浪人员的心理疗愈效用,且基于这些研究指导新竹教育大学图书馆与高雄市立图书馆的阅读疗法服务,发起了“送儿童情绪疗愈绘本到四川”的活动,体现出较强的以研究指导和影响社会实践的发展特征。任职于泰山医学院图书馆的宫梅玲是将实践上升为研究理论的典型代表。宫梅玲的阅读疗法实践源于她对泰山医学院发生的学生心理问题恶性事件的思考,由此展开关于大学生常见心理问题与偏好的求助方式的调查,发现大学生遭遇心理困扰时最理想的两种求助方式是知心朋友倾诉法和读书排解法。后来她在《图书治疗——拓展我国图书馆服务和图书馆学研究新领域》《图书疗法在中国》等文章的启发下,步入阅读疗法的研究与实践领域。在持续不断地实践中,她总结出阅读疗法、音乐疗法、同伴辅导法、心理咨询法四法合一的心理健康教育模式,取得了良好的成效,并据之在医学及图情刊物上发表系列文章,成为阅读疗法跨界实践与研究的代表。总体而言,王波关于阅读疗法的系列成果为进一步研究奠定了基础,陈书梅采用实证方法来展开阅读疗法研究的模式值得推广,而宫梅玲基于实践提炼总结阅读疗法的实施模式颇有参考价值。阅读疗法是阅读推广事业中非常值得应用及创新的一个领域。关于如何在阅读推广工作中普及阅读疗法、如何应用大数据来推进阅读疗法实践均是未来值得研究及实践的问题。

范式是研究视角、内容、观点与方法的综合。上述六种范式以其在主题内容或方法方面的明显特征而得以区分,形成独具风格的知识领域或研究个性。概括而言,文史范式、行为学范式、阅读疗法范式可归属于阅读本位式的阅读推广研究,文史范式侧重的是阅读的文本,行为学范式侧重的是读者的阅读行为,阅读疗法实质是探究阅读文本对人们心灵的疗愈机制;图书馆学范式、传播营销学范式属于图书馆本位式的阅读推广研究,从图书馆服务实践及图书馆学研究范式出发,提出问题并展开研究;法理研究范式是在对社会阅读推广事业发展特点深入把握的基础上,对所涉及的各方社会力量的责任、权利、要求、指标等进行具有法律效应的规定,其目标在于保障和推动社会阅读,但很明显其出发点与其他几种研究范式有所差异。从高校图书馆阅读推广理论推进的角度看,基于大数据的阅读推广平台、融合创新型阅读推广模式、基于阅读行为研究的阅读推广创新、阅读疗法普及应用方法、阅读推广研究的理论模型、阅读推广文化等均是值得进一步研究和突破的问题。

第四章　高校图书馆阅读推广的组织架构方法

阅读推广已成为高校图书馆的重要工作领域。相应地，高校图书馆亦需要采取有效的组织管理机制来推进此项工作的开展。高校图书馆的传统组织结构通常设置有采编部门、流通借阅部门（或称读者服务部门）、信息技术系统支持部门、参考咨询与情报部门、行政与后勤部门，以支撑图书馆的运营。在如今转型变革及建设全民阅读社会的时代，有许多高校图书馆对传统组织结构框架下的岗位设置及职责进行了调整，也有为数不少的高校图书馆对组织结构进行革新，以适应变化的形势及需求。本讲综合问卷调查与网站调查的结果，借鉴组织管理学理论，对阅读推广的组织管理结构设计方法展开讨论与研究。

第一节　组织结构调查研究

为揭示高校图书馆为开展阅读推广工作而采用的组织架构方式，本节对高校图书馆展开了问卷调查及网站调研。在展示调查结果的基础上，总结分析了当前高校图书馆为开展阅读推广工作主要采用的组织结构模式。

一、问卷调查数据

根据问卷调查的结果，55.93%的高校图书馆采取了调整组织结构的方式，将阅读推广规定为传统的读者服务部门或借阅部门的岗位职责；46.33%的高校图书馆通过设置专项工作组的方式来开展阅读推广工作；27.12%的高校图书馆在组织革新过程中新成立了与阅读推广相关的工作部门或小组。

二、网站调查结果举要

为进一步考察各馆的具体做法，作者对中国教育部、财政部、国家发展改革委于2017年9月联合发布的42所世界一流大学的高校图书馆，及部分较有特色的阅读推广组织的图书馆网站的结构设置进行了调查，主要列举如下：

北京大学图书馆在新的形势下对组织结构进行了革新，设置了 6 个业务部门，分别为：资源建设中心、学习支持中心、研究支持中心、古籍图书馆、特色资源中心、信息化与数字中心；以及 1 个职能部门：综合管理与协作中心。其中，学习支持中心是负责支持教学、研讨、社交与学习的多功能服务中心。阅读推广相关服务也列为该中心职责范围：针对学生的学习和生活流程，提供形式多样的人文服务，如迎新、毕业系列活动；读书讲座、大雅讲堂以及针对特定对象的交流活动等，同时负责微信、微博等社交媒体的运营维护与发布等。

南开大学图书馆设有 11 个业务部门，包括：文化建设与推广部、资源建设部、读者服务一部/二部、多媒体服务部、古籍部、信息咨询部、学科服务部、网络技术部、办公室、后勤保卫部。文化建设与推广部的职责为：图书馆文化环境建设；策划与组织阅读推广、文化推广、服务推广等工作；开展图书馆文化阵地活动，发挥“服务育人”职能，组织策划专题文献展示活动、导读活动等；策划与开展形式多样的人文素质服务活动，包括迎新、毕业、读书节、服务月等系列活动；组织开展主题读者活动，如读书讲座、读者沙龙、讲座讲堂以及针对特定对象的交流活动等；社交媒体宣传，微信、微博等社交媒体的运营维护与发布等。

天津大学图书馆设有 8 个部门，分别为：特藏和素质教育组、资源建设部、2 个校区的读者服务部、信息部、系统部、情报服务与研究中心、综合办公室。其中，特藏和素质教育组负责特藏图书的管理，利用“日新书斋”“一得轩”开展大学生素质教育工作。特藏与素质教育组以“阅读推广”为核心创建了“知学”品牌系列活动，形成了以举办综合展览、主题图书推介、读书交流活动、文化知识竞赛等活动为主要载体的特色服务模式。

哈尔滨工业大学图书馆设有阅读推广部、读者服务部、采编部、信息咨询部、技术部、建筑分馆、办公室等一级部门。阅读推广部除了负责图书馆中外文样本阅览室的管理、外借服务以及研究间的管理工作，中外文报刊的管理工作，信息共享空间的管理工作外，还负责读者活动的策划宣传和组织、展览工作、图书推荐工作、微信平台的管理工作和志愿者的管理工作。

上海交通大学图书馆在 2008 年进行组织革新之后，于 2017 年再次进行了组织结构改革，设置了 6 个部门，分别为：资源与公共服务部、学习与研究支持部、文化与特藏服务部、平台与技术支撑部、后勤保障与文影部、行政管理与合作部。其中，文化与特藏服务部承担阅读推广工作，其职责范围包括：重点围绕校园文化建设,在培育大学精神、科学精神方面发挥作用,积极配合学校为提升人才的综合素质做出贡献;发展特藏资源建设和特藏服务。人文拓展方面的主要功能为:借助各种媒体、技术与工具,依托讲坛、展览、社会实践等多种载体,开展有效的阅读与文化推广,形成显著的文化育人品牌。

华东师范大学图书馆设有9个部门,包括:文化推广部、古籍特藏部、闵行/中北学习支持部、研究支持部、文献资源建设部、数字化建设部、平台与技术支持部、综合管理办公室。文化推广部主要负责图书馆两校区的阅读推广、文化推广相关工作,包括主题书展、文化展览、学术讲座、影视沙龙、新媒体推广、读者意见调查、文宣及礼品设计等工作。

同济大学图书馆的组织结构包括:文献保障与共享中心、创新体验与学习支持中心、情报服务与研究支持中心、文化传承与创新交流中心、后勤保障。其中,文化传承与创新交流中心下设宣传推广部、特藏部、德文图书馆、博物馆4个部门,承担着阅读推广工作职责。宣传推广部负责各类主题书展、文化展览、讲座报告、影视沙龙等文化活动的策划与实施;读者服务月活动的策划与组织实施;各类阅读推广与文化推广活动信息的新媒体发布;网上"立体阅读"等信息更新与维护。特藏部承担着该馆与该校党委宣传部合作建设的中华传统文化传承的基地——闻学堂的运营工作,通过"闻学讲堂""闻学展堂""闻学知行堂""闻学课堂""闻学雅集堂"等形式,展示及推广中华传统文化。

武汉大学图书馆阅读推广工作由咨询与宣传推广部负责。该馆组织结构分为3层,总馆下设8个部门,包括党政办公室、总务办公室、资源建设中心、文献借阅中心、信息服务中心、工学分馆、信息科学分馆、医学分馆。信息服务中心下设咨询与宣传推广部、学科服务部、系统部。咨询与宣传推广部的职责为:组织新书展览和宣传导读工作;负责教学与培训组织工作;负责图书馆主页制作与更新;组织开展读者宣传推广活动。

中山大学图书馆阅读推广工作由阅读推广组负责。该馆组织结构分为4级,馆长下设10个部门,包括:公共服务部、资源建设部、特藏部、技术办公室、业务办公室、行政办公室、北校馆、东校馆、珠海馆、深圳馆。阅读推广组设于公共服务部之下。

重庆大学图书馆阅读推广工作由文化育人中心负责。该馆设立有办公室、资源建设部、网络服务部、馆际合作部、理工图书馆、建筑图书馆、虎溪图书馆、特藏部、文化育人中心、学术评价与分析研究中心 10 个部门。其中,成立于 2012 年的文化育人中心负责阅读推广的组织管理、机构建设、推广活动等。

郑州大学图书馆阅读推广工作由读者活动推广办公室负责。该馆设 1 个行政管理科级机构即综合办公室,4 个学术管理科技机构,分别为:科研与学科建设办公室、信息素养教育办公室、读者活动推广办公室、资产与安全保障办公室,以及 8 个业务部室,即采编部、古籍与特藏部、系统部等部门。读者活动推广办公室负责策划、组织及实施读者活动,持续创新开展阅读推广活动,打造品牌;图书馆信息共享空间的管理与服务。

清华大学图书馆阅读推广工作由读者服务部负责。该馆设综合办公室、资源建设部、编目部、读者服务部、信息参考部、信息技术部、特藏部、古籍部/科古所、专业图书馆 9 个部门。其中,读者服务部除了负责中外文开架和闭架图书的流通服务、空间服务、咨询服务等之外,还负责开展阅读推广工作、开展读者相关的宣传工作。

复旦大学图书馆阅读推广工作由基础服务部负责。该馆组织结构为 4 级结构:馆领导之下设对外服务部门、教学与研究部、内部工作部门;对外服务部门之下设基础服务部、参考咨询部、古籍部、特藏与数字化部;基础服务部下设有文科馆、理科馆、医科馆、江湾馆、张江馆。基础服务部的工作职责之一为负责全馆公共关系与宣传推广工作。

湖南大学图书馆阅读推广工作由读者服务中心负责。该馆设立文献采访部、资源加工部、数字建设部、读者服务部、文献评价与学科服务中心等 9 个职能部门或分馆。其中读者服务中心将定期开展读者调查,指导学生读者协会工作;协助组织开展全民阅读与服务宣传活动列为工作职责。

云南大学图书馆阅读推广工作由信息咨询部负责。该馆设有信息咨询部、办公室、技术部、读者服务部、采编部 5 个职能部室。其中,信息咨询部除了负责图书馆数字资源的网络宣传等工作外,还负责组织读书活动和检索竞赛。广西师范大学图书馆设有文化服务部负责全馆的阅读推广工作。文化服务部的具体职责为:负责图书馆特色文化活动组织推广,进行相关文化宣传、橱窗、主题展览设计,学生社团指导等相关工作。

沈阳师范大学设有阅读推广部。该馆业务部门有:采编部、借阅部、信息咨询部、阅读推广部、读者活动部、技术服务部、行政办公室。图书馆主办的大学生读书文化节以新颖的形式、丰富的内容吸引着广大读者,促进了校园文化建设,提升了学生整体文化素养。

暨南大学图书馆设立专门的服务推广部,负责阅读推广工作。该部主要职能为:负责各类讲座报告、专题展览、主题书展等文化活动的策划组织及宣传报道;负责“暨南书悦会”、图书馆宣传月、暨南书香节、新生季、毕业季、周六电影院等活动的策划实施及宣传报道;负责图书馆特色文化礼品、宣传片、宣传册、各类海报等文化宣传品的设计制作;负责液晶电视信息发布;负责馆刊、简报的编发;协助办公室开展参观接待工作,负责参观导览宣讲;协助图书馆官方微博、微信的管理与维护;负责各类文化活动的新媒体推广;协助相关部门完成新设施、新服务的宣传,协助相关部门开展读者调查与统计分析相关工作;负责书虫志愿者服务队的管理等。

华侨大学图书馆于2013年设立文化传播部,安排专职馆员负责阅读推广及文化传承工作。

华中师范大学图书馆阅读推广工作由参考咨询部负责。该馆设有资源建设部、流通阅览部、参考咨询部、信息技术部、古籍特藏部、办公室6个职能部门。其中参考咨询部承担信息咨询服务和阅读推广活动及为图书馆的建设和发展提供支持。阅读推广相关工作具体职责包括资源服务宣传及阅读推广,即各种宣传活动和阅读推广活动的方案策划、统筹实施以及图书馆微博的更新与管理。

西南大学图书馆阅读推广工作由读者服务部下设的学生社团组织——西南大学图书馆学生管理委员会负责。该组织由图书馆副馆长直接领导,读者服务部主任直接指导。

湖南师范大学图书馆阅读推广工作由业务办公室负责。该馆设有行政办公室、总支办公室、业务办公室、湖南省高校数字图书馆办公室、采编部、借阅部、流通部等13个一级职能部门或分馆。该校成立有校级阅读推广工作小组,由图书馆、党委宣传部、学生工作部、研究生院、教育处、校团委等部门组成,在全校范围内开展阅读推广工作。

宁波大学图书馆的阅读推广工作由读者服务总部负责。该馆下设有行政管理总部、网络信息中心、技术服务总部、读者服务总部4个职能部门。其中,读者服务总部在学科服务等读者服务工作之外,还承担阅读推广与培训等工作职责。

海南大学图书馆采取的是学科馆员专业资源推广模式,宣传推广专业书籍、数据库,是学科馆员的职责。

三、当前高校图书馆对阅读推广的组织管理模式

(一)组建阅读推广部门或小组

近年来,阅读推广已经成为图书馆的新型服务,高校图书馆意识到从自发管理转变为自觉管理的重要性。部分条件成熟的高校图书馆通过机构改革,成立专门的阅读推广部门、小组,或是以阅读推广为主职的文化服务部门、推广部门,从制度、人员等方面切实保障阅读工作的常态开展。问卷数据显示,27.12%的高校图书馆采取了组建专职部组的方式。采取此种方式,一方面显示了图书馆对于建设全民阅读社会形势的快速反应及对阅读推广工作的重视;另一方面也为阅读推广工作可持续及常态化开展提供了组织保障。如网站调查显示的结果,北京大学图书馆在组织革新过程中将阅读推广定义为学习支持中心的职责;南开大学、天津大学、哈尔滨工业大学、上海交通大学、同济大学、华东师范大学、武汉大学、中山大学、重庆大学、郑州大学 10 所双一流大学图书馆成立了阅读推广相关的部门,其占 42 所双一流大学的比例,与面向全国的大面积高校图书馆问卷调研结果比较相似。另外,沈阳师范大学、暨南大学、华侨大学等图书馆也成立了阅读推广相关的专职部门,将阅读推广工作纳入图书馆组织管理体系,实现了阅读推广工作常态化、稳定化、制度化。

(二)调整职能部门职责,纳入阅读推广工作

为应对快速变化的外部环境,多数高校图书馆(占比 55.93%)采用了依托传统职能部门——主要是读者服务部或流通借阅部,也包括参考咨询部或其他相关部门,来开展阅读推广工作。例如,清华大学、复旦大学、西南大学、华中师范大学、湖南大学、湖南师范大学、云南大学、宁波大学等高校图书馆,将阅读推广工作归入读者服务部、综合流通部、参考咨询部及办公室的业务范围内,作为部门的重要工作职责。这种组织方式的优势有二:一是便于图书馆在不做大的组织调整的情况下开展社会需求的新业务、新服务;二是在稳定推进的基础上推动传统部门的业务创新。

另外,部分高校图书馆虽然没有在部门工作职责中写入阅读推广,但将之纳入学科馆员工作体系。如海南大学图书馆实施学科馆员阅读推广模式,将专业阅读推广规定为学科馆员职责。学科馆员是专业书籍(包括专业数据库)阅读推广的

主导者，肩负着专业书籍宣传推广的责任。首都师范大学图书馆学科馆员参与读书小组的组织及阅读辅导工作。学科馆员通过与相关院系的教师学生在知识层面上进行深入交流，可以在充分了解读者需求的基础上，为大学生阅读学科经典提供深层次服务。例如具有哲学硕士学位的学科馆员负责“哲学研究”读书小组的活动策划和组织实施，并承担部分阅读辅导工作，学生们对于该阅读推广活动的效果给予了充分肯定。

（三）成立跨部门专项工作组

从不同业务部门抽调人力组成项目小组，通过部门间的协调推动阅读推广工作，也是不少图书馆的选择。从问卷调查结果来看，占比46.33%的图书馆采用了跨部门专项工作组的方式。这种组织方式最大的特点在于灵活机动，且便于组织开展阅读推广工作需要分布于不同部门及岗位上的成员，打破固有部门容易导致的条块分割，促进不同部门间的交流与协作。这种方式对于组织管理者的领导、协调能力要求甚高，对于大型图书馆尤其如此。上海交通大学、同济大学、武汉大学、南京农业大学等高校图书馆都采取或者曾经采取这种工作模式开展阅读推广工作。如在阅读推广部成立之前，同济大学充分重视阅读推广工作的有效开展，为保证“立体阅读”推广工作长期有效地执行，专门组建了一种“矩阵型”机制。这种组织机制是平时由一位图书馆负责人领导2~3人的工作小组进行阅读推广工作系统规划和选题策划，在确定项目之后，抽调图书馆各个部门的人员组成一个项目工作组，从事具体的策划和实施。例如，在活动中，组建了展览布置、海报与网站专栏设计、影视片选放、相关图书推荐以及征文作品选评等工作小组分别开展工作。待项目完成，抽调上来的工作人员回到原来的岗位中。武汉大学图书馆成立专业的推广服务组，配备专职和兼职人员，开展阅读推广工作。由专职推广工作的人员担任活动策划人员、宣传品的设计人员、网页宣传和全媒体宣传人员的职位。工作组经常进行工作讨论，策划和设计阅读推广内容。

（四）依托学生志愿者社团进行阅读推广活动

学生作为阅读活动的主体，其阅读活动的参与性直接决定了阅读推广活动的质量。图书馆通过直接组织阅读推广学生社团或是通过与校级学生社团进行合作，从学生的兴趣爱好出发，从而将阅读推广活动举办得更加生动有趣，贴近学生群体。西南大学图书馆学生管理委员会成立于2014年3月，是由校团委领导和图书馆具体指导的社会实践类校级学生组织。图管委的建立,是为了更好地发挥图书馆在学校学风建设中的重要作用,搭建与广大学生之间密切联系的桥梁。图管委致力于服务全校学生,致力于使广大师生善用图书馆、勤用图书馆、乐用图书馆。西南大学图书馆在2014年9月图管会招新时成立了“阅读推广部”,招募了20人左右的学生团队,主要负责组织西图读书会活动。2015年9月社团招新,阅读推广部扩大到30人左右,除读书会外还组织了一些如读书月(每年4月)、民族文化月(每年11月)的读书活动。经过3年的探索和磨合,西南大学图书馆于2017年9月,将阅读推广部独立为“阅读推广工作坊”,成为与图管会并行的由图书馆直接指导的两个校级学生组织之一。同时社团规模扩大至90人,开始承办西南大学图书馆贯穿新生季、民族月、读书月、毕业季等的各类阅读推广活动。

重庆大学图书馆文化育人中心主要以“图书馆部门+学生社团”以及“图书馆员+学生志愿者”的模式开展阅读推广工作。馆员主要负责宏观指导工作,制定规划策略,管理学生社团;社团组织“书友会”负责阅读推广的具体实施工作。文化育人中心的2位馆员之所以能承担文化服务阅读推广的全部工作,在于该图书馆在阅读推广的各个环节中充分发挥了读者志愿者的主体作用。这一工作模式是重庆大学图书馆阅读推广的特色之一,既节约了图书馆巨大的人力成本,又锻炼了志愿者的各项能力,而且读者志愿者的积极参与不仅拉近了图书馆与阅读推广对象之间的距离,也成了解学生读者阅读需求的最便捷的渠道。通过举办丰富多彩的文化活动,既丰富了师生们的校园文化生活,也锻炼了社团成员的能力,提升了学生的综合素质,达到文化育人的目的。文化育人中心组织的传统文化活动包括“不见不散”毕业生歌会、文化衫设计大赛、毕业季捐书、“今日我值班”体验活动、阅读推广活动、虎溪馆“赶大集”、读者沙龙、“尚阅斋”阅读分享、读书节活动、“书之星”挑战赛、逸夫楼影视欣赏与红房子影音等。

2013年,华侨大学图书馆文化传播部与学校社团管理部沟通建立了“初醒读书会”,通过组建特色学生社团来开展阅读推广工作。文化推广部的馆员担任初醒读书会的指导老师,读书会设一名社长,两名副社长。社长总负责,副社长协助社长组织安排活动,同时在初醒读书会内部设置了管理部和宣传部,每个部门设正副两名部长,管理部负责社团成员纳新、培训以及活动的组织协调管理工作。宣传部负责活动海报制作、活动报道等宣传工作。在此基础上图书馆开展了创意书评活动、诵读会等阅读推广主题活动。

第二节　组织架构相关理论

阅读推广工作的成效与高校图书馆对其组织管理的方式紧密相关。当前高校图书馆主要从实践需要出发,为开展阅读推广工作采取了相应的组织架构方式。如果以组织理论为指导、以实践需求为牵引,来设计组织结构,应该更为科学合理。

组织理论是管理理论的核心内容,是研究组织结构、职能和运转以及组织中管理主体的行为,并揭示其规律性的逻辑知识体系。组织理论的概念最早由卢瑟·吉利克和林德尔·厄威克于1937年在《组织理论概述》中提出。系统的组织理论经历了古典组织理论、行为科学组织理论到现代组织理论的三个历史阶段。第二次世界大战以后,管理实践推动了组织理论的不断发展,用系统论的原理、方法、思想来分析组织的内部结构、管理活动与环境的关系,成为现代组织理论的重要部分。

自组织理论是20世纪60年代末期开始建立并发展起来的一种系统理论,主要是美籍奥地利生物学家贝塔朗菲(L. Von Bertalanfy)的关于系统论的新发展。如果一个系统不存在外部指令,系统按照相互默契的某种规则,各尽其责而又协调地自动地形成有序结构,就是自组织。自组织现象无论在自然界还是在人类社会中都普遍存在。自组织理论的研究对象主要是复杂自组织系统(生命系统、社会系统)的形成和发展机制问题,即在一定条件下,系统是如何自动地由无序走向有序,由低级有序走向高级有序的。一个系统自组织功能愈强,其保持和产生新功能的能力也就愈强。自组织理论由耗散结构理论、协同学、超循环理论等组成。自组织理论方法主要包括自组织的条件方法论、自组织的协同动力学方法论、自组织演化路径(突变论)的方法论、自组织超循环结合方法论、自组织分形结构方法论、自组织动力学(混沌)演化过程论、综合的自组织理论方法论等。

一、耗散结构理论

耗散结构理论主要研究系统与环境之间的物质与能量交换关系及其对自组织系统的影响等问题。建立在与环境发生物质、能量交换关系基础上的结构即为耗散结构。远离平衡态、系统的开放性、系统内不同要素间存在非线性机制是耗散结构出现的三个条件。高校图书馆阅读推广具有形成自组织耗散结构的基本条件。

高校图书馆作为文化知识和信息的集散地，不仅承担着保存人类优秀文化知识的重任，更肩负着传播人类优秀文化知识，广泛地开展阅读推广的使命。高校图书馆阅读推广组织是一个由多种元素构成的有机系统。阅读推广系统，既离不开图书馆领导根据社会发展需求提出的阅读推广的总目标和总规划，也离不开有效的团队建设，及团队成员作为活动执行者的积极性、主动性和创造性。同时也需要保障阅读推广工作有效推进的制度条件和组织构架，还需要阅读推广对象即读者的积极参与和实时反馈，需要图书馆资源作为阅读推广活动载体的丰富性。此外，也离不开阅读推广的学校环境、社会环境以及国家发展需求。

（一）图书馆阅读推广组织结构是一个开放的系统

阅读推广系统具有开放性。阅读推广系统离不开外界环境条件，与社会相互联系。系统接受环境的输入，继而加以转换，然后输出再供给社会。而社会接受阅读推广系统的输入后，又产生了新的社会环境，新的社会环境又再次输出，如此形成一个生态循环体。阅读推广系统，不断地从外界环境中汲取先进的思维理念，以及资源保证，维持其发展的基本要求，不断向前发展。同时又将阅读推广事业的成效传播给周围环境和社会环境，通过营造阅读推广氛围，从而影响高校或是社会文化事业的发展。阅读推广系统与外界环境，通过彼此之间的相互作用、相互交流、相互影响，彼此都不断完善、共同发展。阅读推广活动的目标会随着外部环境需求的改变而不断完善，阅读推广团队也通过不断地自我学习，激发创新思维，更新已有知识，以适应环境的不断变化。阅读推广系统所传递的知识、文化也具有开放性。

（二）图书馆阅读推广组织结构是远离平衡态的

远离平衡态，指系统内部各个区域的物质和能量分布是极不平衡的，差距很大。远离平衡态是有序之源，如果没有远离平衡态，系统仅仅开放是没有用的，因为系统仅在平衡态附近，与外界交流也仅能是类似微扰的作用，不能使系统发生本质的变化。只有将系统逐渐从近平衡区推向远离平衡的非线性区，才有可能使系统演化成为有序结构。耗散结构与平衡结构有本质的区别。平衡结构是一种“死”的结构，它的存在和维持不依赖于外界，其系统熵最大；而耗散结构是个“活”的结构，它只有在非平衡条件下依赖于外界才能形成和维持，不断进行“新陈代谢”。图书馆阅读推广是不断变化着的，高校阅读推广组织遵循远离平衡态的原则,才能建立有效的管理体系。阅读推广团队的成员具有不稳定的特征,阅读推广团队往往是新形成或是尚未完全确立下来的,具有较大的不固定性。阅读推广团队成员包含了很多学生志愿者,由于学制等因素,学生志愿者通常不具备较强的约束性,团队成员稳定性较弱。阅读推广活动更强调阅读推广的目标、理念、品质,力求做到推动校园文化的提升,乃至推动社会文化的发展,全民文化素质的进步。因此反映在阅读推广的文化上则是不能保持静态的平衡状,要不断地自我完善,顺应社会需求的发展,追求创新,不断突破。阅读推广的外部环境需求在一个随机变化、难以预测的环境中,因此更是必须具备"随机应变"的能力。

(三)图书馆阅读推广组织的各子系统中存在着非线性相互作用机制

图书馆阅读推广组织的各要素中具有非线性的相互作用的特征。非线性相互作用具有非独立相干性、非均匀性、非对称性等特点。具有这些特点的非线性相互作用能使各要素之间产生相干效应和协调性,从而推动系统的变化,是系统不断区域有序的结构。非线性作用是自组织产生与发展的根本原因。阅读推广组织多个子系统之间存在非线性的相互作用。其一,阅读推广的外部环境与阅读推广团队组织之间存在非线性相互作用。如,社会上崇尚阅读推广环境,校园阅读推广文化的形成,能够促进阅读推广团队的发展壮大,激发阅读推广团队成员的积极性与主动性。其二,阅读推广团队成员与读者之间存在着相互非线性的作用。如读者对团队成员组织的阅读推广活动的赞赏与积极参与,或是通过阅读推广活动受到启迪并给予良好的反馈,能够激发阅读推广团队成员工作的积极性和主动性,使他们的工作具有获得感、成就感。其三,阅读推广对象即读者,通过阅读推广活动,培养了阅读兴趣,进而形成了崇尚阅读的校园风尚,能够推动图书馆阅读推广机制的发展和完善。其四,阅读推广团队成员之间存在着非线性的相互作用。馆员的科学指导与启发,能够激发学生团队参与的主动性与积极性。与此同时,学生团队的参与和反馈,也能够促使馆员不断调整团队相处模式,从而使阅读推广团队的效益最大化。

二、协同学理论

协同学主要研究系统内部各要素之间的协同机制,涨落即系统内各序参量之间的竞争和协同作用是使系统产生新结构的直接根源。由于系统要素的独立运动或在局部产生的各种协同运动以及环境因素的随机干扰,系统的实际状态值总会偏离平均值,这种偏离波动大小的幅度就叫涨落。当系统处在由一种稳态向另一种稳态跃迁时,系统要素间的独立运动和协同运动进入均势阶段时,任一微小的涨落都会迅速被放大为波及整个系统的巨涨落,推动系统进入有序状态。缩小系统要素间差距的内在动力则是个体行为有序的序参量。社会或者学校对于阅读氛围的期待与实际阅读推广的现状之间的差距就是涨落。阅读推广团队成员对于组织阅读活动的参与率,与实际活动参与度和效果之间的差距,也是涨落。只有通过阅读推广组织的不懈努力,才能缩小各个要素中存在的差距,从而使得阅读推广活动更加有序,对阅读推广效果以及良性阅读环境的形成产生有益影响。

三、超循环理论

英国生物化学家艾根(M. Eigen)1971年发表《物质的自组织和生物大分子的进化》,正式建立超循环理论。超循环是由催化循环组成的循环。催化的超循环的作用不仅是选择,更重要的是具有整合的功能,能把那些长度有限的自复制体整合到某种新的稳定序中,使它们组织成一个整体协同相干的进化。该理论将自组织系统的循环分为反应循环、催化循环和超循环三个等级。

(一)阅读推广组织管理的反应循环

反应循环是与物理、化学反应以及相对简单的生化反应相联系的较为低级的循环系统。该循环需要依靠外部催化剂驱动,类似于生命系统的新陈代谢。阅读推广组织活动中涉及三个主要要素:阅读推广组织的管理者、阅读推广运营团队和读者。其反应循环也由这三类主体构成。阅读推广管理者基于掌握的决策管理的知识和执行力,以自身的工作热情、组织文化、运营团队的工作能力、读者的参与热情等作为反应酶,来实现决策能力的提高、阅读推广组织制度的完善。阅读推广团队成员则是基于现有的专业知识和业务能力,以工作动力、激励机制、管理者的领导力以及读者的反馈情况作为反应酶,从而提高服务能力、阅读推广活动的组织能力以及实现的效果。参与的读者基于现有的阅读习惯、知识储备等,以阅读推广活动的吸引力、组织管理者的专业程度为反应酶,从而实现阅读能力的提升、良好阅读习惯的养成、自身综合素质的提高。

(二)阅读推广组织管理的催化循环

催化循环是比反应循环高一级的循环,该循环类似于生命系统的自复制。催化循环是在反应循环的基础上进行的。只要反应循环产出物中有一种类似于反应酶的产物,则该反应循环就能够实现催化循环。如前所述,在阅读推广管理者的反应循环中,产生的结果中决策能力的提高、阅读推广组织制度的完善可以作为其下一个循环的催化酶,使其实现催化循环;在阅读推广运营团队的反应循环中,运营团队服务能力的提升、阅读推广活动组织能力的提高以及活动实现效果的优化可以催化该循环,使该循环跃升到催化循环阶段;参与读者的反应循环中,阅读推广活动参与热情的增长,读者阅读能力的培养,良好阅读习惯的养成,自身综合素质的提升,能够催化其阅读能力培养、转化和应用过程,进而催化其反应循环过程。

(三)阅读推广组织管理的超循环

超循环是多个催化循环相互联合构成的循环系统,它类似于生命系统的突变。在超循环过程中,高校图书馆阅读推广组织运行过程中各个要素各自的催化循环,能够相互催化,实现各类组织整体功能的优化。阅读推广管理者与运营团队的超循环:在管理者和运营团队各自的催化循环中,均有能够催化对方循环的反应底物。管理者的催化循环产物中完善的阅读推广制度结构,能够催化馆员的催化循环;馆员的催化循环产物中服务能力的提升、阅读推广活动的组织能力的提升能够催化管理者的催化循环。管理者与读者的超循环:伴随着管理者催化循环的进行,阅读推广的组织制度不断被优化,阅读推广的活动设计和推广更有吸引力,从而催化读者的催化循环;同样,随着读者催化循环的进行,其阅读能力的提升、良好阅读习惯的养成,从而产生新的要求,能够激发管理者的催化循环。运营团队与读者的超循环:团队的催化循环产出物中,即阅读推广活动的组织能力提高以及活动实现效果的优化,能够催化读者的催化循环;同样,读者的催化循环产物中,阅读推广活动参与热情的增长、读者阅读能力的培养能够催化馆员的催化循环。

第三节　阅读推广的组织架构设计

自组织理论对于高校图书馆阅读推广工作的组织架构具有很强的适应性和指导意义。以用户为中心的“自组织”式的阅读推广组织结构应当有如下特点:第一,阅读推广目标既具确定性又具灵活性;第二,组织者和读者是阅读推广活动的共同主体;第三,阅读推广活动是一个开放的系统,要适应开放的外部环境要求;第四,阅读推广活动过程是一个正负回归的交替运作过程。因此在阅读推广活动中,要形成动态的激励和考核制度。

一、阅读推广活动目标的确定

阅读推广活动的目标是指阅读推广活动所要达到的预期标准以及读者通过阅读活动所产生的预期效果,也是阅读推广活动想要达成的最终结果。在自组织式阅读推广中,阅读推广活动的目标虽不乏要推进全民阅读的总体目标,但活动的细分目标往往都是暂时性的规划,具有很大的灵活性和不确定性,需要随着活动的开展,以及开展过程中组织者和读者的相互作用而使其不断清晰、明确起来。因此,组织者在制订目标时,要明确其具有纲要的、多元的、开放的、动态的规划特征,对其进行弹性预备。组织者可以采用以下三种方式确定目标:车轮式策略、树枝式策略和网络式策略。车轮式策略是指,组织者在充分了解活动环境以及受众情况的基础上,以某一特定目标为母目标,预备各种可能产生的、彼此独立的子目标,并在活动过程中根据实际的活动情境对其灵活择取和选用。车轮式策略的特点是活动目标辐射范围广。树枝式策略是指,组织者依据活动环境以及受众情况,特定活动目标为基础衍生出与此目标相关的另一个目标,并又以第二个目标为母目标衍生出新的目标。网络式策略是指,组织者依据活动对象以及效果,对活动过程中可能产生的问题与兴趣点进行联想并罗列出来,并以此为基础再进行联想,罗列出相关的问题与兴趣点,最后综合起来形成一个活动目标网络。

二、适应开放的外部环境要求

高校阅读推广组织是一个开放的系统,与开放的外部环境的不断交互,能够促进阅读推广组织的形成与发展。

(一)满足“全民阅读”的社会需求

1972 年,联合国教科文组织向全世界发出了“走向阅读社会”的号召,要求社会成员人人读书,让读书成为人们日常生活中不可或缺的部分。联合国教科文组织于 1995 年设立“世界读书日”以来,世界范围的阅读推广及读书活动成为潮流。

我国早在 1997 年就由中宣部、文化部等 9 个部门共同组织实施了“知识工程”,倡导全民读书,建设阅读社会。自 2006 年活动开展以来,在中央文明办、新闻出版专管部门、文化部、教育部、解放军总政宣传部、共青团中央、全国总工会、全国妇联等部门的共同倡导下,全民阅读活动在全国各地蓬勃发展。党的十八大以来,随着我国经济大发展和文化大繁荣，全民阅读也上升为国家战略，获得了前所未有的重视和发展。2012 年 11 月，党的十八大报告历史性地写入“开展全民阅读活动”。2016 年，我国首个全民阅读国家级规划《全民阅读“十三五”时期发展规划》由国家广播电视总局对外发布，该规划以推动全民阅读工作常态化、规范化，共同建设书香社会为目标。2017 年 4 月 3 日，国务院法制办正式就《全民阅读促进条例(征求意见稿)》公开征求意见，标志着全民阅读立法工作取得重大进展。所有这些，都充分体现了党和国家对全民阅读这项文化民生工程的高度重视，标志着全民阅读纳入国家战略层面进行整体布局，意味着高校阅读推广活动拥有得天独厚的社会环境。高校图书馆阅读推广组织要善于利用这一利好条件，壮大自身发展。

（二）融入学校发展环境

近年来，在“以学生为中心”的教学理念的指导下，很多大学都非常注重学风的建设和历史积淀过程。而且优良的学风一旦形成，就会演绎成这所大学的传统，并一代代地传承下来，体现出恒久性。国外一流大学都拥有浓厚的学术文化氛围，为广大的学生、学者提供了畅所欲言、大胆抛出创新观点并进行公平竞争的良好空间，使得各种创新和研究得以激发并呈现出生动活泼的局面。良好的学习习惯，能帮助学生明晰学习方向，提升学习效率，使学生不断自我完善；不良的学习习惯则容易使学生滋生消极的思想意识，不利于学生的成长成才。因此，培养良好的学习习惯对高校大学生来说十分必要。

当代大学生需要培养终身学习的习惯，培养思考和观察的习惯，培养良好的学习精神，培养互助学习的习惯，培养主动学习的习惯，这对当代大学生综合能力的培养极为关键。而学生自主学习能力的培养离不开学生阅读兴趣的培育、阅读能力的提升，因此很多高校都致力于为学生营造良好的阅读氛围。学校宣传部、教务处以及各个学院也会组织各类型的文化活动，以培养学生的阅读兴趣。在学校环境的影响下，图书馆阅读推广组织需要找好切入点，和相关职能部门形成联动，共同推进全校阅读风尚的形成。可以以通识核心课等普及课程为媒介，将阅读推广活动融入教学环境，以教师的授课计划为依托，引导读者主动阅读，培养深度阅读的能力，丰富读者的知识体系结构。

三、形成阅读推广组织的共同体

(一)建立稳固的制度保障

高校图书馆阅读推广的核心因素是人。因此,阅读推广必须充分发挥人的能动作用,要通过制度文化来鼓励竞争,建立完善的激励机制,协同发展。稳固的制度保障,能够有效地减小阅读推广组织受外部环境、对象反馈等不稳定因素的影响而引发的巨大涨落,从而促进阅读推广组织稳定、成熟。制度设计是高校图书馆阅读推广活动的起点。一套经过科学化设计、符合客观实际、顺应需求的良好制度,可以主导循环的方向和速度,并为其螺旋上升创造条件。具体表现在图书馆建立明确的阅读推广制度体系,将阅读推广写入馆员乃至部门的工作职责,纳入考核评审体系,能够为阅读推广组织的发展提供强有力的制度支撑。高校图书馆必须建立和完善相应的阅读推广长效机制,将阅读推广制度化和规范化,从制度层面确保阅读推广工作的规范性和连续性。同时,根据馆内实际环境的差别,形成稳定的阅读推广队伍,如矩阵式的阅读推广工作组,或是专门的阅读推广部门等。“矩阵型”的阅读推广小组,可以由一位图书馆负责人领导 2~3 人的工作小组进行阅读推广工作系统规划,在确定项目之后,可抽调图书馆各个部门的人员组成一个临时的班子,从事不同的具体策划和实施,并根据活动效果进行反馈优化。具有良好的阅读推广工作基础、对阅读推广工作需求较多的高校图书馆可以成立专门的部门负责阅读推广工作,或是将阅读推广工作写入某一部门的具体工作职责。这是从制度层面推进阅读活动的重要举措,随着阅读推广活动在高校的深入开展,专职部门可以在更大的范围、以更优的人力物力,集中做好阅读推广的宣传工作。

(二)协同发展的运营团队

扁平化的组织结构能够更加有效地促进协调运营团队的发展。通过进行组织结构的调整和精简,通过运营团队的组织结构的改革变化来推动阅读推广工作的发展。通过以任务为导向的方式,基于某一阶段具体工作,以核心团队为中心,根据具体要求引入具有相关技能的辅助成员,共同完成阅读推广工作。

1. 核心团队

高校图书馆阅读推广是一个常态性的工作,涉及的环节较多,参与人员主体多样,具有复杂性,因此需要一支专业的运营队伍,且运营团队的核心团员需要由专业的馆员担任，负责推广工作规划的制定、日常运营和与学生团队的沟通协调。高校图书馆可以根据实际阅读推广工作的体量和需求，确定自己的核心团队，既可以成立固定的阅读推广或是文化活动相关部门，也可将阅读推广工作纳入传统职能部门的部分馆员职责，或是组建横向的阅读推广工作组等等。推广馆员在高校图书馆阅读推广服务中具有举足轻重的地位，如何激发图书馆员主动学习，提高图书馆员参与阅读推广服务的积极性，保持图书馆员从事阅读推广服务的持续热情，是完成图书馆阅读推广服务人才储备的关键环节。首先，专业馆员队伍需要具有专业的业务能力，熟悉图书馆的馆藏资源与服务，能够制订专业的阅读推广活动规划。其次，专业馆员队伍需要具有较强的沟通协调能力：由于阅读推广工作的复杂性，专业馆员需要和馆内技术部门、资源部门、服务部门等进行沟通协调；同时组织阅读推广活动往往还需要与校内各部门形成联动；专业馆员需要具备与学生团队以及读者的良好的沟通能力，以促进活动效益的最大化。再次，专业馆员队伍需要有明确的分工，根据具体的业务要求对专业馆员的岗位职责进行细分，既有负责专职推广活动的活动策划人员，也有负责宣传推广工作的全媒体宣传员等。同时，专业馆员需要拥有良好的领导能力，能够领导学生团队，充分调动学生团队的主动性和积极性，引导学生团队在阅读推广工作中发挥重大的作用。此外，专业馆员需要拥有对阅读推广工作的极大的热情、认真细致的工作态度和对于该项工作职业认可的使命感和责任感。

2. 辅助团队

由于阅读推广工作具有多样性的特征，活动形式丰富，内容涉及面较广，需要不断地对活动模式进行创新性探索，单独依靠核心团队很难有效地完成任务。因此，往往还需要拥有相关专业背景的学科馆员、技术背景的技术人员以及资源馆员等。辅助团队可以根据不同的任务灵活组建，能够实现团队成员之间的优势互补，减少了工作的盲目性，从而使团队效能得到最优发挥。比如，组织学科专业阅读，可以吸纳该专业学科的馆员进入辅助团队，能够很好地弥补核心团队成员该专业知识缺乏的问题，也能够充分降低团队成员之间的沟通成本，使沟通更加有效及时，有利于增进组织成员的合作和互动，并能对不断变化的开放外部环境做出迅速的反应。

3. 学生志愿者团队

不同于社会阅读推广工作，学生既是高校阅读推广工作的主要对象，也可以作为管理者,更多地参与到阅读推广工作中来。图书馆成立以学生为主体的阅读推广志愿者社团,不仅拉近了图书馆与阅读推广对象的距离,而且有助于充分便捷地了解学生读者阅读需求。通过参与策划丰富多彩的文化活动,也锻炼了社团成员的能力,提升了学生的综合素质,达到文化育人的目的。学生志愿者的形成也符合自组织的特征,他们由于对阅读推广的兴趣爱好或是自身能力发展的要求而自发加入,运转和管理也具有充分的自治性。因此,学生志愿者团队的发展也会经历自创生、自生长和自适应这三个发展阶段。在自创生阶段,学生由于自身兴趣等因素加入阅读推广志愿者团队。在自生长阶段,随着志愿者团队的壮大,根据各自的兴趣爱好、专业技能、学科背景等进行更进一步的分工,在这一阶段管理制度建立完善,学生团队的分工更加明确,团队的稳定性也逐步加强。在自适应阶段,团队成员要根据外部阅读环境的变化、读者需求接受程度的变化等不断加强沟通交流,进行自我调整,进入成熟稳定的运营期。专业馆员需要对学生志愿者团队进行专业引导、培训、考核等,不断引导团队走向成熟。

(三)以引导读者自主阅读为导向

阅读推广活动是一个由运营者和读者构成的共同体,读者的反应与满意程度对于阅读推广活动起着至关重要的作用。读者可按照主体的不同,教师、以课程学习为主的本科生、以研究为主的研究生,以及学习专业不同的人文社科学生、理工科学生等而进行群体细分,不同的读者群体对于阅读推广活动的要求与期待程度也有着显著的差别。在自组织视野下,高校阅读推广组织希望能够通过阅读推广活动来启迪读者,引导读者自主阅读行为。

自组织论认为,系统的有序是由系统内部要素之间协同作用形成的,协同作用是任何复杂系统本身所固有的自组织能力,是形成系统有序结构的内部作用力。自组织系统一旦开始运行,它就具有一种“自提升”的功能,而且必须在内部机制的作用下,能够不断地优化其组织结构,完善其运行模式。读者阅读行为本来是一种自发的行为,通过适当的阅读推广活动形式,能够使其优化提升。首先,在活动开始前,可以引导学生对阅读活动进行初步的了解,活动开始前的初步了解所产生的对于文本的原初体验、困惑能够激发活动进行中的参与热情。其次,活动前的深度学习使读者的思维处于最佳状态,从而保证了活动的有效性与质量。在活动进行时,以灵活多样的组织方式激励读者,调动读者的参与性与积极性,激发参与互动交流的主动性,从中敏锐地观察到读者的接受程度以及兴趣点,分别从知识与技能维度、过程与方法维度以及情感态度价值观维度对该资源的利用价值进行分析，并根据活动目标和活动内容合理选取该资源的利用侧重点。然后，将读者的兴趣点融入阅读推广过程中，从而推动阅读推广活动的丰富性。在此过程中，读者的阅读兴趣、创造性思维都得到一定程度的塑造，主动参与性也得以提升，这样有助于自主阅读的形成。

四、阅读推广活动是一个正负回归的动态过程

（一）制订动态的激励考核制度

反馈通常是把现在系统的行为结果作为影响未来系统发展的动因。非线性系统中同时出现正反馈和负反馈，如果现在的行为能够促进未来的发展叫作正反馈，反之则叫作负反馈。阅读推广是为了充分引导不同主体的学生进行阅读，因此阅读推广的组织者需要深入地了解读者需求，掌握读者对于阅读活动的兴趣点和期待度等，从而更加迅速、精准地提供服务、组织活动。阅读推广活动的组织者要积极主动地从多个角度、运用多种方法了解到读者参与阅读推广活动的真实想法和反应，对阅读推广效果进行多维评价。将评价结果与阅读推广活动的目标进行比对，进行反馈。正回归运动意味着阅读推广偏离既定目标，阅读推广的丰富性增加。负回归运动意味着阅读推广活动朝向既定目标，教学的有效性增加。通过合理的反馈机制调整，期待目标与实际情况之间的落差，制订完善的激励和考核机制，不断调整二者之间的关系，在激励阅读推广活动非线性发展的同时避免过度涨落。

人们在决定是否实施某种行为时，一般都要对行为的预期收益与成本进行考核，当收益高于成本，即行为结果对其有价值时，才会实施该行为。在自组织视野下，阅读推广活动需要动态的考核激励机制。当然，阅读推广活动运行中给各类主体带来的价值难以直接计量，只能通过适当的方式，使他们感知其行为结果的价值。在阅读推广活动这一催化循环中，阅读推广组织的管理者、阅读推广运营团队和读者这三个主体构成了阅读推广活动的反应循环。阅读推广活动各类主体感知其行为结果的价值高于成本时，则会强化其行为，推动各自的反应循环和催化循环，并借助各类主体之间的非线性相互作用，推动高校图书馆阅读推广组织的超循环体系的发展。

(二)形成创新文化氛围

当一个系统处于开放状态,在该系统从平衡态到近平衡态、再到远离平衡态的演化过程中,达到远离平衡态的非线性区时,一旦系统的某个参量的变化达到一定的阈值,通过涨落,该系统就可能发生突变(即非平衡相变),由原来的无序混乱状态转变为一种时间、空间或功能有序的新状态。高校图书馆阅读推广组织在运营过程中,也会出现有效能量的逐步减少、无效能量逐渐增加的情况。这种情况会使阅读推广组织逐渐向无效、无序和混乱的方向运行。此时,高校图书馆阅读推广组织需要在不断地与环境进行物质、能量和信息的交换过程中,将诸如新理念、新知识、新技术、新制度、新人才等创新机制引入,增强负熵,进行组织的再造和管理的创新,形成管理耗散结构,让组织有序度的增加大于自身无序度的增加,阅读推广组织系统的负熵增加大于正熵增加,进而形成新的有序结构和产生新的能量。因此,不断开拓思维,与外部开放的环境进行交流,引入新理念、新知识、新技术、新制度、新人才等,形成创新的文化氛围,对于阅读推广组织的不断发展有着重要的意义。在实际运行过程中,活动的组织者也要在周围环境的交互作用下,形成开放性的创新思维,不断对阅读推广活动进行形式、内容、组织等多维度创新,培养读者创新能力,有效推动阅读推广总体目标的实现。

第五章　高校图书馆阅读推广空间

第一节　阅读推广空间设计理论

近30年来,图书馆建筑及空间设计一直在发生改变。最显著的改变莫过于,图书馆从威严的知识殿堂转变为日益亲民的、人性化的读书、学习及交流的场所。图书馆建筑空间提供了图书馆机构的存在感,其设计布局及功能设置也代表着图书馆的综合发展水平。当前,处于超越与转型时期的图书馆发展,一方面需要通过加强软实力来推进数字化、智能化发展;另一方面又必须通过流通服务和咨询服务之外的、更依赖图书馆实体空间的各类活动,来彰显图书馆作为文化场所的价值。在这个转变过程中,共享空间(Commons)理念、"第三空间"理论等颇受图书馆界关注并得到较广泛的应用,目的在于增强图书馆空间功能及对用户的吸引力。

一、共享空间(Commons)理念

在信息技术迅猛发展及社会学习理念变化的双重推动下,图书馆界掀起了空间重构的风潮。这股潮流由两种力量推动:一是应对于20世纪90年代出现的图书馆消亡论而产生,强调图书馆场所空间价值的"作为空间的图书馆"(Library as a place)运动;二是强调图书馆与IT、学生事务中心、教学发展中心的合作拓展,以支持信息行为习惯发生变化的用户和学习与创新的共享空间(Commons)建设。关于图书馆Commons的概念,有研究者认为产生于20世纪80年代中期;但真正的概念成型及实体图书馆Commons的产生,则是20世纪90年代的事情。因此,英国学者斯坦纳(Heidi M. Steiner)认为:Commons由"Library as a place"运动演化而来,发源于数字革命,并受交互学习、学生变化的习惯和需求的推动;"Library as a place"运动为Commons的产生奠定了基础,而Commons则是该运动的自然扩张。早期Commons原型创始于1992年美国爱荷华大学(The University of Lowa)图书馆创建的"信息拱廊"(Information Arcade)和南加州大学于1994年创建于利维(Leavey)

图书馆的信息共享空间(Information Commons, IC)。

美国北卡罗来纳大学(University of North Carolia, UNC)夏洛蒂(Charlotte)图书馆的唐纳德·比格尔(Donald Beagle)于 1999 年界定了 IC 的两种截然不同的概念:①一种独特的在线环境。在该环境下,用户通过图形用户界面可以获得多种数字服务,通过安装网络工作站上的搜索引擎可以同时检索馆藏以及其他数字资源。此类信息共享空间实际上是一个具有复杂的搜索、帮助和获取搜索结果功能的综合网站;②一种新型的物理设施或空间。能够在整合的数字环境下管理工作空间并提供服务,这种空间可以是图书馆的一个部门、一个楼层或者一个独立的物理设施,它构成了一种新的信息环境,并在第一种模式的基础上增加了图书馆员和新的服务。此外他还提出了 IC 的物理空间的 3 个关键因素。他认为 IC 包含实体、虚拟及文化 3 个相互依存的维度。实体 Commons 指一种新型的物理设施,既可以是图书馆的一层或数层特定楼层,也可以是独立的专用建筑,包含用于支持师生学习的技术、资源及工具;虚拟 Commons 是作为电子资源和服务门户的在线环境;文化 Commons 是数字时代言论自由、共享知识与创造性表达的整体社会文化场所。

虽然文化维度的 Commons 内涵还有待挖掘解析,但实体及虚拟维度的 Commons 仍然在不断发展演化。唐纳德·比格尔所提出的三位一体的 IC 概念框架实际上为图书馆的场所空间设计改造提供了一个全面的指南。其后,IC 理念以其对于数字时代的适应性及革新图书馆空间、服务与管理的必要性风行于图书馆界,一大批核心理念及方向一致,形式、规模及称谓有所差异的 IC 诞生,图书馆改变了以往安静严肃的知识殿堂风格,增加了咖啡吧、无线网、群组学习区域、个人学习区域、多媒体区域、展示区域、舒适灵活的阅读桌椅、延长服务时间等适应新一代用户特点的元素,以更人性化、更灵活、更便捷及更具适应性的面貌刷新着读者的感观。关于 IC 实体空间的关键特征,唐纳德·比格尔认为包括:①作为第一接洽点和帮助中心的咨询指引台;②作为学习和工作的协作及延伸单元,提供传统个人学习区域及交互研讨区域;③与将展开合作的校园机构及项目协调一致。美国学者贝利(Bailey)等则对正式的 Commons 的服务内容进行了说明:①咨询服务(咨询台服务、研究咨询、参与纸质与电子馆藏发展、分类网页发展、图书馆教育和院系拓展);②研究数据服务(大数据文件搜索、获取及处理咨询);③多媒体服务(公共计算机实验室咨询台服务,多媒体,图像及扫描资源支持;常规教学技术支持);④教学服务(包括网络资源在内的基于课堂作业的图书馆教育);⑤咨询台。麦克温尼(Mac

Whinnie)则把信息共享空间描述为"共同学习的场所,多媒体工作站,高科技教室以及小组研究空间"。这两种观点均反映出 IC 融合新技术发展、联合校内相关职能机构为读者提供多元学习空间、资源及服务以支持其学习与创新的特点。随着图书馆对于新型学习方式及知识创新支持的深化,学习共享空间(Leam Commons, LC)、知识共享空间(Creative Commons, CC)的概念逐步形成。21 世纪早期,LC 开始成为图书情报领域学术文献积极探讨的话题,许多实体 Commons 开始以 LC 命名。对于 IC 与 LC 之间的演进关系,贝利等给出了一个比较中肯的说明:IC 以图书馆为中心,既提供传统图书馆服务,也提供推动交互学习的多元资源和工具;LC 包括了 IC 的所有方面,但在图书馆层面及学校层面的整合力度更大,整合了诸如写作中心、教学发展中心等馆外功能,并提供多种协作工作空间,战略上与学校愿景和使命一致,并不是以图书馆为中心。知识共享空间概念的出现,既是对社会创新需求的一种呼应,也是对 LC 概念的拓展,更适应于含括研究共享空间(Research Commons)、创客空间(Maker Space)等图书馆新型空间。因此,图书馆在不同时期以 IC、LC 或 CC 命名的新型空间,只是在功能与内容项目上有所变化,其背后的理念框架及隐含的支持学习与创新的精神内涵同出一辙。

二、"第三空间"理论

相对于由于 IT 发展及学习方式变化而设置的多媒体区域、群组研讨区域、写作中心、教学发展中心等图书馆 Commons 直接标志,唐纳德·比格尔所指出的文化维度的 Commons 在研究文献中并没有得到同等的重视。文化 Commons 主要体现于三方面:一是实体空间中对于能够提升用户人文艺术修养、激发创意的特别空间设置;二是持续举办文化讲坛、展览、读书沙龙、书评等文化活动;三是图书馆整体空间构造、学习阅读设施及服务设置所体现出的人性化、舒适性、灵活性、现代化、便捷性、智能化、艺术美感等文化内涵深度。从这些方面来看,对当前图书馆功能与空间设计影响较大的"第三空间"(Third Space)概念在某些方面更贴近文化 Commons 的精神内涵。

"第三空间"最早是由美国社会学家欧登伯格(Ray Oldenburg)于 1989 年在《绝好的地方》(*The Great Good Place*)中提出,后于 1999 年再版时修订。他认为,第一空间指家庭居所,第二空间为工作场所,二者之外的公共空间,如酒吧、咖啡店、图书馆、公园等为第三空间。1996 年,美国地理学家爱德华·索雅(Edward Soja)在其出版的《第三空间》(*Thirdspace*)一书中提出:“第三空间”是不同于物理空间(第一空间)和精神空间(第二空间)的新的空间,它包含两者,进而超越两者。后来奥地利人克里斯蒂娜 · 米昆达(Christina Mikunda)在《期望的概念》一书中指出,第三空间是“充满情感,这种情感人们可以在此取得而带走”的“家外之家”;并认为一个城市应当有“仅仅是美丽的空间,一种人们可以时时到此从容地呼吸,对灵魂深度有重要意义”的场所。从这些阐述来看,“第三空间”对于图书馆的战略功能定位具有理论支撑作用。图书馆可以从中找寻到重塑文化空间及开展文化服务活动的思想支点。“第三空间”的特征是:自由、宽松、便利,并具有积聚人气和资源的功能,这也正是图书馆所具有的功能,因而图书馆成了“第三空间”的重要载体。1994年联合国教科文组织公布的《公共图书馆宣言》(UNESCO Public Library Manifesto 1994)指出:图书馆在人人享有平等权利的基础上,不分年龄、种族、性别、宗教信仰、国籍、语言或社会地位,向所有人提供服务。“作为第三空间的图书馆”成为2009年8月20日国际图书馆协会联合会(International Federation of Library Associations and Institutions,IFLA)卫星会议“作为场所与空间的图书馆”的五大分会主题之一,可见“第三空间”真正与图书馆联系起来了。

图书馆的定位为城市公共空间,这样的定位使得图书馆的内涵和功能必须突破传统向纵深发展。作为第三空间的图书馆强调自身作为向读者提供交流和休闲的场所功能,而非仅提供被动服务的传统图书馆。当前图书馆所提供的服务与功能有:学习与信息获取功能、空间服务功能、教育功能、沟通交流功能、文化交流休闲功能等。作为第三空间的图书馆可以设置若干娱乐休闲场地,为不同读者设置随意交流的场所、空间及相关服务设施,如休息区、咖啡吧和茶吧、多媒体功能厅、外语沙龙、儿童娱乐活动场所等,使学习与娱乐完美结合。当前图书馆文化展示区、交互研讨区、咖啡区等文化交流区域的设置一定程度上与“第三空间”的理念精神一致,但是,作为第三空间的图书馆的内涵仍有待探索。

三、流空间理论

流空间(Space of flows)是空间、时间,及其与数字社会动态交互的文化抽象概念,由社会学家及控制论文化理论家 Manuel Castells 在《信息化城市:信息技术,经济结构重构及城市区域进程》一书中提出,用于界定新技术范式下空间安排的新形式,是一种融合远程同步与实时交互的新型空间。吴建中认为场所空间(Space of

Place）的交流是有限的，由虚拟与实体相互影响融合形成的新空间形态——流空间“打破了固定空间的局限性，激励人们借用开放且无限延展的网络的力量，将人、活动、空间及其关系放到一个广域或全球环境下加以考察”。曼纽尔·卡斯特（Manuel Castells）认为，“流空间”是一种由虚拟空间与实体空间相互影响与融合形成的新空间形态。“在信息通信技术的作用下，空间不再呈现静止、封闭的特点，而是各种要素流密集连接的在不同空间尺度的流动和共享型空间。”

俄国学者维克多·兹韦维奇（Victor Zverevich）认为“图书馆空间已区分为两个层面，即物理存在的、可见的部分（实体空间）以及对用户而言不可见的、物理无形的部分（虚拟空间）”，并指出图书馆虚拟空间正日趋活跃。“流空间”即将基于实体空间的“场所空间”和基于信息网络流动的“虚拟空间”整合在一起，发挥各自的作用。

流空间概念强调实体基础设施、虚拟空间，以及信息通信技术导致的空间拓展和远程实时动态交互三者不可或缺。因此，在设计特定的图书馆服务体系时，除了实体资源的配置，我们更应思考如何设计虚拟空间与激发动态交互的机制，以充分发挥虚拟空间的延伸拓展效应。

第二节　新型阅读创意空间设计

新的时代环境对文化空间构造理念、展现与功能提出了全新的要求。在新空间设计理论的影响下，与图书馆功能相似的机构，如书店、博物馆等，创建了新型阅读及文化创意空间，与图书馆一起汇成了一股文化新风。

一、新型书店空间构造

实体书店是满足社会广泛阅读需求的一个既商业又文化的机构。传统书店几乎没有空间设计可言，仅是一个摆满了各类新书供读者挑选购买的场所。在网络书店、数字内容传播的冲击下，不少功能单一的书店纷纷倒闭。据统计，2007—2011年，中国倒闭的民营书店有一万多家。与此同时，很多新型书店创新理念，转变经营思路和模式，实现了浴火重生式的发展，在完成机构目标的同时肩负起越来越多的城市公共文化空间的使命。许多实体书店通过唯美文艺的空间设计布局、功能拓展、文艺展览、体验及举行沙龙活动等路径，升级更新为体验创意式的新型文化综合体，成为城市文化地标，体现出独特的文化精神风貌，维系并持续拓展读者群体。而今颇受追捧的钟书阁、先锋书店、诚品书店、西西弗书店、卓尔书店、不二书店、纸的时代书店等皆是以书店为基础的体验式创意文化综合体的代表。

（一）建筑设计

新型书店的建筑设计通常都很有特色，一般均邀请著名设计师精心设计，进而成为当地的文化地标。如苏州诚品书店位于金鸡湖畔，建筑师姚仁喜在设计时，将周围的客观环境和诚品理念充分融合，结合苏州园林湖水之间通透的视觉效果，设计了一个从东、南、北三个方向都能欣赏到不同风景的三角基地，同时在三楼设计了玻璃穹顶，形成了一个有光的广场，并且规划了能看到湖光的餐厅和露台。诚品书店北向入口设计了一个大型步梯，从空间功能上来讲，这个步梯既可以承担普通的步行楼梯的功能，又可以承担表演、展示或文化活动交流的功能。此外，步梯直接通向诚品卖场，一步一步向上走时，有一种朝圣感，寓意书籍是令人敬仰的精神殿堂。苏州诚品书店还在东门建造了水岸大道，借鉴苏州园林的理念，为读者提供了天人合一的景观体验，使在此阅读和交流成为一种愉悦的精神享受。

上海钟书阁松江本店由一期和二期组成，一期设计理念为"书的迷宫"，书店的主要空间为一块完整的方形区域，设计师将其划分成九宫格迷宫的形态。格子间用书架隔开，每个格子内部为同一类型的图书，九个格子之间以"门"（用一条确定的流线）相连接，其他相邻的格子间可用"窗"相联系，读者取完书即可坐在"窗边"阅读。落地窗被设计成宽阔的"榻"，读者可约三五好友盘坐其上，品读畅谈。二楼是"书的圣殿"，主要空间为坡顶的高耸空间，设计师利用书架作为隔断，围合出中心的图书"圣殿"。"圣殿"内部以镜面和白色为主，弧形的书架将四周包围；"圣殿"的顶面是镜面，书架后靠板亦是镜面，置身其中，仿佛坠入时空中的书海，亦有通天之感。钟书阁二期与一期用一个宽阔的读书连廊连接而成，延续了一期的设计风格。

（二）内部空间设计

从内部空间的设计来讲，新型书店更加注重阅读氛围的营造和功能区域的划分。南京先锋书店探索出以"学术、文化沙龙、咖啡、艺术画廊、电影、音乐、创意、生活、时尚"为主题的创意品牌书店经营模式，成为集"建筑之元素、宗教之情结、人文之关怀"为一体的公共文化空间。该书店由地下车库改造而成，在改造时刻意保留了停车场的独特气质,保留原来醒目的黄色交通划线和车道标志,阅读大道沿斜坡而行,两侧为波浪式的摆放图书的平台,可以随手取阅。抬头仰望,顶部结构梁之间镶嵌着大幅文学巨匠照片,营造出浓厚的阅读氛围。总店面积近 4 000 平方米,设置有阅读大道、阅读区、二手书店、先锋剧场、艺术画廊、独立先锋艺术馆、咖啡馆等诸多功能区域,可以满足读者阅读、交流、休闲、娱乐等多种文化需求。

单向空间(原单向街书店圆明园店)被设计者巧妙地打造成一个开放空间:由画廊改造而来的书店主体和一个 200 多平方米的院落,院子里树木茂盛,随意摆放着桌椅,长廊里布置了舒适的沙发,读者可以在这样一个开放的空间里寻找最舒服的位置和姿态进行阅读。店内南墙挂满巨大的黑白肖像画,均为世界文学、哲学、艺术大师。北面 30 多米长的书墙上则依次罗列着英文原版书(非卖品)、二手书、传媒、中国研究、荐书、哲学、社会人类学、传记等图书。单向空间把自己定位为一个以书会友的阅读空间,一个城市的文化沙龙,在图书销售区域之外,还有专门的区域用来举办诗歌朗诵、电影研讨、新书签售、公益画展等文化活动。

西西弗书店持"参与构成本地精神生活"的价值理念、"引导推动大众精品阅读"的经营理念,以"阅读体验式书店"为主要经营形态,以满足"客群心理共性趋势需求"为目标,以专业打造物理空间体验为基础、以产品运营体验为核心、以服务互动体验为增值的"三位一体"复合体验模式。除书店本身,西西弗还打造了"矢量咖啡""Booartlife 不二生活""7&12 reading call"、《唏嘘》杂志等子品牌,以满足读者多元文化需求及增强读者文化体验。

钟书阁将书店内部空间分为中央阅读博物馆区、童书馆、普通阅读区和咖啡馆等区域,用以满足读者的阅读和休闲需求。

二、博物馆空间构造

博物馆是展示人类物质文明与精神文明的重要窗口,反映了一个社会特定时期的发展状况。相比其他场馆,博物馆具有保管、展示、收藏、研究、教育、旅游、娱乐等多种功能,向社会大众展示历史文化和人类的精神追求。广义来说,博物馆是一个重要的文化阅读空间。

以用途和目的来区分,博物馆可以分为历史博物馆、艺术博物馆、科技博物馆和综合博物馆等。早期博物馆主要是收藏古物和文物的场所,其空间仅具有收藏和展示的功能,观赏和研究都在库房中进行。"二战"后,博物馆开始关注其宣传和教育功能,重视营造公共空间。20 世纪中期以来,当代博物馆有了较大发展,不仅建筑形态发生巨大变化,其内部空间也呈现复杂性、动态性、科技性等多种特征。纵观历史发展,可以将博物馆空间功能演变过程划分为三个阶段:第一阶段为以收藏研究功能为主的封闭空间;第二阶段为以展览功能为主的单一空间;第三阶段为功能复合化的多元开放空间。第三阶段的博物馆空间所具有的功能除了研究、收藏、展览以外,还包括宣传教育、文化交流、休闲娱乐等。中国博物馆大概于 20 世纪 90 年代进入当代阶段,到 21 世纪初进入快速发展时期。博物馆空间发展体现于建筑空间、展示空间和公共空间等方面。

中国当代博物馆在建筑空间上不断探索传统特色与地域特色相结合的新趋势,着力营造独特的文化氛围和浸入式的观展体验。上海博物馆新馆于 1996 年全面建成开放,地下二层,地上五层,方体基座与圆形出挑相结合的建筑造型具有“天圆地方”的寓意,从远处看又像一尊青铜器,外立面浮雕的纹样也来源于青铜器,石材颜色素雅、庄重。上海博物馆现有 10 个艺术陈列专馆、4 个文物捐赠专室和 3 个特别展览厅,其展示空间围绕中庭展开,每个展室都与中庭连接,参观者具有较大的自由度。首都博物馆于 2005 年建成试运行,是一座富含地域文化、吸收传统精神、加以现代演绎的优秀作品。其建筑设计理念是“以人为本,以文物为本,为社会服务”,强调“过去与未来、历史与现代、艺术与自然的和谐统一”。首博建筑本身就是一座融古典美和现代美于一体的建筑艺术品,既具有浓郁的民族特色,又呈现出鲜明的现代感。巨大的屋盖继承了中国传统建筑的深远挑檐;通长的石质幕墙象征着中国古代城墙;广场起坡传承了古代高台建筑风格;在大厅北门外地面上镶嵌清代丹陛,大厅内有明代牌楼,体现出中国传统建筑平面中心轴线的特点;椭圆形的青铜展馆斜出墙面寓意古代文物破土而出。青铜、木材与砖石的大量运用更彰显出历史的久远。北广场和大堂地面所用石材,产于自古以来为营造北京城供应石材的房山地区;方形展厅的外装饰,采用北京最常见的榆木;椭圆形展厅的外装饰,采用青铜材料,并饰以北京出土的西周时期青铜器的纹样。钢结构棚顶、玻璃幕墙等表现出北京有力的时代步伐,高大的空间和通透的视觉效果顺应了当代建筑的国际流行趋势。新馆建筑内部分为三栋独立的建筑,即矩形展馆、椭圆形专题展馆、条形办公科研楼。三者之间的空间则为中央大厅和室内竹林庭院。自然光的利用、古朴的中式牌楼、下沉式的翠竹庭院、潺潺的流水,为观众营造了一个兼具人文、自然情调的环境。上海自然博物馆新馆于 2015 年正式对外开放,其设计灵感来源于螺的壳体结构，盘旋而上的绿植屋面从公园内冉冉升起，静动有致的建筑宛如一只绿螺。建筑秉承"以人为本"的设计理念，融合"山水花园"的设计风格，采用"自然生态"的设计手法。中心景观区的160多种植物呈岛状分布，犹如原始森林一般，与5个大小不一的水池组成一座"山水花园"，既继承了传统建筑文化又有所创新。

展示空间方面历史艺术类博物馆偏重于艺术文化氛围的营造，而科技博物馆则善于通过模拟仿真、科技装置、多媒体技术等多种手段营造个性化的互动体验空间。如现代艺术博物馆侧重空间氛围营造，努力复原文化场景，在展示空间恢复藏品原有的文化脉络，通过场景再现生动直观地表达展览主题。如湖南博物馆"马王堆汉墓陈列"营造出浓郁的汉文化氛围。山西博物院的"佛教遗韵"展厅将整个屋子都做成石窟形式。上海自然博物馆近1 500平方米的步入式复原场景，逼真地再现了生机勃勃的非洲大草原；"逃出白垩纪"等5个沉浸式剧场，再现了演化史上的大事件；"自然之窗"等26组复原生态景箱，致敬自然博物馆的经典展陈；400个视觉媒体和1套网上博物馆系统，满足自媒体时代的公众需求；300平方米的活体养殖区，令观众零距离接触自然。凡此种种，观众在观展的同时，得到了丰富的互动体验，收到了良好的展示效果。

博物馆的公共空间也承担了很多职能。这部分空间没有藏品，但设有观众参与的区域。博物馆公共空间承担的职能有：宣传、教育、交流、休息、娱乐等，此外还可以作为举办活动的场所。故宫博物院就根据自身情况，特别规划了公共空间，进一步完善了博物馆的各项职能。如在箭亭设置了观众咨询服务中心，在太和门开辟了演播厅和学生教育活动空间，皇极殿前的广场与建福宫花园成为可以举办演出、会议的特殊场所向社会开放。上海自然博物馆在常设展区内设置了实验室、研究室和教育活动点，还专门将位于地下二层的1 200平方米的场所特别设置为"探索中心"，以儿童、青少年、学生团体、亲子团体为主要受众群体开展科普教育活动，成为一个观察发现、动手实验、对话探讨的乐园。上海自然博物馆以承担教育功能的公共空间为基础，构建了面向各类受众、多维立体的教育体系，借助问题导向的教育方式、以人为本的自主学习和动态开放的知识体系，引导观众探究过去、把握现在、思考未来。

上海交通大学李政道图书馆是一座以图书馆、档案馆功能为主，兼具博物馆、科技馆、艺术馆功能，"五馆合一"的综合性场所，在空间构造上特色突出。图书馆外观为一座不规则的诺贝尔山的造型，隐喻李政道先生荣获诺贝尔物理学奖的“宇称不守恒”理论，同时也鼓励前来参观和学习的读者勇攀科学高峰。全馆总建筑面积 6 500 平方米，分为地下 1 层，地上 4 层，包括展览空间、阅览空间、办公空间等。其展览空间的主题为“以天之语，解物之道”，按照专题式编排，共分为问道、悟道、传道及超弦四个展区。天之语，是客观存在所传达出来的信息；物之道，是人类作为创造者，在不断地摸索和传承中发展出来的科学、文化和道德情怀。“以天之语，解物之道”是李政道先生一生的追求、感悟，也是展览区域想要表达和感染读者的主题。在展览空间中，摆放大幅画作和雕塑营造氛围；放置代表性藏品讲述故事，表达主题；还充分使用各种多媒体设备营造氛围，增强互动性。此外展览空间还引入增强现实（AR）互动技术，通过 App 进行视频讲解、文字讲解和动画讲解，并进行虚拟现实（VR）合影和在线留言，用科技手段增加了展览空间的感染力和吸引力。

第三节　科技与人文融合的空间设计

图书馆的空间设计既需参考新型空间设计理论及潮流元素，也需对应图书馆的使命及社会对于图书馆的功能需求。传承文化、推进阅读是图书馆的使命，应用及展示前沿数字技术以推动创新则是图书馆作为信息服务机构的题中应有之义。过去的 20 余年来，在信息技术和网络技术迅猛发展的冲击下，图书馆空间布局与设计发生了很大的变化。考察图书馆重塑空间的动力因素主要来自三方面：

（1）馆藏载体变化，导致空间及学习阅读设施的重新设置；

（2）海量网络信息的免费获取，使图书馆不再具有信息资源汇集获取中心的优势，到馆率下降，图书馆空间须重设，以适应时代并吸引用户；

（3）作为一种增进知识、提升素养的中心场所，承载功能变化的空间必须与新型的、交互式学习方式相适应。

在阅读式微的年代，在图书馆承担着更多推广阅读、推广文化的责任的年代，图书馆需要兼容人文传承与科技创新精神来重塑空间。如同山姆 · 德马斯所言：对于图书馆是关于人与学习的认识已再度被唤醒，图书馆设计就是寻求“恢复图书馆作为学习、文化和智力社区机构的历史角色”。

如前所述，在过去 20 余年信息通信技术迅猛发展的冲击下，图书馆在 Commons 理念的指引下，在空间及功能设计方面强化了对于 IT 咨询服务及交互学习的支持，设置了馆员与IT合作的咨询台、多媒体制作和欣赏区域、群组研讨室、个人学习区域等功能空间。但是，如何将人文精神与科技并重，在空间设计中凸显对于阅读及文化推广的支持，是当下肩负阅读推广重任的图书馆需重新认识和思考的问题。从阅读推广的角度来重设空间：一方面可以打造具备新一代文化传承机构意蕴的图书馆形象，另一方面也使阅读推广活动的开展有所依托。这种空间重设是一个系统工程，包括总体建筑空间、布局装饰所体现出的文化艺术美感，区域设置、阅读设施配备所显示的人文精神与人文关怀。

一、图书馆建筑空间

图书馆建筑设计需体现出一定的文化底蕴，传达一种文化理念，传递一份人文关怀。当图书馆建筑空间本身能够成为一种文化标识时，它自然而然就能够吸引读者前来欣赏建筑空间的文化艺术之美，进而阅读图书及使用图书馆的其他服务。实际上国内外已有很多堪称典范的图书馆建筑设计。

北京大学图书馆厚重、典雅、古朴的外观使观者对知识的敬畏及对学习的渴求油然而生，内部阳光大厅及诸多阅览学习区域的设置巧妙地满足了青年学子对于学习空间的需求，并以共享空间的氛围引导及优化其学习行为。由墨菲、杨廷宝、关肇邺三位不同时期的建筑大家设计的清华大学图书馆则具备“古朴与现代之两端，糅合而再生”“似旧见新、似土见洋、似贵见廉”“尊重人、尊重环境和尊重历史”等文化特质。

美国俄亥俄州立大学图书馆也是一座新旧结合，将古典意蕴与现代气象结合得非常融洽的典范：极有历史感的典雅的建筑外观、内部挑空通透的中庭设计与玻璃材质的楼梯和墙壁、随处可见的闲适沙发，使读者既可以静心冥想，也可察看到他人的学习模式。建筑师莫什·萨夫迪以深入人心的历史建筑——罗马角斗场作为原形来创作加拿大温哥华图书馆，设计了一系列多元化的中庭空间，尤其是图书馆入口被设计成一个由玻璃天窗覆盖的、约六层楼高的“城市之屋”，带给这个历史短暂的移民城市一个富于历史意味的场所，唤起及表达了市民对自己文化及来自何方的一种怀念。

二、图书馆区域空间设计

图书馆区域空间设计既需要体现出文化理念层面的功能全面、灵活多样的现代协调美感,同时又能直接体现出对于阅读及文化推广的支持。除了传统的阅览区域,基于 Commons 理念,展览区域、咖啡吧、多媒体制作与欣赏区、研讨交流区域的设置在图书馆已相当普遍。

香港城市大学图书馆的空间设计专注于对技术、学习空间和交互学习的支持:中央庭院为用户提供了一个聚集和交互的开放空间;多功能大厅灵活地做室内展览、举行活动及其他功能之用;形如鸡蛋的迷你剧院是欣赏音乐和电影的灵感空间。香港理工大学图书馆的 LC 包含群组学习室、开放学习区、休闲区、教学区和创意媒体区,将图书馆、实验室、休息室、会议室的功能整合于一体,成为支持校园团队项目、多媒体工作和个人发展的有效平台及协作交互中心。

从这些实践来看,图书馆在空间再设计方面非常活跃且极富创意,但已有研究者认识到图书馆空间发展更需要着眼于文化与创新。狄安娜(Diana)等认为未来的图书馆将兼具学习空间、研究空间、交互学习的社交空间、文化空间、创新空间等特性;图书馆在通识教育、个人全面发展等方面扮演着重要的角色,未来的图书馆也应该具备迷你画廊、博物馆和艺术中心的功能。与该思想相呼应,当前高校图书馆创建了越来越多的特色阅读空间。

同济大学图书馆创设的"闻学堂"是从文化传承的高度来系统规划创设专门的特色阅读推广空间的典范。闻学堂整体采用中式古典风格设计,精选 4 000 余册中华优秀传统文化典籍陈列于古典风格的书架上,设有书画作品、古代机械、茶艺等展示和交流区域,设有宜于开展中小型文化沙龙讲座的研讨区域,并与该馆古籍与特藏文献研究室毗邻,融合成为中华传统文化主题区域,基于该空间,该馆先后开辟了"闻学讲堂""闻学展堂""闻学课堂""闻学知行堂""闻学雅集堂"等活动项目,通过举办中华传统文化主题展览,开设与传统文化相关的校内选修、专业课程,举办国学研讨讲座沙龙等,立体展现及推广中华传统文化。

重庆大学理工图书馆也是一个将科技与人文融合来重塑图书馆空间的成功典范。该馆总体为民国风建筑,将整体空间规划为四种类型:安静学习空间、讨论/会议学习空间、休闲生活空间(含户外花园、影视厅、音乐图书馆等)和文化展览体验空间(展览区域、文库、珍藏室、新技术体验)。其中的主题阅览室博雅书院藏有经典人文、专业书籍约 1 万册,可开展多种经典阅读推广活动;文库及传统文化体验区域布置得古色古香,具有很强的传统文化体验感。

上海交通大学图书馆思源阁于 2016 年上海交通大学 120 周年校庆之际建成,

是一个极具视觉冲击力和精神感召力的人文阅读空间。该空间主要收藏和保存交大人的经典著作，展示交大师生的优秀学术成果，其设计分为“展区+库区”两部分。展区以“崇先仰贤，思源致远”为主题，围绕学校“办学、教学、科研与人才培养”等核心活动，设计了“兴学强邦”“名师硕儒”“钟灵毓秀”“学术翘楚”四个版块，分类展出交大人的杰出代表及其学术成果，形成一个展示“学人、学术、学风”全风貌的特色人文阅读空间。思源阁设计风格古朴雅致，巧妙融入了牌坊校门、金水桥等老交大建筑，具有浓郁的交大文化气息。此外，还充分利用“思源阁”这一具有独特感召力的文化空间推出了“交圕·师说”“鲜悦（Living Library）”“交圕·诗画”等活动。以文字说明牌的形式，揭示展区著作的思想内涵和价值意义，引导师生进行深度阅读，有效提升阅读效果。

日新书斋于2015年落成，是天津大学北洋校区图书馆精心打造的一个功能区域，位于该馆四层西北角，是完全用家具隔离出的一个空间，主要陈列中国传统典籍，配以明式家具，古朴典雅，充满浓郁的中华传统文化气息，旨在给学生提供接受传统文化熏陶、开展沙龙讲座活动的阅览交流场所。书斋对面的特藏与文库阅览区配以体现北洋大学首开西学的具有历史厚重感的家具，拓展原来单一的特藏阅览为特藏、文库、捐赠图书三合一的分级式阅览管理空间，并增加了陈列展示功能。可以说，日新书斋、特藏与文库阅览区是该馆最有特色的两个区域，每日读者络绎不绝，书画课堂、咖啡文化、哲学入门、西方哲学经典“精品”等课程在此开展，图书馆还不定期在这里举办各种文化活动。

清华大学图书馆的邺架轩于2017年4月23日正式开放，是清华大学图书馆与商务印书馆合作建成的一个书店型浸润式阅读体验中心，馆名取自清华校歌中的“左图右史，邺架巍巍”“肴核仁义，闻道日肥”，意在通过阅读滋养身心，培育精神丰满的清华人。整个空间面积约700平方米，其中包括500余平方米的图书展出与阅览空间和100余平方米的沙龙讲座空间。近百家出版社最新出版的近30 000册精品图书在这里展出，设有清华专区、老北京风物专区、二十四史专区等专题书架。邺架轩区别于一般的书店，它更加聚焦思想文化领域，其目的在于希望清华学子有意识地培养自己、引导自己见贤思齐，使人文精神成为清华学生科技创新发展和进一步走向国际化的底蕴和灵魂。体验中心内层层的隔断与玄关设计让整个空间实现了私密与开放的统一。木制家具的装点、中国元素的运用、深色调的帷幕让整个体验中心更显优雅宁静，让读者能自在地寻觅好书，品味书香。邺架轩

“服务阅读，引领阅读”的宗旨也使得其在未来发展的过程中不仅仅是清华师生“选书、购书的好场所”，更为大家带来“读书、品书的好回忆”。学校还邀请知名教授组成导师组，专门负责指导、组织学生的读书活动，开展读书沙龙和学术讲座，让邺架轩成为爱读书的清华人的好去处。

第六章　高校图书馆阅读推广方法

当前高校图书馆阅读推广通常是在特定主题下，采用立体多元的方式，来开展异彩纷呈的系列活动，从观、听、读、说、写、演、赛等方面激发读者的阅读兴趣，培养阅读习惯。

超过五成的图书馆最常采用 10 种推广方法：图书推荐、讲座、展览、优秀读者评选、读书沙龙或研讨、写作（征文或书评）、图书捐赠或漂流、阅读+朗诵或表演秀、志愿者活动、阅读数据报告。由之亦可推断，这些推广方式构成了高校图书馆阅读推广的日常。而被采用频率不太高的一些方法，如真人图书馆（Living Library）、阅读微拍及推荐、共同阅读（Common Book）、阅读打卡等，通过对其进行创新创意式运用，实践案例也常在阅读推广案例大赛中脱颖而出取得佳绩。下文将介绍比较有特色的推广方法的发展源流及其实施要点。

第一节　图书推荐的方式

图书推荐通常是以发布推荐书目、新书推荐、获奖图书推荐、借阅排行榜、畅销书排行榜等形式出现。发布权威性推广书目，是被广泛采用的荐读方式。

一、源流概述

推荐书目又称导读书目、必读书目、劝学书目等，通常由各学科领域的名家开具。其中，文化名家所开具的推荐书目往往与文化传承、人文艺术修养、社会发展等人们普遍关注或需求的知识内容相关，故成为推荐书目中使用最多的一种类型。应传统教育体系的需要，中国自唐代开始即有推荐书目产生；其后有元代程端礼的《程氏家塾读书分年日程》，明末陆世仪在《思辨录》中开列的青少年阅读书目，清代《读书次第》《经籍举要》，以及张之洞的《书目答问》。民国年间，胡适、梁启超应《清华周刊》之约，分别开列了《一个最低限度的国学书目》和《国学入门书要目及其读法》，朱自清撰著了《经典常谈》。1949 年中华人民共和国建立之后，出于传承传统文化的追求，一些学者在经典推荐方面继续耕耘，如钱穆的《中国史学名著》、张舜徽的《中国史学名著题解》、王余光的《影响中国历史的三十本书》等。另外亦产生了一些反映新的时代文化背景的推荐书目，如北京大学 50 位著名教授共同推荐而成的《北京大学学生应读选读书目》《清华大学学生应读书目》(人文部分)等。

与中国推荐书目的发展相对应，西方世界也出现了多种推荐书目，如美国图书馆学家唐斯的《改变世界的书》、专栏作家费迪曼的《一生的读书计划》、由美国哈佛大学 113 名教授共同推介而成的《最有影响的书》。由于产生的时代背景各不相同，推荐者的知识背景、视野、思想高度与个性亦不相同，这些推荐书目也存在许多分歧，王余光将这些分歧概括为学者之争、人文知识与科学精神、元典书目与影响书目等方面。但这些并不影响书目的经典推荐意义，透过它们，读者更容易了解及把握传统文化精神。

二、当前的主要推荐内容与方式

随着时代的变迁，读者的阅读喜好已发生了巨大的改变，体现在图书阅读方面，主要为经典阅读与流行阅读及实用性阅读之争。为了在推荐经典的同时亦能适应青年学子的阅读需求，高校图书馆在推荐内容、推广方法上均进行了调整和创新。

在推荐内容方面，图书馆通常既推荐教授书单，也推荐新书、学生荐书、借阅排行上榜图书、获奖图书、畅销书，以此增强推荐书单的时代感与魅力。同一所学校的教授开列的书单代表着具有某种共通文化精神的高级知识分子的学术文化取向与判断，故所列书单既能体现校园学术文化精神，亦能启迪后学并容易产生共鸣。将同属于校园社区的教师荐书与学生荐书整合起来，则能产生具备校园用户普遍代表性的、体现校园文化特质的导读书目。北京大学图书馆创建了“阅读推荐”专题网站，分“新书通报”“教授推荐阅读——对我最有影响的几本书”“学子推荐阅读”三类推荐。上海交通大学图书馆在 2009 年至 2010 年间亦推出过“影响交大人的书”的活动，从教授和学生两个层面来征集，并制作展板展出。另外，由于当前图书馆服务非常强调以用户为中心及图书馆与用户之间的交互，故图书馆在考虑荐书活动时已开始注意收集来自读者(主要是青年学生)的荐读意见。如有的图书馆在读书节期间举办“我喜爱的一本书”活动，对活动有兴趣的师生可将书名及喜爱/推荐理由写在图书馆提供的便签上，并贴在图书馆放置的大型白板上，其他读者可浏览粘贴的荐读内容,图书馆也可以把这些荐读内容整理形成一份来自读者的荐读,甚至是带有导读性质的书单。

在推广方式上,图书馆主要是建设专题网站,甚至是全文网站,以及创建微信荐书专栏或阅读 App。清华大学图书馆创建有“读在清华”专题书架专题网站,分“每周甄选”“新书通报”“借阅排行”三类推荐。中国人民大学图书馆创建了“读史读经典”全文专题网站,进行经典阅读推广。西安交通大学针对大一至大四年级学生,发布“100 本经典”,并建设全文专题网站,引导推广阅读。西南交通大学图书馆建有专题网页“经典阅读推荐书目”,推荐了 96 本图书。在创建微信荐书方面,北京科技大学图书馆获 2017 年国际图书馆协会联合会(International Federation of Library Associations and Institutions, IFLA,以下简称国际图联)第一名的项目“读书天”(READay)颇有新意,每天在专栏上推送一本由学生原创书评的图书及书中的精彩片段,将学子荐书与微信的广泛传播力有机地嵌合起来,取得了显著的成效。在创建阅读 App 方面,上海交通大学图书馆推出的“思源悦读”App 是一个有益的尝试。

图书馆在利用各类导读书目进行阅读推广时,往往会配套举办书展、图片展、讲座、影展等活动,使阅读与校园文化同时得到弘扬。

第二节　图书讲座

讲座是高校图书馆经常采用的活跃校园文化氛围、开阔学生思维及视野、激发智慧交流与碰撞的文化活动方式。图书馆开展文化讲坛处于优劣势并存的状态。现代图书馆往往建有宏阔壮美的演讲厅,非常适宜举办大型讲座。同时,作为校园文化中心,图书馆亦具备一定的平台优势,包括由平台而产生的人气凝聚力、与讲座相得益彰的文化氛围、与校园相关机构或社团合作关系的建立,以及能够成为校园才俊展现才华的平台。另外,图书馆亦能利用阅读学方面的专业优势作为讲坛主题突破口,相异于校园林林总总的各种讲坛,走出一条主题鲜明、一枝独秀的路子;也能够基于专业优势判断,发现和积累讲师力量。高校图书馆开展文化讲座的压力主要来源于两方面,一为经费及人力方面的局限;二为由多方力量,如院系、学科管理机构或学生社团等举办的讲座而形成的竞争压力,因此,高校图书馆举办文化讲坛需重点关注:

(1)包容性。高校图书馆文化讲坛的包容性主要指四方面的包容:主讲者、讲座主题、讲座形式、听众。主讲者可以是经纶满腹、深孚众望的著名学者,也可以是生机勃勃、思想独到的青年学者。鉴于目前高校各种讲坛基本被名师占据,而具备真才实学的青年学者往往缺乏展示学术才华的平台,高校图书馆作为校园文化中心,应该而且必须具备此包容性,为那些在社会文化领域有独到研究与见解的青年学者提供一个展示空间,起到大师孵化器的作用。讲座主题也应该多元、广泛,既可以是以引导学生认识及体会多元文化、开启智域为主旨的文化素养类讲座主题,如经典、传统文化、历史、绘画、摄影、电影等;也可以是与学生学习、工作、研究、生活、心理息息相关的实用类主题;还可以是社会、政治类相关主题。举办多元主题讲座,方能真正起到激发思想、提升修养、增进智识、健康心理、助跑人生的教育目标。讲座形式可以是单人演讲式、多人对话式,或是演讲与艺术展示相结合的方式,如讲述与表演、演唱、朗诵等的结合。高校图书馆讲坛是提升高校社会影响力的有效途径,因此,讲坛宜面向所有乐于参加的听众开放,包括校内外听众。

(2)合作。高校图书馆举办讲座在资金及人力上存在一定的困难,但也有其独到的优势,故采用合作创办文化讲坛的方式是高校图书馆开展讲座服务的最有利途径。图书馆与合作单位可建立优势互补、成效共享的关系。合作之于图书馆讲座的举办,主要益处在于:其一,扩大主讲人的邀请范围,如与学生社团合作,一方面可广泛邀请多方主讲人,另一方面,学生对于讲座的敏感度很高,由其邀请来的主讲人往往比较受广大学子欢迎;其二,缓解经费困难问题,有些合作单位本身设置了专项讲坛经费,此经费来源可弥补图书馆讲座经费的不足;其三,提升讲座的参与度与影响面,如与学生管理机构合作,将图书馆讲座与学生素质成绩挂钩,可以起到很好的激励参与的效果。当然,如前所述,图书馆举办讲坛,有其独到的优势,合作单位通过与图书馆的分工协作,亦能在减轻讲座成本与人力投入的同时,达成相同或更佳的讲座成效。

(3)品牌。讲坛品牌的塑造是影响讲坛可持续发展的重要因素。目前在中国的公共图书馆界,已形成了诸多讲座品牌,如国家图书馆的“文津讲坛”、上海图书馆的“上图讲座”、浙江图书馆的“文澜讲坛”等。高校图书馆界并未产生声名卓著的讲坛,其讲座活动往往依存于某一系统性的文化品牌之下。但是,由于讲坛品牌之于主讲者、听众、合作者都有重要的意义,因此高校图书馆在举办讲座活动时,非常有必要创建专门的讲座品牌,以建立起讲坛可持续发展的支撑力。

（4）宣传。图书馆文化活动的举办，终极目标在于广泛提升用户的人文素养，所以宣传推广是图书馆任何一项文化活动都必须关注的要点。讲座因涉及听众的问题，更是需要加强对讲座主题、主讲人、主讲时间、地点的宣传。宣传的途径必须多元化：图书馆门前放置海报、馆内大屏幕滚动播放、学生集散中心悬挂横幅、学校活动宣传屏幕播放、BBS 宣传、图书馆新闻宣传、学校新闻网宣传、图书馆文化活动网站及时通告等，力求将讲座信息及时传播到学生，增强其对于讲座的参与度，提升讲座成效。

（5）多元文化活动形式结合。讲座是高校图书馆主体文化活动形式，但并不是唯一的文化活动形式。为满足读者的多元文化需求，高校图书馆需要围绕一定主题，举办展览、讲座、读书会等多元文化活动形式结合的系列文化活动，这样方能达到较理想的活动效果。讲座活动亦应如此，甚至是围绕整体文化活动主题，来确定讲座主题及邀请相应主讲人，以从多维视角来诠释、展现及深化活动主题。从当前高校图书馆的讲座活动实践来看，许多图书馆已开始有意识地多重活动并用，如上海交通大学图书馆在世博会举办期间，根据世博会主题“城市，让生活更美好”来确定与城市建设相关的讲座主题；同济大学图书馆根据实体展览，举办相关的主题讲座。

（6）讲座的衍生服务。对于高校图书馆而言，讲座内容可以成为图书馆资源的一个独特来源，积累整理之，可以为读者提供相应的增值服务，如在取得主讲人的许可后，将讲座过程录制成光盘，或是放在图书馆讲座网站上，或是制成专门的讲座视频数据库，或是集合成书，提供给读者使用，进一步扩大讲座内容的影响面。同时，也积累起独特的图书馆讲座资源。

（7）管理机制。管理直接决定活动成效。根据讲座工作牵涉的事项，如管理策划、公共关系、宣传设计、听众组织、讲师联系与接待、讲座主持、会场管理（拍照、摄像、提问交流控制、纪念品赠送等）、档案管理（如讲座照片、视频、讲师题词、媒体报道）、网页更新维护、数据库制作、图书出版等，图书馆讲座既涉及馆内不同部门间的分工协作，也涉及馆外合作关系的建立与维护，必须建立有效的管理机制来保障讲座井然有序地开展。

美国西肯塔基大学图书馆主办的“国家系列讲座”，通过讲座活动将图书馆与师生、社区及世界紧密相连。讲座名称为“那些遥远且名字听起来奇特的地方”，自 2000 年开始举办，除寒暑假外每月举行一次。每期讲座邀请一位近期到过国外进行科研活动或学术交流活动的教授(单纯旅游除外),为社区居民和学生讲述他在那个国家从事的研究经历及成果,并简单介绍该国家的地理、历史、文化、民俗、经济等情况。有的讲座教授将研究成果写成专著出版,讲座就围绕该书进行,然后进行签名售书活动。美国教授评审主要看三个方面:教学、科研和社会服务。此类讲座可作为教授社会服务成绩,所以即使没有讲座费,教授们也乐于志愿主讲;图书馆偶尔也会给主讲教授赠送纪念品或50美元以内的现金以示感谢。图书馆深知宣传工作对于活动成功的重要性,所以注意多方位的活动宣传举措,如将讲座时间表刊登在相关网站上,批量印制明信片寄给师生和民众(印刷宣传资料费用从赞助单位募得),并通过博客和群发邮件预告每一次讲座。讲座地点设在城内一家最大的连锁书店,书店提供讲座场地及门票对号抽奖活动奖品。听众自愿参与讲座,但主讲教授可采用给学生加分的方式来奖励学生参加,同时也会鼓励自己的朋友和同事来听讲。每期讲座都会举行抽奖活动,参与者进场后图书馆组织者让其填写关于姓名、联系方式、职业的表格,一方面作为抽奖之用,另一方面作为图书馆后续讲座宣传对象甚至是募捐对象。每次讲座都有简单的讲义及有关国家的地图和书单。书单有两个,一个是由图书馆列出的、与讲座内容有关的图书馆藏书,以鼓励参加者到图书馆借阅;一个是由书店提供的出售中的相关图书,这些书就直接陈列在讲座现场,便于促进图书销售。为扩大讲座的宣传效果,图书馆员在征得主讲教授书面同意的情况下把每次活动都拍摄下来,一方面存档,另一方面将精选照片放在网站上以扩大活动的影响;播客出现后,图书馆把讲座用数字录音机录下来,制成播客节目,用RSS技术通过图书馆的网站传播出去。"国家系列讲座"场场座无虚席,在增进学生和社区听众对于世界了解的同时,也提供了展现教授才华的平台,密切了图书馆与师生、社区的关系,提升了图书馆的社区影响度。

第三节　读书会

读书会是一种阅读交流活动,活动形式通常为读书报告交流会、阅读研讨会、阅读沙龙等,主要目的在于推荐图书、推广阅读、增进交流与理解,是高校图书馆中外通用、历久弥新的阅读推广方式。读书会的运作流程包括确定讨论主题、确定讨论图书、寻找讨论引导者、宣传、以报名或预约的方式确定参与者、开展阅读交流、汇总及整理讨论会材料,以及评估成效。实施形式通常为一名或数名引导者(如语言文学类教师，或是作者）及参与人员就某本书或某类书交流相关问题、观点，或是阅读体会。

康奈尔大学的曼恩图书馆与学校农业与生命科学院、人类生态学院合作，于2002年开始推出的“书林漫谈”即读书会的一种。活动每学期举办2~3次，通过邀请学校近期出版了新书的作者（无论出名与否）来馆与读者交流研究方法、写作体验，以及新书诞生前后的有趣故事，将作者、图书与读者有机地联系在一起，同时达到了宣传本校新出版图书的目的。为增强活动的效果，该馆将读书会面向社会开放，并在征得作者同意的情况下，录制读书会现场的视音频资料，放在图书馆网站供读者使用。

布法罗大学图书馆的人文艺术团队认识到读书会是一种有效地延伸、推广与推进合作的举措，所以做了周详的考虑和大量详细的前期工作来筹备读书会，包括确定讨论主题、图书及讨论引导人等相关细节问题。最后，该团队于2002年春季学期举办了四期读书会。学期结束对读书会活动评估时发现，虽然活动参与者的反馈非常好，并希望读书会持续举办，但平均每期读书会参与成员仅有7人，而该团队开展一期读书会活动在主题确定、书籍挑选、制作推广材料、安排设施，及具体举行读书会活动方面需要耗费大量的精力——投入与成效非常不匹配。因此，该团队决定一学期举办一次读书会，且优先考虑与院系联合举办的形式。吸取春季学期举办读书会的经验教训，该团队在当年秋季学期与英语系联合筹备举办了“阅读J. M. Coetzee”的读书活动。由于联合式举办，活动得到院系的热情支持及师生、社区成员的高度参与，成效喜人。

中国的常熟理工学院图书馆以联合组建读者协会的形式开展系列读书活动，大大拓展了读书会的活动形式与目标。1998年10月该馆在学校团委的合作支持下，组建了读者协会，开展的主体活动有：①新书点评与导读，组织协会成员撰写重点、热点新书概要发布在校园网站上，向读者宣传推介新书；②组织读书沙龙，每半个月或一个月举办一次，邀请教师嘉宾就通过调研得出的学生关注度较高的文化热点问题展开讨论与对话；③在学校广播站设置“三味书屋”广播栏目，由协会成员就“美文鉴赏”“新书推荐”“作家评论”三个版块组稿，每周播放一期；④每学期举办书评、影评及征文活动1~2次，如1999年配合学校团委开展“读一本好书，看一部好电影”活动，图书馆推出50本经典读物、播放30部经典影片后，组织读者撰写评论，并组织了评奖及交流，其中的一篇影评获得了江苏省二等奖；⑤讲座与参观;⑥组织协会成员创办《子衿》会刊。该馆依托于读者协会开展读书活动,不仅使作为协会成员的学生的综合能力得到有效的锻炼与提升,同时大大丰富了校园文化生活。

一个良性运作且持续发展的读书会,对于图书馆的内涵发展及文化影响力具有重要的意义。从上述实践来看,读书会是否能可持续及有效运转,取决于图书馆是否具备三种能力:第一,是否具备维护优良和较为稳定的阅读讨论引导者群体的能力;第二,是否具备发展壮大读书会参与者的有力机制;第三,是否拥有合适的场所、设施、经费及人员来支持读书会的运行。由于维持读书会需要良好的公共关系及人才、物力的支撑,而这些因素对许多高校图书馆的确构成了障碍,故高校图书馆在开展读书会活动时需采用有效的策略:①不同规模的读书会以合适的周期频率交替举行,在兼顾相对较为小众的阅读交流需求的同时,满足读者普遍广泛的、较为大众的阅读交流需求。这样一方面能够保证读书会持续良性地开展,另一方面可以使读书会整体的发展呈现出有特色、有内涵、有高潮、有效果的较为理想的状态;②拓展图书馆公共关系,与举办读书会涉及的各方支持力量建立合作,如与有相同兴趣的院系合作开展读书会,以取得较为充足的阅读交流领域及参与学生的支持;发现擅长做阅读交流领域,且对读书活动具有热情的教师,与之建立较为稳定的长期合作关系;与相关学生社团合作,以取得读书爱好者的支持,使读书会真正起到激发读书热情、交流产生智慧、全方位解读增进深度理解的作用;与具有丰富作者源的出版社合作举办读书会,增加作者与读者见面交流的机会;与其他机构合作,如出版商、数据库商或网站,在宣传合作机构的同时,缓解活动经费困难的问题,并最终达到推进读书、增进知识的目的。

第四节　竞赛活动

一、竞赛活动的类型

竞赛是在一定规则下,比较能力、技术高低的一种活动形式,在高校内也是常见的活动,比赛内容从教学创新、创业到业余生活,参赛对象从学生到教师、校内各行政人员,花样繁多,不胜枚举。

从阅读推广的角度来看,任何一种活动的目的都是为了培养参与者的阅读兴趣和阅读习惯,提高他们的阅读质量和阅读能力。因此竞赛虽然常常与其他活动形式结合开展,但活动的内容始终围绕阅读能力,使用的道具离不开书。

根据活动参与方式,竞赛活动可分为现场型竞赛和作品征集型竞赛两种。现场型竞赛是指参赛者在同一时间、同一场地内同时完成某项任务,并且当场比较得出结果的形式,例如朗读比赛、演讲比赛、知识问答比赛,等等。

作品征集型竞赛是将某一主题或某一类型的创作作为比赛内容,读者不需要在现场创作,只需要在规定时间内提交比赛作品,由活动组织方组织评委评选后得出结果,例如书评、诗文比赛等。

二、竞赛活动的特点

竞赛活动的特点体现在对读者有显著的激励作用和长效的影响力两个方面。

(一)显著的阅读激励

竞赛活动的激励主要体现在两个方面,一方面是为读者提供了展现个人才能的平台,名次、称号为读者提供了精神层面的满足感;另一方面,奖品等物质奖励在不同程度上对参赛者也有激励作用。总的说来,竞赛活动能对参赛者起到各方面的激励作用,能提高读者阅读的积极性和主动性;奖励方式的选择范围比较广,可操作性较强,在阅读推广中有着较广阔的拓展空间。

(二)活动时间长,影响力持久

一次竞赛活动从预热宣传、报名、预赛、决赛到成绩公布与推送,相关活动持续时间较长,在保障宣传的情况下,能在一定时间内获得人们的关注,形成一段时间的影响力。

三、关键实施因素

(一)成立组织委员会

为了保障竞赛的顺利举办,首先需要成立一个专门的活动组织委员会(组委会)。这个组委会下又需要根据不同职责设立对应的小组。组委会通常有四个职责:第一项是联络与组织,保障所有活动主办方、协办方和活动参与者之间的消息传递通畅;第二项是制订竞赛流程、竞赛规则和竞赛内容;第三项是后勤保障;第四项是作为评委为选手和作品打分。不同的小组各司其职,才能顺利地完成整个活动。

(二)竞赛流程及规则设计

流程和规则是竞赛活动“比什么、怎么比”的重要说明。如果是现场型竞赛，在流程设计上需要尤其注重活动现场安排、设备准备、人员调控等问题；如果是作品征集型竞赛，在设计活动各流程时要关注作品提交方式、联络人设置等问题，保障整个活动各流程顺利衔接。

第五节　朗读活动

中国从古代开始，朗读就作为读书人的一种传统学习方式而存在，摇头晃脑吟诵的读书人形象在文学作品中很是常见。传承到现代，朗读已由学习方法转变为一种常见的阅读方法，也是图书馆阅读推广工作中经常采用的活动形式。许多图书馆和书店都推出过朗读活动，例如哈尔滨果戈理书店的“朗读者计划”等。随着2017年上半年央视的《朗读者》节目大热，借助央视的平台及名人效应，这种传统的阅读方式又获得了爆发式的关注。

一、活动特点

(一)选用经典名著

从活动组织者的角度来说，促进经典名著的阅读是阅读推广活动的重要内容之一，对提高读者的道德修养和思想素质有着积极的作用。对于高校图书馆来说，举办经典名著阅读活动，有利于促进大学生了解与传承中华优秀传统文化，是传承伟大民族精神的重要渠道。朗读活动中读者主动选择的朗读对象也通常都是脍炙人口的经典名著，这不仅是因为这些作品的遣词造句都是经过作者千锤百炼而出，符合汉语的特点，适合朗读，更是因为这些作品都传递着作者的理念与精神，能带给读者收获与感悟。

(二)低门槛的参与

朗读活动的基本要求是读者能使用普通话正确流畅地对照文本念出或背诵出选段，对于参与活动的读者的阅读能力要求不高，参与门槛较低。对于阅读能力较低的群体(如儿童、残障人士)来说，也能参与活动，这有利于提高这些群体的阅读积极性。从这个角度来说，朗读活动有助于消除弱势群体的阅读障碍，促进图书馆资源与服务的公平利用。

(三)促进“深阅读”，提升表达能力

要想完美地朗读一篇文章，仅仅熟读是不够的，朗读者还需要通读作品，通过揣摩文字背后的深意，在了解写作背景后试着去理解作者当时的心境与情感，探索作者的表达意图，并在此基础上，加上自己的理解与语气，才能更好地去朗读，更丰富地演绎该作品。整个过程都需要读者仔细反复地阅读，这有助于提高读者的阅读能力；读者朗读需要揣摩和学习专业的说话方式，这将提高读者的表达水平；逐字逐句的理解教会读者遣词造句的关键，最终的朗读也是读者再创作的成果，这些均会提高读者的表达与写作能力。

二、活动实施的关键

朗读效果主要体现在对听众的感染力上，听众对朗读者分享的内容能感同身受，朗读的作用就体现出来了。要提高感染力，除了提高朗读者本身的朗读能力，环境氛围的影响也很重要。因此在组织朗读活动时，需要重点关注这两个部分。

(一)完善活动流程，提高朗读质量

参与朗读活动的读者大部分不是播音、主持专业出身，在发音、语调等方面必然有所瑕疵。为了使活动达到更好的效果，策划时应在活动流程中加入筛选与培训环节。这样不但能帮助参与者提高阅读能力，而且有助于其了解语言魅力，提高艺术修养。

(二)丰富活动形式，营造环境氛围

在目前举办的各种朗读活动中不难发现，朗读已不仅是站在台上放声读那么简单。为了达到更好的表达效果，对听众产生更强烈的感染力，参与者通常会采用配乐、配舞等多种形式，或是制作播放配套的视频等，更像是一场文艺汇演。因此，活动组织者在策划活动时不需要限制活动形式，活动地点也可以根据活动主题灵活调整。进行活动准备时，对灯光音响、服装道具、现场协调等问题都需要仔细设计，妥当安排。

第六节　真人图书馆

一、发展源流

真人图书馆(Living Library)又称活体图书馆。作为一种阅读推广活动,“以人为书”是这种活动的主要特征。具体来说,这是一种将个人的阅读行为立体化的活动。它把“人”作为可借阅的书,把人的经历与知识作为读者阅读的内容,把真人书与读者的交谈作为书的阅读方式,以达到鼓励交流、分享经验的目的。

真人图书馆活动最早出现于丹麦。在2000年春天,一个叫“停止暴力”的非政府组织在罗斯基勒音乐节上创办了一项新的活动,活动目的在于反暴力、鼓励对话和帮助参加节日的游客之间建立积极的关系,这是真人图书馆的雏形。连续4天,每天8小时,50多个不同的主题一共吸引了超过1 000人参与活动,这使图书馆员、组织者和读者对这种活动的影响感到震惊。之后,该组织的成员之一,罗尼·勃格(Ronni Abergel),创办了“真人图书馆”组织,和其他成员一起在不同国家培训活动组织者,组织“真人图书馆”活动。目前,全球有超过70个国家成立了相应组织,开展真人图书馆活动。

在国内,“真人图书馆”的发展最早可追溯到2008年。当年,在上海交通大学图书馆承办的“数字图书馆前沿问题高级研讨班”上,美籍华裔图书馆学家发出在国内开展“真人图书馆”活动的倡议,并且与参会人员一起就相关课题进行了探讨。此后,有关“真人图书馆”的各种研究与实践逐渐开展起来。

国内高校图书馆首先采用“真人图书馆”进行实践的服务案例是上海交通大学图书馆的“鲜悦(Living Library)”品牌活动,首期活动在2009年3月进行,至今已持续10年。同年,上海同济大学图书馆在第五届服务月活动中,也推出了“真人图书馆”服务。之后,石家庄学院、广东外语外贸大学、大连医科大学、南京师范大学等大学图书馆也陆续开展了“真人图书馆”活动。

二、活动类型

“真人图书馆”活动根据真人图书和读者的数量,可分为“一对一”“一对多”和“多对多”这三种类型。

在早期的“真人图书馆”活动中，以“一对一”的形式为主，即每本真人书在同一时间仅和一位读者进行交流。这种形式方便真人书与读者进行私人的、深度的交流。但是随着“真人图书馆”的发展，其主要活动目的由最初的反暴力、鼓励对话转变为经验分享和交流学习，“一对一”的活动形式限制了参与活动的读者人数，活动效率较低。

“一对多”“多对多”的形式在同一时间能容纳更多的读者，真人书与读者的交流、真人书之间观点的碰撞、读者之间的互相学习触发了各种交流与思考，在有限的时间、空间中读者接收到更多的经验，活动效果和氛围更为凸显，因此逐渐成为更常见的形式。

三、活动特点

（一）主题广泛，灵活真实

作为活动开展核心的真人图书，选择范围非常广泛。他可以是某个领域的专家，也可以是有独特经历的人，尤其是高校中本身就有大量的教师、学者，各种有特长的学生以及各行各业社会合作人士，这些都可以作为真人图书的来源。每本“书”可以分享给读者的内容来自个人丰富的经验和感悟，可以带给读者更为深刻的体验。

（二）形式开放，互动性高

“真人图书馆”活动中，读者的阅读行为通过和真人图书的交流实现，真人图书的分享内容根据读者的提问而定，更有针对性；互动交流的形式易于激发读者的阅读积极性和阅读效率。

（三）硬件要求低，简单易行

“真人图书馆”活动的开展关键在于真人图书的选择与读者需求的满足，活动的硬件要求不高，线下活动通常需要满足的硬件要求是符合活动人数需要的独立场所，而空间资源正是图书馆的优势之一。线上活动可以借助各种社交平台或者是现在蓬勃发展的直播网站等，在网络发达、各类电子终端盛行的今天也是非常容易实现的。

四、组织实施关键点

“真人图书馆”活动的开展关键在于活动组织、真人图书挑选和真人图书管理三个方面。

(1)活动组织。开展真人图书馆活动,需要成立一个固定的活动团队,才能保证活动的有效持续开展及不断深化。在高校图书馆中,活动团队既可以由图书馆员组成,也可以是专门的学生团队,或者是馆员与学生共同组成的团队。在有了固定的团队之后,组织者需要根据调研和相关经验制订活动章程,保证每次活动的流程,从真人图书的征集挑选,到活动举行及后续管理都有可依据的规范和准则。

(2)真人图书挑选。作为高校图书馆,在挑选"书"的时候,选择主题及范围很广泛,同时由于读者类型固定,读者需求相对明确及统一,其选"书"方向大致可分为学业指导、人生导向、考研留学、艺术欣赏、科研工作等几大类。

(3)真人图书管理。真人图书也是一种馆藏资源,需要进行资源建设与管理。在活动结束后,按照详细的真人图书借阅规则,对真人图书进行编目,对活动交流内容中不涉及隐私、经活动参与者同意的内容进行记录、整理,使隐性知识显性化;通过各种平台,提供给更多的读者参阅,使资源的利用更加充分。另外,在开展活动的同时,随着经验的积累,不断探索活动的评价体系,使活动效果进一步提升。

第七节　图书漂流活动

20 世纪 60 年代,一种新颖的书籍共享阅读方式在欧洲出现:人们将贴有特定标签的图书投放到公园、咖啡馆等公共场所,无偿提供给拾取到的人阅读,拾取的人读完后,根据标签提示将书投放到公共环境中去,供下一位拾取者阅读。2001 年 4 月,美国人罗恩·霍纳贝克(Ron Hornabker)创建了第一个图书漂流网站,基于网络的快捷传播,图书漂流活动开始风行全球。

2004 年,春风文艺出版社将三本畅销书放出漂流,拉开了中国图书漂流行动的序幕。2005 年 11 月,福州大学漂书协会成立,标志着图书漂流活动开始走进校园。其后,中国高校图书馆也开始引入图书漂流的方式来拓展阅读服务,使书籍的价值在不断地传阅过程中得到无限放大。南京理工大学图书馆自 2009 年起开始举行图书漂流活动。毕业生离校前夕,图书馆组织人员发起捐书活动。对获赠图书,图书馆进行登记造册,并让采编部择其适用者补充到馆藏中;未入藏的图书转到"爱心图书漂流架"进入传阅流程。两年时间内共漂流图书 4 000 余册,其中约有 43%的图书被学生反复传阅。由于活动取得了良好的成效,2010 年负责漂流图书管理的大学生读者协会在学校80个社团评比中获得十佳社团称号，位列第五。山东潍坊学院图书馆在图书馆大厅设立专门书架作为图书漂流中心，并在校内各餐厅、教学楼内设立图书漂流站点，向师生征集图书并整理加工为漂流图书；读者每次自觉领取1本漂流图书，并在拿取和放出漂流图书时自觉在图书漂流点登记相关信息；阅毕自觉将图书归还到漂流点，并可附读书心得于书后。自2011年4月以来，该馆共征集到漂流图书2 000余册，阅览达3 000余次，在学校的校园文明建设中产生了广泛的影响，被评为2011年度“优秀学生社团活动”。

图书漂流是增强城市、社区及学校文化氛围的一种阅读推广形式。实施图书漂流活动关键在于形成有效的漂流运作机制，包括漂流图书的主题类型、汇集场所地点、整理方法、放漂与回漂管理方法、志愿者支持团队管理与协作方法等。另外，重视宣传推广，以及与其他机构合作开展影响面较大的活动，也是实施图书漂流需要关注的方面。

第七章　高校图书馆数字阅读推广方法研究

数字阅读是在移动网络迅速普及的当下日益发展的一种阅读行为，主要包括基于计算机、手机、电子阅读器等网络终端的阅读，与之相关的概念包括新媒体阅读、网络阅读与移动阅读。2018 年 8 月 20 日，中国互联网络信息中心（CNNIC）发布的第 42 次《中国互联网络发展状况统计报告》显示：截至 2018 年 6 月，我国网民规模为 8.02 亿，互联网普及率达 57.7%，使用手机上网人群的占比达 98.3%；网络文学（不含有声阅读）的网民使用率为 50.6%，较上半年增长 7.5%；手机网络文学的网民使用率为 48.3%，较上半年增长 10.8%；有声阅读用户规模已达 2.32 亿，占网民总体的 28.9%。中国新闻出版研究院于 2018 年 4 月 18 日发布的《第十五次全国国民阅读调查报告》的数据显示：2017 年我国国民数字化阅读方式（网络在线阅读、手机阅读、电子阅读器阅读、Pad 阅读等）的接触率为 73.0%，较 2016 年上升了 4.8 个百分点；2017 年我国成年国民人均每天手机接触时长为 80.43 分钟，人均每天互联网接触时长为 60.70 分钟，人均每天微信阅读时长为 27.02 分钟，人均每天电子阅读器阅读时长为 8.12 分钟；成年国民听书率为 22.8%，选择“移动有声 App 平台”听书的国民比例为 10.4%，选择“微信语音推送”听书的国民比例为 5.3%。2018 年 4 月 13 日发布的《2017 年度中国数字阅读白皮书》显示，2017 年数字阅读用户规模近 4 亿，增长 13.37%，青年用户占比超七成，“80 后”“90 后”成为数字阅读的主力军；2017 年中国人均阅读图书数量大幅提升，其中纸质书年人均阅读量达到 7.5 本，电子书年人均阅读量达到 10.1 本，超六成读者未来将选择电子阅读；用户选择阅读 App 和电子书的参考因素主要依赖榜单推荐和社交信息，应用市场搜索发现、朋友推荐、社交网络推荐和图书排行榜等都是读者做出选择的重要参考因素。这些由不同机构开展的调查数据均显示出我国网民规模、手机网民数量、数字阅读及有声阅读用户数量均呈增长之势，尤其是选择数字阅读方式的青年一代的比例越来越大。在数字阅读盛行的当今，以青年学子为主要用户的高校图书馆，尤其需要适应青年一代的阅读行为喜好，开展网络化、创新性的数字阅读推广工作。

第一节　高校图书馆主要的网络阅读推广类型

一、阅读推广网站建设

问卷调查结果显示,61.58%的高校图书馆创建了阅读推广相关的专题网站。同时,网站调查的结果显示,42所双一流建设高校图书馆中有27所创建了与阅读相关的专题网站,具体见表7-1所示。

表7-1　双一流建设高校图书馆创建的阅读相关专题网站名称与栏目

单　位	专题网站名称	单　位	专题网站名称
北京大学图书馆	新书通报、阅读推荐(教授推荐阅读、学子推荐阅读、新书通报)、在线展览、宣传推广活动(读书讲座、年度阅读报告、文化工作坊、展览)	上海交通大学图书馆	文化校园:鲜悦(Living Library)、思源悦读、思源讲坛、艺术走进校园、思源阁
清华大学图书馆	读在清华:专题书架、每周甄选、借阅排行	同济大学图书馆	文化活动与阅读推广:立体阅读&读者服务月、闻学堂、博物馆、悦享德图、文化嘉定、网上展厅、其他
中国人民大学图书馆	读史读经典(全文网站)	华东师范大学图书馆	书香嘉年华
北京师范大学图书馆	专家讲座、读书活动	南京大学图书馆	南大悦读经典、读书节
中央民族大学图书馆	新书推介	浙江大学图书馆	文化展厅

续　表

单　位	专题网站名称	单　位	专题网站名称
武汉大学图书馆	阅读推荐	东南大学图书馆	阅读推荐、东南大学读书节、书乐园、读书会
郑州大学图书馆	阅读推广、微信公众号“书香郑浓”	重庆大学图书馆	文化育人
中南大学图书馆	读书月活动	电子科技大学图书馆	全民阅读示范基地
哈尔滨工业大学图书馆	阅读推广、读书节专题	西安交通大学图书馆	100 本经典(全文网站)
山东大学图书馆	文史书架	西北农林科技大学图书馆	阅读推广
吉林大学图书馆	白桦书声	西北工业大学图书馆	共读时光、西北工业大学知名教授推荐书单
东北大学图书馆	大学生素质导读书目	兰州大学图书馆	书香兰大
中国海洋大学图书馆	文化展厅、海大讲坛	新疆大学图书馆	读书月专栏

从各图书馆创建的阅读推广专题网站内容来看,主要分为四类:

一类是阅读推荐网站,通常包括新书推荐、借阅排行榜推荐、经典推荐、教授及学子推荐,北京大学图书馆和清华大学图书馆在此方面颇具典型性。北京大学图书馆的“阅读推荐”专题网站包括“新书通报”“教授推荐阅读”和“学子推荐阅读”。“新书通报”设置了按月、馆藏地分类的浏览方式,按上架时间、分类号、题名、作者、关注热门程度排序,并设置有“热门关注图书榜”。每一本新书,展示的元素除了出版项,还包括图书封面图片、内容简介、作者简介、目录、索书信息、相关图书。教授和学生推荐阅读标明了推荐图书的出版项及索书信息。清华大学图书馆的“读在清华”专题网站包括“专题书架”“每周甄选”“新书通报”“借阅排行”四个栏目。“专题书架”指定期按照主题拟定书单推荐阅读，如新生入校时推出“大学第一课”专题，鼓励大学生创新创业的“年轻人，创业吧”专题，讲述学校历史、增强学生对学校的认同感和归属感的“清华人与清华大学”专题，庆祝全民族抗战胜利70周年的“抗战胜利70周年”专题，针对专门的文学经典著作的“陈忠实与白鹿原”专题等。“新书通报”为定期通报社会科学、文学、艺术、自然科学、生命科学、医药学、工业技术、综合性图书等类别的新书。“每周甄选”指每周精选推荐一定数量的新书。“借阅排行”指以年度为单位，按照每种图书在图书馆出借的次数列出图书借阅排行榜，分总榜、社科类、科技类和文学类四个类别。对于所推荐的图书，网站提供题录信息、馆藏信息，及从其他网站抓取的图书简介、豆瓣书评和相关视频信息、社会化阅读信息，以及在线试读。

第二类是经典图书全文网站。南京大学图书馆的“南大悦读经典”、中国人民大学图书馆的“读史读经典”、西安交通大学图书馆的“100本经典”都是为推广经典阅读而创建的全文图书网站。

第三类是线上展览，例如北京大学图书馆的“在线展览”，同济大学图书馆的“网上展厅”，中国海洋大学图书馆的“文化展厅”。

第四类是历年阅读推广活动汇集展示网站，例如南京大学图书馆和东南大学图书馆的“读书节”网站。

设计阅读推广专题网站关键要考虑读者的兴趣与感受，因此专题网站的名称需令读者一眼即知其内容，以吸引读者进入到网站去查看。在此方面，东南大学图书馆的设计可谓一目了然。该馆与阅读推广相关的专题网站有：①“阅读推荐”：基于国内高校各类推荐书单、国内知名图书馆借阅排行榜、亚马逊书城和当当网近三年图书排行榜、豆瓣热门书单、BBS读者推荐等12种书单来源，整理成文学、哲学、艺术、历史、经济、社会政治、心理健康、科学素养8个版块，共计500种图书。每周三在图书馆微信公众号和网站上同步推出最新一期书单。②“阅读推广”：下设“读书节”（历年读书节活动）、“书乐园”（馆办读书刊物）、“读书会”（学生读书社团）。兰州大学图书馆创建的“书香兰大”专题网站则是较全面地汇集和展示阅读推广工作的代表，设有工作动态、阅读视界、好书推荐、精彩书评、阅读排行、阅读之星、图书捐赠与漂流专栏。

二、微信阅读推广

在移动阅读、社交阅读模式迅速普及的当下，人们获取信息的渠道、方式极为丰富。图书馆也相应地推出了基于微博、微信等的服务。根据《微信 2018 影响力报告》，微信占中国移动流量消耗额的 34%。基于微信广泛的影响力，高校图书馆越来越多地通过它来开展阅读推广工作。从问卷调查结果来看，83.62%的高校图书馆将官微（包括微博与微信）作为阅读推广的宣传推介平台，38.42%的图书馆甚至创建了专门的微信公众号。目前图书馆阅读推广对于微信的应用主要基于它的信息推送功能与社群功能。

基于微信公众号，图书馆主要推送的信息内容包括：①阅读活动通知与报道；②图书推介信息，通常为新书、热门图书、经典图书、获奖图书等；③书评，主要来源于师生创作或是书刊媒介上发表的专业书评；④排行榜书单，包括借阅排行榜、综合性图书销售排行榜书单等；⑤推荐书单，通常由学者名流开列。这类推送有的作为图书馆官微的阅读专栏定期发布，具备持续性与常规性；有的直接作为图书馆推送信息发布，相对而言随意性较强。沈阳师范大学图书馆是创建官微阅读专栏的典型代表。该馆微信公众号后台专门开辟了好书荐读栏目，在该栏目下有“畅销书榜”“借还书榜”等馆内图书榜单；有“新书上架”的新书入藏清单对新书进行推荐阅读；有“书人书事”专栏选录名人阅读故事，鼓励读者开卷阅读；“每日一书”专栏每日推荐一本馆藏图书，让读者更多地了解深藏于图书馆的好书；“获奖图书”栏目从获得奖项认可的视角，向读者推荐获奖好书。北京科技大学图书馆获得 2017 年度国际图联第一名大奖的案例即是在图书馆微信公众号上设置“READay”专栏，每天推介一本图书，推介的内容由学生原创的书评和书中精彩片段构成。

除了信息推送，图书馆往往会综合利用微信公众号的社群功能，主要有两类应用：①创建阅读交流群，群内可以发布各类与阅读相关的知识、资讯，可以举办线上讲座，也可以群员交流；②促使参与读书活动的成员在朋友圈发布关于所读图书、读书心得、阅读图照等信息，通过成员的阅读情况、阅读活动的朋友圈影响力来综合评定阅读推广成效。

多数高校图书馆通过应用公众号推送信息或是创建阅读专栏的方式来推广阅读。阅读专栏有自建及依托于商业阅读平台创建两种模式。鲁东大学图书馆王宝英等的调查发现，部分图书馆依托于“超星微平台”“书香中国互联网数字阅读平台”“e博在线”“畅想之星”“智读”“龙源期刊”“汇文系统”等创建图书馆微信公众号中的阅读推广栏目。其中,前两个平台被采用较多。

另外,也有图书馆创建了以阅读推广为核心的图书馆微信公众号。西北工业大学图书馆2016年推出了“书小白”阅读推广平台,菜单包括“我的图书馆”“小白攻略”“活动概要”“优选书单”“积分查询”“我要上墙”“导师征集”“我要谏言”,以做任务、赢积分、升等级为基本思路,通过线上提交作业(包括阅读瞬间图片、朗读音频、读书感悟、沙龙发言等)、上墙展示、推荐作品、问答互动,线下配以沙龙、微讨论、观影等现场活动,来陪伴及引导“书小白”向“书小生”“书小儒”“百分大咖”转变。该创新实践获得2016年第二届全国高校图书馆服务创新案例大赛一等奖。

三、自建移动阅读 App

在数字化阅读浪潮下,少数图书馆及出版社自建移动阅读平台,助推数字阅读。

上海图书馆应对数字化阅读浪潮研制了基于元数据整合的“市民数字阅读”平台。该平台架构分为三层:底层负责管理图书馆的数字阅读资源;中间层由平台的功能模块组成,包括元数据整合、全文检索、版本控制、数据统计、接口管理;前端主要用于电子书的展示,并适用于不同的展示媒体,如网站、App与微站。平台主要提供面向大众阅读的通俗类资源,包括30余万种电子图书、1 500余种电子期刊、500余种电子报纸及10 000种网络文学。该平台提供了简单的检索功能和分类浏览功能,极大地方便了读者利用移动设施免费阅读合乎版权要求的书刊,但是个性化功能、交互功能均有待提升。超星公司面向高校推出电子书App,读者扫描安装该App后,即可在移动终端浏览(热门图书浏览、分类浏览、书友上传图书浏览)、搜索该机构提供的电子书,可以选择自己感兴趣的书展示在首页,阅读过程中可添加书签,也可以上传自己愿意分享的图书。这两个平台的内容侧重于大众数字阅读,功能方面,智能型推荐及社交化阅读功能均有待加强。2016年4月23日,中华书局推出了“中华经典古籍库”微信平台,内容覆盖了中华书局历年出版的经典古籍图书点校本,会员可进行阅读全文、做笔记、分享页面、检索、查阅联机字典、纪年换算等功能操作。该微信平台可谓是古籍与移动平台结合的有益尝试,对图书馆创建公益的、具备智能推荐及更丰富的社交阅读功能的经典阅读推广平台具有良好的借鉴意义。

高校图书馆方面则以上海交通大学图书馆于 2016 年 7 月 1 日正式上线的“思源悦读”App 为代表。该 App 设置有“阅读室”“群组学习”“用户阅读分享激励”和“分析推送”四大功能模块。“阅读室”功能模块可以对多种多样的图书资源进行分类阅读引导,提供方便有效的线上阅读空间。“群组学习”功能模块可以创建、加入和管理群组,在群组内部进行心得交流、互动阅读和感悟分享。群组交流分为话题吧、兴趣吧、学习吧、共读吧四类,并能根据用户的使用习惯推荐可能感兴趣的群组。“用户阅读分享激励”功能模块可以采用积分制进行用户阅读激励,不管是阅读还是写书评、回复评论、点赞等等,或阅读或分享的行为都可以获得奖励积分。“分析推送”功能模块可以对用户的阅读行为和需求进行统计分析,在统计分析的基础上推送相应的服务,并对服务功能进行不断的完善、改进和优化。

综合而言,当前高校图书馆在数字阅读推广方面的许多举措是一种拓展性、探索性的实践。接下来,高校图书馆将借鉴更具读者吸引力的商业性移动阅读应用的功能技术优势、为读者提供公益精选的全文内容平台,将更具发展前景。

第二节　移动阅读 App 分析

App 为 Application 的缩写,一般指手机应用程序。根据艾瑞指数对移动 App 的监测显示,电子阅读领域 2018 年 9 月独立阅读设备数前 35 名为:掌阅、QQ 阅读、懒人听书、书旗小说、咪咕阅读、快看漫画、搜狗阅读、追书神器、腾讯动漫、看漫画、微信读书、多看阅读、内涵段子、宜搜小说、百度阅读、百度文库、全本免费小说阅读、91 熊猫看书、微博动漫、连尚读书、起点读书、小书亭、免费小说大全、免费电子书、免费追书、2345 阅读王、酷我听书、漫画台、逐浪小说、全本小说、TXT 免费全本电子书、爱奇艺阅读、米读小说、塔读文学、笔趣阁免费小说。其中,掌阅与 QQ 阅读分别以 12 117 万台、8 489 万台雄居榜首,第三名的 2 509 万台与之相距甚远。从 App 在发展和运营过程中主要依托优势的角度可以将国内移动阅读 App 大致分为资源类、用户类、技术类、电商类、渠道类:

资源类 App 的运营方主要为内容提供商,包括原创文学网站和出版商等,它们依托自身资源优势开发研制了移动终端化的阅读类 App,如书旗小说、起点读书等。

用户类 App 的运营方主要为自身就拥有大量用户群的公司或平台,在推出

App 后,利用自身大量的用户资源优势在用户间迅速推广,如 QQ 阅读、百度阅读、微信读书、网易云阅读等。

技术类 App 的运营商为擅长移动阅读技术的公司,主要依托自身的先进技术和创新思维,在移动终端上开发研制出符合用户移动阅读需求的 App。如掌阅 iReader、追书神器、91 熊猫看书、多看阅读等。

电商类 App 的运营方主要为传统电商,它们依托其成熟的电子商务模式开发阅读类 App,如当当阅读、京东阅读、Kindle 阅读等。

渠道类移动阅读 App 的运营方主要为电信运营商,如中国移动、中国联通、中国电信,以它们为主导开发研制的移动阅读 App,主要采用合约机内置移动阅读 App 等方式,依托其自身庞大的推广渠道,快速占据移动阅读市场,如咪咕阅读、天翼阅读等。

值得注意的是,这五大分类并不是互斥的,如 QQ 阅读在初期发展依托的优势为自身大量的用户群,而在腾讯文学发展壮大,尤其是联合盛大集团成立阅文集团后,其原创小说资源越来越成为 QQ 阅读的强大优势。本节将从这五类移动阅读 App 中各选取一款有代表性的 App,分析其在资源内容、功能机制、使用情况等方面的特点。

一、资源类 App——书旗小说

(一)概况

书旗小说以书旗网为基础,依托阿里文学平台上的小说资源,是一款阿里集团旗下手机阅读 App,经营者为广州阿里巴巴文学信息技术有限公司。阿里文学网站包括:书旗网(www. shuqi. com)、阿里文学 WAP 站点(http://t. shuqi. com)、淘宝阅读等。本节以安卓系统下 V10. 6. 6. 63 版本为研究对象进行分析。书旗小说 App 的默认首页为自己的书架,此外还有书城、免费和原创 3 个栏目。书架栏目摆放自己想要阅读的书籍,新用户下载 App 会自动赠送一定数量的书籍自动上架。书城栏目为 App 的图书资源中心,推荐图书进行阅读。免费栏目为不需花费豆券便能阅读的文字,包括免费的图书、轻小说、漫画和一些互动话题等。原创栏目则是用户发布自己原创作品的一个版块,包括原创推荐和自己的创作两部分的内容。

(二)图书资源

书旗小说 App 的图书资源大致包括三个部分,一是阿里文学旗下的网络小说作品。这部分内容为该 App 的主体内容，也是该 App 着力向用户推荐的内容，此类作品由阿里巴巴文学制作与发行；二是正式出版的畅销书籍。这一部分图书主要集中在书城的出版版块中，此外书城的榜单版块也有部分正式出版书籍的畅销榜、新书榜等内容推荐，这部分图书的版权属于出版社，App 上的电子图书与纸质图书封面保持一致，且保留有出版社和版权页信息；三是其他出版图书。这类图书大部分为公版书或者取得数字版权的图书，由阿里文学制作与发行，大部分经典图书都属于此类，但是这类电子图书的制作较为粗糙，文字和版式未经审校，质量不高，很难满足深入阅读的需求。

（三）阅读界面

书旗小说 App 的阅读界面清爽，阅读书籍时可左右滑动翻页，点击页面中央会在上下边缘处出现工具栏。上方是功能区，可以支持作者，激励创作，投推荐票、打赏、投月票、查看粉丝榜等。该 App 还可以听书，听书可以选择听书的速度（慢速、快速），可以选择声音，可以设置定时关闭或退出听书模式，可以下载章节离线阅读，可以跳转到书架查看书籍详情，或将此书的信息分享到微信、微博、QQ 等社交媒体中。下方的功能区主要是对阅读本身的操作和设置，如选择章节、目录，设置阅读界面的亮度，设置字体、字号、颜色主题、翻页模式、护眼模式、间距等，同时还有内容、章节报错的通道；此外，还可以在阅读时一键进入评论区，对整本图书进行评论；如果选择特定的一段文字，还可以进行分享（保存为图片进行分享）、评论、复制、报错的操作。

（四）推广与激励机制

（1）阅读推荐机制。①推荐榜单制度。书城资源浩瀚，用户如何选择是一个难题。书旗小说采用推荐榜单的机制帮助用户选择。以书城版块为例，该版块默认为精选页面，此外也可以按照自己的喜好进入女生、男生和二次元页面。不同的分类页面会有不同的图书推荐。如精品页面所推荐的书包括：最好看的书、精品专场、影视热门出版、点击上万的好书、大家都在搜、最热书单、原创作品、大神巡展、听书专区、根据兴趣匹配、二次元专区、男生最爱、女生最爱等。此外还有分类热门书单、各种原创作品人气榜单、出版作品畅销榜、新书榜、推荐榜等榜单，会员专享图书、完结图书和已出版图书等。②定制阅读喜好，可以选择不同的分类主题标签（如现言、穿越、玄幻、都市、悬疑、名著等），根据阅读偏好个性化推荐书籍。

(2)互动机制。书旗小说 App 包含两种互动机制,一种是读者—作者互动机制。一方面读者可以通过投推荐票、打赏、月票、在评论区评论等方式与作者进行互动,表达对书籍的喜爱,激励作者创作;另一方面作者也可以通过读者的反馈,调整自己的写作内容或风格。此外,App 还可根据读者投票数据形成粉丝排行榜,通过排名鼓励读者投票。第二种是读者之间的互动机制,不过读者之间仅能评论和分享到社交媒体进行互动。

(3)阅读激励机制。鼓励每天签到,签到页面是一棵小树苗,签到一次则为小树苗浇水一次,寓意阅读的小树苗茁壮成长。累计签到一定时间可获得一定奖励,如抽奖机会、豆券等,使用豆券可以在有效期限内购买商城的图书。

(4)阅读反馈机制。读者可以对书籍打分,进行评论;还可以针对具体的某一部分内容反馈错误或有问题的信息。

另外,书旗小说 App 还有更新连载书的功能,以方便读者追踪网络小说的内容更新;有本地导入、Wi-Fi 传书功能,方便读者从别的渠道下载书籍后使用该 App 进行阅读。

二、用户类 App——QQ 阅读

(一)概况

QQ 阅读是腾讯公司于 2013 年开发的移动阅读软件。2015 年,腾讯文学投资,联合盛大文学成立了阅文集团,统一管理两家旗下各项品牌。整合后的阅文集团包含网络原创阅读、图书出版及数字发行、音频听书三大品牌,而 QQ 阅读则成为三大品牌群的重要移动阅读入口。本节以安卓系统下 V6.5.9 版本为研究对象进行分析。

进入 QQ 阅读 App 时,App 便会询问读者性别,并根据读者性别进行私人化定制。QQ 阅读 App 的默认首页为自己的书架,此外还有“精选”“书库”和“发现”3 个栏目。书架栏目摆放自己想要阅读的书籍,新用户下载 App 在免费阅读期间会持续赠送一定数量的书籍自动上架,书架还有导入书籍、按分组找书、批量管理、连载更新提醒等功能。精选栏目为经过编辑推荐后的书籍。书库栏目为该 App 的图书资源中心,可以通过各种方式查找任意一本图书。发现栏目则是一个阅读功能之外的活动中心。

（二）图书资源

QQ 阅读 App 将旗下图书资源分为男生、女生、出版、漫画、音频 5 类，见表 7-2 所示。从表中可见，QQ 阅读 App 拥有 140 多万册图书资源，其中网络小说占 90%以上，正式出版的图书仅有 10 万余册，占总量的 7.2%。

表 7-2　QQ 阅读图书资源分类

类　型	数量（册）	百分比（%）
女生	669 326	46.0
男生	660 195	45.3
出版	105 507	7.2
漫画	16 236	1.1
音频	5148	0.4
合计	1 456 412	100

（三）阅读界面

QQ 阅读界面清爽，默认为带书友想法的阅读模式。可一键切换黑底白字和白底黑字的阅读效果。上方功能区中有“返回”“下载投票”“打赏作者”“是否隐藏想法”等按钮，还可以添加书签、进行全文搜索、查看粉丝榜、查看书籍详情，将书籍分享至微信、QQ、微博等社交媒体。下方功能区中可以查看本书目录，查看阅读进度，设置字体、字号、阅读背景、阅读版式等，还可以进入更多设置页面，对翻页方式、导航栏显示、音量键翻页等细节进行更多设置。可以下载人声朗读安装包使用人声听书；可以选择自动阅读，无须用手翻页，可谓懒人福音。每阅读完一个章节，会提示互动，如加入本章讨论，打赏作者等。选择退出阅读界面时会提示加入书架。如果选择特定的一段文字，可以做“写想法”“分享”“划线”“查词典”“复制”“纠错”6 项操作。

（四）推广与激励机制

（1）阅读推荐机制。①推荐榜单制度。QQ 阅读在“精选”栏目中采用榜单制度来向用户推荐图书，包括排行榜、精品推荐、包月推荐、书单广场、完本小说。仅排行榜就有5类46个榜单。其中较有特色的是书单广场,该广场主要是最新、最热的各类主题书单推荐,还对一定级别以上的会员提供定制个人书单服务。②定制阅读推荐。选择感兴趣的阅读主题,开启专属推荐。③阅读基因。读者在App平台上进行的所有阅读行为都会记录为该用户的阅读基因,并用于以后的阅读推荐。

(2)互动机制。QQ阅读App同样包含读者—作者互动和读者之间互动两种机制。读者不仅可以通过投推荐票、打赏、月票、在评论区评论等方式与作者进行互动,还可以花费书币进行提问,有机会得到作者的语音回答。读者不仅可以对某本书进行评论,还可以对这本书的某一特定章节甚至某一段某一句进行评论和互动。

(3)阅读激励机制。鼓励每天签到,累计签到一定时间可获得一定奖励。鼓励阅读,可用阅读时长兑换书券,新用户可享受双倍兑换书券特权,但是每次兑换的书券7日内有效。鼓励在平台内的各项操作,可以获得成长值,有一套较为完善的成长值提升和奖励体系。另外,QQ阅读打开的默认页面上会有醒目的数字提示本周阅读时长(按分钟计算),激励读者阅读。

(4)阅读反馈机制。读者可以对书籍打分,进行评论;还可以针对具体的某一部分内容反馈错误或有问题的信息。

(5)图书信息维度:字数,读者评分,读者评分人数,分类主题,作者,收藏数,阅读数,赞赏数,书评条数,参与人数,同作者作品,收录了本书的书单,同一本书的书友还读过的书,其他图书信息(上架时间、出版社、纸质书价格等)。

另外,QQ阅读书架页面还支持导入书籍、按分组找书、批量管理、连载更新提醒等功能。

三、技术类App掌阅iReader

(一)概况

掌阅iReader是掌阅科技股份有限公司的主打产品,该App于2011年1月正式发布。同时还推出了自己的硬件设备——iReader电子书阅读器。掌阅App支持EBK3/TXT/UMD/EPUB/CHM/PDF等主流阅读格式。在数字阅读领域,该App的月独立设备数量长期保持第一。本节以安卓系统下V7.4.1版本为研究对象进行分析。首次打开App,即提示选择阅读偏好,偏好分类为:出版图书、男生小说、女生小说、漫画·二次元、听书·知识，只有选择阅读偏好后才可打开 App。进入 App 后默认首页为书架，此外还有“书城”“发现”“我的”3 个栏目。

（二）图书资源

目前，掌阅拥有畅销、生活、文学等类别的优质图书数字版权 50 万册。掌阅 App 将旗下图书资源分为出版、男频、女频、漫画、听书、杂志六大类，105 个小类。掌阅对公版书的制作较为精心，以《论语》为例，在正文之前以编辑部的名义增加了序，正文中对字、词、句的注解均可以点击后在原文上直接打开，而无须翻页，更加方便读者使用。

（三）阅读界面

掌阅阅读界面清爽，默认为带书友想法的界面，上方功能区有返回、购买、朗读、全文搜索、书圈、投票、增加书签、隐藏想法、分享等按钮。下方功能区有目录、进度条，可以设置亮度、夜间模式、字体字号、翻页方式、繁简体切换等。其中目录页除了可以根据目录跳转到特定章节外，还可以根据想法/画线或书签跳转到特定章节。选中阅读界面中某一段文字，可以进行分享、写想法，画线、复制、查词典、查百科、纠错等操作。

（四）推广与激励机制

（1）阅读推荐机制。掌阅 App 主要在书城版块中采用榜单制度向用户推荐图书，排行榜包括月票榜、用户喜爱榜、新书榜、主编推荐榜，此外还按照图书的六类分类资源提供不同的推荐榜单。如对于出版图书，就有书城畅销榜、特价折扣榜、更多权威榜等。此外还会为读者分类提供热门书单、新书书单和好评书单。

（2）互动机制。由于掌阅主要依托的优势为技术，旗下并没有签约作者资源，所以其主要的互动机制为读者之间的互动。读者可以对某本书进行评论，可以选定这本书的某段文字进行评论或分享，App 还专门建立了书友圈子——书圈，读者可以在专门的书圈中分享阅读心得。

（3）阅读激励机制。鼓励每天签到，签到可抽奖领取福利，累计签到一定时间可获更多奖励。此外还可以完成一定的任务领取奖励，如新人任务、参加阅读计划、日常任务和特定活动任务等。掌阅还会定期组织阅读推广类活动，如邀请青少年的偶像列出书单，组织大家和该偶像共同阅读书单中的书籍，每天打卡签到，并发布阅读心得。

(4)阅读反馈机制。读者可以给书籍投票、打分、点赞、评论,还可以针对具体的某一部分内容反馈错误或有问题的信息。

(5)图书信息维度:字数,价格,读者评分,读者评分人数,作者,点赞数,在读数,粉丝数,最新章节,书圈人数和评论数,相似图书推荐,相关书单,图书更多信息(字数、上架时间、免责声明等)。

四、电商类 App 亚马逊 Kindle 阅读

(一)概况

亚马逊 Kindle 阅读是由亚马逊信息服务(北京)有限公司开发的一款 App。亚马逊是全球最大的电子商务公司之一,成立于 1995 年,从网上销售图书起家,是全球最大的图书电商平台,拥有大量的图书出版渠道资源和用户资源。本节以安卓系统 8. 3. 1. 16-China 版本为研究对象进行分析。该 App 需登录才能开始阅读,登录之后会将该账号下其他设备上的设置或操作同步到本设备上。App 设置有"主页""图书馆""商店"和"更多"4 个栏目,主页为默认页面,醒目位置为当前所读的书,下面是根据用户所购买或所阅读过的书目推荐阅读的书籍。其中"图书馆"栏目是用户所购买的书籍;"商店"栏目为 Kindle 电子书商店,可以随意搜索自己想要的书籍。

(二)图书资源

亚马逊 Kindle 阅读拥有 50 余万本出版图书的电子书,包括小说、文学、经管、社科、科技、少儿、进口原版类畅销书。

(三)阅读界面

Kindle 阅读 App 的阅读界面较有特色,与市面上主流的 App 阅读界面不同,没有专门的目录页面,如果读者需要频繁查看目录,可能会觉得不方便,但是却能有助于专注阅读。阅读界面上方的功能区可以返回,进行查看书籍相关信息、在电子书和笔记中进行全文搜索、阅读界面设置、查看笔记本的内容、设置标签等操作。在下方的功能区中可以一键设置阅读模式(白天或黑夜),查看阅读进度条,下方左侧有一个九宫格图标能够将正在阅读的图书缩小为电子书的鸟瞰视图,方便进行特定章节或图片的查找。在阅读界面中可以将正在阅读的最后一页固定到屏幕的一侧来进行返回操作,可以点击左下方的内容按住并拖动手指选择一个句子即

可自动创建标注,可以添加笔记、搜索或分享标注的内容。按住字词不动则可以查词典,可供查找的词典为现代汉语词典和必应(Bing)词典。

(四)推广与激励机制

(1)阅读推荐机制。①阅读推荐。Kindle 阅读 App 会根据自己所收集的用户阅读和购买图书数据,推荐图书。推荐图书维度有:所购买图书中的相类似图书,具有同样阅读习惯的用户所阅读的书,常用购买类别中的其他书籍等。针对用户的阅读习惯推荐图书,为 Kindle 图书推荐机制最大的特点。②推荐榜单制度。Kindle 阅读的榜单有畅销榜、新书榜、口碑好书榜、主题书单、分类书单等。

(2)互动机制。Kindle 阅读 App 基本只能对整本书进行评论,对特定的文字进行标注和分享,其他的互动渠道并不多。在阅读时也只能看到某段文字做了多少次标记,而无法看到别人对这段文字的评价,比较适合私人阅读。

(3)阅读激励机制。可以购买 Kindle Unlimited 电子书包月服务,月付 12 元或年付 118 元即可畅读 10 万多本精品中英文电子书。

(4)阅读反馈机制。读者可以对书籍打分,进行评论。

(5)图书信息维度:和商品购买页面类似,有书名、作者、评分、价格、买家评论、Kindle 版图书信息、图书其他信息、其他类似图书推荐等。

另外,该 App 与 Kindle 电子书阅读器、Fire 平板电脑完全同步,如果同时拥有平板电脑和 App,就可以同步阅读进度、标注等,还可以随时随地为使用相同账号的家庭其他成员买单。Kindle 阅读 App 还有原版《红发球艾米丽》《功夫熊猫》等优质漫画。该 App 还保障私人阅读空间,不会发送各类广告信息。

五、渠道类 App——咪咕阅读

(一)概况

咪咕阅读是咪咕数字传媒有限公司(简称咪咕数媒)开发的一款集阅读、互动等多种功能于一体的阅读器手机软件,隶属于咪咕文化科技有限公司,其前身中国移动手机阅读基地于 2009 年初在中国移动浙江公司启动成立,2010 年 5 月正式推出手机阅读业务。2013 年 12 月,中国移动手机阅读业务更名为“和阅读”,2015 年 10 月,正式更名为“咪咕阅读”。本节以安卓系统下 V7.46_18035 版本为研究对象进行分析。该 App 有“书架”“推荐”“分类”“发现”4 个版块,默认页面为“推荐”

页面。

（二）图书资源

截至2018年底，咪咕阅读平台已累计汇聚超过50万册精品正版图书内容，涵盖出版图书、原创小说、杂志、听书等多种内容形态。

（三）阅读界面

咪咕阅读App的阅读界面和前述App的界面大同小异，上方功能区有反馈、分享、共读书友圈子和评论、加入书架、添加书签、下载、隐藏笔记、显示图书信息等模块；下方功能区可以查看目录和阅读进度，听书，夜间显示设置，字体字号、背景颜色设置等。选中特定的一段文字还可以进行复制、笔记、画线、分享，可制作图片分享。如果该书为连载的网络小说，则会增加月票和打赏按钮。

（四）推广与激励机制

（1）阅读推荐机制。咪咕阅读在推荐版块进行阅读推荐，排行榜中根据分类推荐高人气榜单、新锐图书榜单、经典完本、潜力新书、免费畅读榜单。

（2）互动机制。如果在咪咕阅读App中阅读的图书为连载网络小说，其互动机制包括读者之间的互动和读者与作者的互动，可以对某本书写评论；可以对特定的文字写下心得笔记，和阅读同一本书的读者进行交流；还可以对作者进行投月票、打赏等操作。如果是出版类小说，则只有读者之间的互动。

（3）阅读激励机制。分享送书券，签到领书券，累计签到15天可以抽奖，每月全勤可以送书券，所送书券可以在线购买图书。此外，在App内进行阅读，阅读超过30分钟还可以领取0.5元书券，每周领取上限为5元。

（4）阅读反馈机制。读者可以对书籍打分，进行评论。

（5）图书信息维度：书名、评分、作者、金额、分类、字数、是否完本、小编推荐评语、书籍简介、视频导读、评论、包含本书的热门书单、作者的其他作品、本书的作者还看过的书、其他推荐图书。

第三节　图书馆阅读平台设计

从当前数字阅读发展的趋势来看，App 是更便于读者随时随地阅读的一种方式。当前图书馆推出的各类数字阅读平台以书单及活动推介类的内容为主，展示图书全文的较少。商业机构推出的移动阅读 Aro 的阅读体验、交互感均越来越符合读者阅读心理需求，但主体图书以网络小说为主，且多数为付费服务。因此，对于高校图书馆而言，构建具备优越的推荐机制、阅读体验、增进阅读交流的，以青年学子学业及心理发展需要为主体内容的移动阅读数字平台，将是需要重点突破的数字阅读推广方向。平台的体系架构、展示内容、功能机制、显示界面可做如下设计。

一、体系架构

图书馆移动阅读推广平台的体系架构，可以设计为 3 层：①底层为经典资源管理层，汇集、管理来自电子图书数据库、网络及图书馆数字化的经典及精品图书；②中间层由元数据整合、版权管理、数据统计分析、接口管理、用户身份管理、虚拟交互社区、浏览模块、检索模块、推荐模块等功能支撑模块构成；③上层为平台，适用于网站、App、微媒体等的应用展示层。

二、内容选取与描述

平台的内容构成，须遵从平台推广经典与精品阅读、弘扬优秀传统文化及精神的建设宗旨。因此，平台所展现的内容必须是对读者的人格及精神成长能产生正向影响的经典图书与精品图书，以及相关导读评论性资料。基于这样的宗旨与原则，平台内容的遴选可以遵循两种路径：①搜集整理历史文献学家、心理学家、教育学家等研制的推荐书目，运用统计分析、聚类分析等方法，来精选一批对于文化传承及人格成长养成具有重要价值的经典；②对图书馆的馆藏借阅数据进行挖掘分析，产生一批受读者欢迎的精品图书。

书单确定后，一方面需要基于 IT 技术来获取全文资源、相关解读、注释性资源，以及相关多媒体资料；另一方面需要建立有效的揭示、浏览、检索、推荐、交互机制，以方便读者搜索及阅读。为整合异构来源的图书资源，并实现多维展示与浏览，需创建适宜平台功能的图书资源描述元数据规范。

三、功能机制

移动阅读推广平台的功能，主要着力于帮助读者发现自己所需的图书资源，并提供交互机制以便其理解图书所承载的思想与精神。从资源发现的角度，平台需提供浏览、检索及个性化智能推荐机制；从交互的角度，平台需支持读者在阅读过程中摘抄、评价、写书评或读后感、与人讨论等需求。

图书资源的浏览，需支持下述方式：①基于统计排行的浏览，包括基于推荐排行的浏览、基于借阅统计排行的浏览，以及基于评论次数统计排行的浏览；②基于分级阅读目录的浏览，即根据分级阅读目录，为不同年龄阶段的读者推荐适合的图书；③基于年代的浏览，即按图书写成的年代来分类浏览的方式；④基于学科主题的浏览，即根据图书所归属的主题范畴来浏览。

图书资源的检索，除设计作者、题名、出版社等常规检索路径外，还需要实现一站式发现功能，使读者点击检索即能检出含精品图书、解释性作品、相关评论文章等信息全面的检索结果，以方便读者阅读和理解著作内容。

智能化的个性化推荐机制设计是构建新型阅读推广平台的关键。新型的阅读推荐机制应结合文献学、心理学、教育学、计算机科学等多元学科的研究成果，进行多重设计：

（1）基于统计的推荐：①大师荐书，指基于推荐书目或名师荐书的统计排行推荐；②借阅排行，即基于借阅记录的统计推荐；③热评图书，指基于有效评价次数的统计推荐。

（2）基于读者身份信息、信息行为习惯的推荐：①根据读者年龄、专业、兴趣爱好等为其推荐适读图书；②根据读者浏览、检索、借阅、评论等记录进行推荐。

（3）基于虚拟阅读社区书人关系的推荐：①读此书的人同时也在读，即读者展示读他正在读的某部图书的人也在读的其他图书；②好友在读，展示推荐读者选择的阅友正在读的图书；③相同兴趣者在读，展示推荐与读者兴趣爱好相同者在读的图书著作；④基于读者添加标签的主题标签云展示推荐。

（4）基于分级阅读推荐书目的推荐：即依据教育学和文献学领域的研究成果，展示推荐适应不同年龄阶段阅读的图书。

（5）基于心理及精神成长需求的问题导向式的推荐：即依据心理学、教育学等学科的研究成果，采用文本挖掘、聚类分析、机器学习等技术，针对读者成长过程中经常遭遇的心灵困惑，推荐相应的图书或多媒体资料。

同时，系统会基于借阅数据，以及图书、推荐人、借阅人之间关系的聚类分析，来改进推荐算法，不断优化智能推荐效果。

在平台的交互机制方面，根据阅读过程的相关情景，如借阅、写笔记或摘录、发起或参与讨论组、写读后感或评论、查阅相关评论并评价、加标签、分享到社交网络、看哪家图书馆有纸本馆藏、看购书信息等，来设计阅读社区的交互机制。

四、界面设计

从读者的角度来看，平台最基础的界面为用户进入界面和图书资源展示界面。

读者经过便捷的身份认证及兴趣主题选择后进入平台，显示界面包括工具栏和展示界面。工具栏包括搜索框、分类浏览、分级浏览、活动与简讯、阅读圈（好友、讨论小组）、我的（包括个人设置、阅读笔记、书评等）。展示界面显示：①我喜爱的图书；②大师荐读；③热读图书；④疗心经典；⑤你可能感兴趣的图书；⑥好友在读；⑦热点讨论组；⑧热点书评。

在具体图书展示界面，要展示的内容为：①书封；②出版信息，包括书名、作者、出版社、出版年代、丛书项等；③内容简介；④读者添加的标签；⑤该书的解读、注释性作品；⑥讲解该书的多媒体资料，如名师讲授的多媒体资料、相关影视作品等；⑦喜爱的图书、星级、标签、书评、评论、分享，以及读者对于书评及评论信息的评价；⑧在读/已读人数；⑨相关讨论组；⑩图书馆/书商链接；⑪喜欢读此书的人在读图书展示推荐。

第八章　高校图书馆阅读推广案例分析

在全民阅读的社会背景下，高校图书馆已将阅读推广视为与教学研究支持服务同样重要的服务领域，多方位、多路径创新阅读推广工作。为引导及推动全国性的阅读推广工作的开展，图书馆相关国内外行业学会及协会开展了阅读推广或相关的评选活动，产生了许多获奖优秀案例。基于获奖案例或是采用特定方法，一些研究人员分析总结了影响阅读推广成效的因素。另外，学术期刊或是相关著作也刊发了一些极有特色的阅读推广案例研究文献。识别和确认高校图书馆阅读推广的关键成功因素，对于未来的阅读推广设计与实施具有重要的参考价值。格鲁纳特(K. Grunert)、埃勒加德(C. Ellegard)认为关键成功因素(Key Success Factors, KSF，或 Critical Success Factors, CSF)是机构的特性，是企业在特定市场取得成功的必要的、最重要的技能和资源的描述；罗卡特(J. Rockart)认为 KSF 是保证机构成功和竞争优势的因素。在企业管理领域，通常采用趋势环境分析法、产业五要素分析法、专家法、竞争分析法、行业龙头分析法、标杆企业分析法、研究报告分析法等，分析及确认 KSF。本章拟以多元获奖案例或论著刊发的特色案例为基础，佐以既有的研究结果，从阅读推广涉及的推广主体、客体、方法、营销、对象等核心要素的角度，分析总结高校图书馆阅读推广的关键成功因素，以启发未来的阅读推广设计及实践开展。

第一节　典型赛事获奖案例

阅读推广相关的国际、国内评选主要有：①国际图联国际营销奖；②由全民阅读活动组织协调办公室指导，中国图书馆学会、韬奋基金会、中国出版集团公司、中国书刊发行行业协会、中国新华书店协会于 2012 年起开始主办的“出版界图书馆界全民阅读年会”优秀案例评选；③中国图书馆学会阅读推广委员会主办的“高校阅读推广活动优秀案例”(2014 年)、“全国高校阅读推广十佳学生社团”(2017 年)评选，以及相关会议上的案例选介；④教育部高等学校图书情报指导工作委员会读者服务创新与推广工作组主办的“全国高校图书馆服务创新案例大赛”（2014 年开始、隔年举办）、“全国高校图书馆阅读推广案例大赛”（2015 年开始、隔年举办）；⑤上海图书馆学会阅读推广委员会主办的“2018 阅读推广优秀案例”评选。

一、国际图联国际营销奖

国际图联国际营销奖 2003 年起开始颁发。2012 年清华大学图书馆获得该奖项第一名，成为中国首家获此殊荣的图书馆后，国际图联国际营销奖开始引起国人的关注，并激发了后续项目的成功申报。其中与高校图书馆阅读推广相关的获奖有 4 项，见表 8-1 所示。

表 8-1　国际图联国际营销奖高校图书馆阅读推广获奖案例

年　份	奖　级	单　位	项目名称	简　介
2012 年	第一名	清华大学图书馆	爱上图书馆视频及排架游戏	采用视频和网页游戏等方式帮助大学生尤其是新生利用图书馆
2016 年	第二名	厦门大学图书馆	圕·时光	收集整理学生的图书馆使用记录，如阅读记录、进馆次数、最喜欢的座位等数据，配上文字、手绘画面和音乐，制作成清新文艺的个人电子账户
2017 年	第一名	北京科技大学图书馆	READay	在图书馆官方微信号上创建 READay 专栏，每天推送一本由学生原创书评的图书及书中的精彩片段，为大学校园营造了一个更好的阅读环境

续　表

年　份	奖　级	单　位	项目名称	简　介
2017 年	第三名	武汉大学图书馆	微天堂真人图书馆	与学生社团阅微书社于 2012 年起合作的真人图书馆项目，举行室内（分为专场、大场两种模式）、户外、线上真人图书馆活动，至今已举办 34 期，培育出强大的导读团队，走进过残障学校、社区，亦与兄弟院校、公共图书馆合作开展活动，累计有 2 000 余位读者参与，深受读者喜爱。另外也获得许多奖项，如中国图书馆学会阅读推广优秀项目、全国阅读推广十佳优秀社团等

二、“出版界图书馆界全民阅读年会”优秀案例评选

“出版界图书馆界全民阅读年会”优秀案例评选活动由全民阅读活动组织协调办公室指导，中国图书馆学会、韬奋基金会、中国出版集团公司、中国书刊发行行业协会、中国新华书店协会于 2012 年起开始主办，面向各类型图书馆评选。表 8-2 显示了历年来获奖的高校图书馆的阅读推广案例。

表 8-2　“出版界图书馆界全民阅读年会”高校图书馆阅读推广优秀案例

年份/奖级	单　位	案　例
2017/一等	香港中文大学图书馆	地文新志：社区文学体验计划
2017/一等	北京大学图书馆	电影+学者+青年导演——北大特色的电影艺术阅读推广
2017/二等	西北工业大学图书馆	高校 O2O 社群阅读运营探索：“小白大挑战——21 天读书签到排位赛”
2017/三等	南通开放大学图书馆	创客：从社区书坊到智慧书屋

续 表

年份/奖级	单 位	案 例
2017/三等	南京邮电大学图书馆	“四时读书乐”阅读推广案例
2016/一等	南京理工大学图书馆	微读书会 2.0 阅读推广精读模式实践创新
2016/三等	济宁学院图书馆	穿越千年沐圣地书香，相聚杏坛享阅读时光—杏坛读书会
2015/一等	四川大学图书馆	光影阅动 · 微拍电子书
2015/一等	香港中文大学图书馆	“香港文学深度体验”计划
2015/一等	西北工业大学图书馆	“西瓜子书海寻宝”大赛
2015/二等	山东理工大学图书馆	阅读疗法读书会：我与阅读的故事
2015/三等	济宁学院图书馆	子悦 · 真人图书馆
2014/二等	哈尔滨工业大学(威海)图书馆	阅读 · 成长 · 担当——哈工大(威海)致远书院阶段运行效果分析评价
2014/二等	山东理工大学图书馆	书香雅舍读书沙龙
2014/二等	西安理工大学图书馆	悦读：传统文化与现代时尚
2013/一等	国家开放大学图书馆	“手牵手——农村青少年阅读行动”系列读书活动

其中，2017 年的一等奖“地文新志：社区文学体验计划”的主要活动方式为：邀请香港文学工作者，通过写作班、社区文学散步、社区对谈等活动，让青年人积累原始创作素材，掌握写作技巧，探索社区书写的方法与可能。“电影+学者+青年导演——北大特色的电影艺术阅读推广”的活动方式为：锁定优秀的青年导演电影、学者电影(论文电影)，邀请电影学者与专业影评人齐聚一堂，分析电影语言与电影的叙事艺术，展开对电影艺术的立体、深度阅读，让读者在活动中学习阅读电影、学会欣赏电影艺术。

三、中国图书馆学会阅读推广委员会主办的评选活动

（一）高校阅读推广活动优秀案例

2014年，中国图书馆学会阅读推广委员会举办了“高校阅读推广活动优秀案例”评选活动。全国57所高校图书馆、2个联合组织提交优秀案例71例。最终评选结果为：2个特别奖、9个一等奖、12个二等奖、18个三等奖、14个提名奖。表8-3列出的为2个特别奖和9个一等奖的案例。

表8-3　高校阅读推广活动特别奖与一等奖优秀案例

单　位	案例名称	简　介
湖南省高校图工委	一校一书——经典、精读、经世	每年每个学校在图工委指定参考书目内选择一本图书，全校师生共同阅读，并开展相关阅读研讨活动
图书馆彩云之旅阅读推广团	图书馆员阅读推广彩云之旅	来自祖国各地的图书馆员组成阅读推广的联盟、团队，以走读阅读推广的方式，推动图书馆员之间的沟通与交流，及图书馆事业的发展
北京大学图书馆	书读花间人博雅	以“阅读的少女”为主题，在推荐30本好书的同时，展出30幅模仿西洋读书图的摄影作品，综合运用了好书推荐、阅读摄影、图片模仿秀等形式。活动期间，每天在社交媒体上推出“一书一图一介绍”微展览
清华大学图书馆	专题书架	2013年开始推出的阅读推广项目。在图书馆划定专区，根据学校或社会热点设计专题书展，配以精美的导读海报，同时提供专题目录供读者浏览及网络下载

续 表

单　位	案例名称	简　介
武汉大学图书馆	基于卡通形象“小布”的高校图书馆阅读推广	设计图书馆阅读推广品牌卡通代言形象“小布”。“小布”出现在各类与读者交互的服务及活动中，赋予图书馆温馨、人性、有趣的气质，有效拉近图书馆与读者的距离及增强交互
上海财经大学图书馆	悦读 · 行者的故事	与香港城市大学联合主办，以人文阅读与写作为核心，以写作工作坊、人文行走、读书交流为形式的品牌活动
郑州大学图书馆	微博——大学生阅读分享平台	面向大学生开设的阅读推广专题微博，设 5 个版块（阅读方向引导、阅读方法指导、阅读资源推荐、阅读活动直播、阅读体会分享）、16 个以上“微话题”。阅读方向引导版块的微话题有：诗林晨曲、经典时刻、午后佳茗；阅读活动直播版块微话题为：最喜欢的一本书书评展播、书中偶像、同读一本书
北京建筑大学图书馆	招投标——让学生作阅读的主人	通过面向学生群体开展读书活动招投标的机制，激发学生作为阅读推广主体的积极性、主动性，加以审批、督导与表彰，推进大学生阅读

续　表

单　位	案例名称	简　介
河南大学图书馆	晨读经典	河南大学读书月活动之一,由该校书评学社、国学研究会于 2009 年发起,以“品国学经典、享智慧人生”为主题。每年读书月期间,该馆都会在该校大礼堂前组织一场由图书馆领导参加的青年学子品读国学经典活动,旨在全校范围发起对经典阅读的热潮,树立对中国传统文化的正确认识
北京科技大学图书馆	“对话—足迹”品牌阅读活动	该馆“读书文化节”的内容之一,活动主旨为:聆听作家的写作体验和优秀读者的阅读感受,培养自身的阅读素养;与书对话,与青春对话,沿着阅读轨迹,走向成功的自己。举办了与名家、作家等真人图书对话,打印读书清单,毕业秀主题书展,颁发荣誉读者证等活动
中原工学院图书馆	以“阅读学”课程推进阅读文化建设	三位一体的教学模式:知识讲授+好书欣赏+活动体验。基于通识课程《阅读学》讲授阅读学知识;根据师生名人荐书、推荐书目、媒体及书评为学生推荐好书;开展“六个一”活动体验:一本刊物、一场诗会、一次征文、每周一书、一个“书香校园”网站、一次图书漂流。成效:形成了立体型阅读教学平台,拓展了图书馆的教育职能,带动了图书馆的学术研究,激发了学生的读书热情

（二）全国高校“阅读推广”十佳学生社团

2017 年,中国图书馆学会阅读推广委员会组织了全国高校“阅读推广”十佳学生社团评选活动，从 140 多个社团中评选出 10 个十佳学生社团和 10 个优秀学生社团，见表 8-4 所示。

表 8-4　全国高校“阅读推广”十佳学生社团

全国高校“阅读推广”十佳学生社团		全国高校“阅读推广”优秀学生社团	
单　位	社团名称	单　位	社团名称
福建三明学院	英阅剧协会	福州大学	思涌践行社
武汉大学	阅微书社	广州城市职业学院	图书馆志愿者协会
天津财经大学	思扬读书会	东南大学	善渊读书会
江西师范大学	图书馆读者协会	四川大学	图书馆志愿者队
南阳师范大学	绿茵读书会	中原工学院	大学生读书协会
南京邮电大学	读书协会	哈尔滨工业大学(威海)	studio
西南交通大学	书志—图管会	华中师范大学	利群读书会
广西科技大学	读书协会	上海交通大学	圕·安泰书道
浙江师范大学	文史协会	东北电力大学	书香东电读书会
暨南大学	书虫志愿者服务队	郑州大学	读书会

（三）全国大学生阅读推广高峰论坛

2017 年，中国图书馆学会阅读推广委员主办的“第二届全国大学生阅读推广高峰论坛”在沈阳师范大学召开。论坛分为 3 个版块，版块二选介了 2 个国际图联获奖案例、3 个十佳社团案例，及 7 个高校图书馆的阅读推广案例，见表 8-5 所示。

表 8-5　全国大学生阅读推广高峰论坛选介案例

单　位	案　例	简　介
北京科技大学图书馆	见“微”知“著”——原创荐书专栏《读书天》	在图书馆官方微信号上创建 READay 专栏，每天推送一本由学生原创书评的图书及书中的精彩片段，为大学校园营造了一个更好的阅读环境
武汉大学图书馆	读有故事的人，做有深度的书——微天堂真人图书馆案例解析	与学生社团阅微书社于 2012 年起合作的真人图书馆项目，举行室内（分为专场、大场两种模式）、户外、线上真人图书馆活动，至今已举办 34 期，培育出强大的导读团队，走进过残障学校、社区，亦与兄弟院校、公共图书馆合作开展活动，累计有 2 000 余位读者参与，深受读者喜爱。另外也获得许多奖项，如中国图书馆学会阅读推广优秀项目、全国阅读推广十佳优秀社团等
南阳师范学院图书馆	植一片绿茵，传万缕书香	绿茵读书会创建于 1990 年，由图书馆指导、学生自主管理，以读书为载体，以提高学生阅读、写作、演讲、鉴赏、交际能力等综合素质为目标。已累计发展会员 1 万余人，培养了一大批品学兼优的毕业生，获得良好的社会反响，2009 年度和 2012 年度两次被中国图书馆学会评为国家级“全民阅读”先进单位，2013 年度被中国图书馆学会评为“全国全民阅读示范基地”

续　表

单　位	案　例	简　介
三明学院图书馆	读人、读物、读事，明德、明理、明志——三明学院大学生阅读推广社团创新创特纪实	依托红帆文学社、读者协会、英阅剧协会、导游协会、旅游摄影协会、环保协会等学生社团，采取表演阅读、展览阅读、创客空间、绿色行动的形式，开展展览、表演、设计成果展示、诗词大会等活动；在中国大学生在线网站上开辟“历史上的今天与书籍”“走过四季的图书”“时光机的秘密”等读书频道；开展“我阅读、我坚持”晒读打卡行动，鼓励各专业的学生每天至少阅读 30 至 60 分钟与所学专业相关的经典书籍，拍下阅读的镜头发送到自己的朋友圈，并截图至“专业经典阅读 1 小时阅读群”，每日发感想互相交流，评选出“阅读之星”。该馆被中国图书馆学会评为全民阅读先进单位
天津财经大学图书馆	思扬读书会——校园阅读推广的生力军	2012 年图书馆发起成立思扬读书会，由学生自主管理，举行“书与剧的碰撞，你与我的思扬”经典话剧表演大赛、“我的中国梦”文化创作大赛、读书笔记漂流、经典诗文朗诵会、集邮沙龙、走读天津五大道、一周一电影、读书沙龙、“换心书”——以书会友等活动
北京师范大学图书馆	阅读护照——悦读之旅通行证	采用护照盖章的方式，记录读者的阅读足迹。读者每集一枚印章，可凭它到图书馆换取一本图书，根据印章数量，每年举行一次“阅读之星”评选活动

续　表

单　位	案　例	简　介
陕西科技大学图书馆	我的阅读推广故事——效应来自凝聚力	“图书馆员阅读推广彩云之旅”是以诗意、热爱和开放的姿态做阅读推广工作的图书馆员的自由组合，有明确的阅读推广意识与行动，交流读书体会和阅读推广经验，参加学术会议和社会阅读推广活动提升自己，坚持读书人生进而促进阅读推广工作的流动性与畅通性
上海交通大学图书馆	引领校园阅读风尚，创新共读交流模式——领读者系列活动	通过培育、支持及领导学生领读者团队来开展校园阅读推广活动，打造以朋辈力量为主体的阅读促进平台。学员发挥策划、组织及引领阅读推广活动的作用，并享有参加行走式阅读、与名家面对面、校长/名师午餐会、素拓分等权益。举办的共读沙龙、阅读演讲大赛、暑期行走式阅读等活动深受学生欢迎
沈阳航空航天大学图书馆	创建红色文化素养基地，引领校园阅读推广	选聘优秀党务工作者及思政教师为红色文化阅读推广人，在红色文化素养基地里建立红色报告厅，定期举办红色阅读主题剧目、电影、讲座、党员党课培训等活动
同济大学图书馆	以辅导员为抓手，积极探索主动式阅读推广	以土木工程学院为对象，以辅导员为抓手，通过发布书单征集令形成书单、实体展板展示、嵌入本科生“卓越工程师”计划、量身定做个性化阅读服务、读书汇报、巩固阅读效果几个阶段，将阅读推广融入院系学生的培养

续 表

单 位	案 例	简 介
西北工业大学图书馆	“书小白”阅读养成计划	通过让学生完成不同难度的阅读任务，积分晋级，完成从“书小白”到“书小生”“书小儒”“百分大咖”的蜕变。“书小白”发送阅读瞬间图片或朗读音频1分/次，满20分晋级；“书小生”发读书感悟或思考1～3分/次、成功上场5分/次，累计60分晋级；“书小儒”参加毓灵沙龙、微讨论或发送优质书评，3分/次，成功上场5分/次，累计100分晋级；“百分大咖”参加“导师征集”，组织微讨论，推送书评，目标为优秀读书人。创建“书小白”微信公众号、“书小白的大窝窝”微信群作为活动的平台

四、教育部高等学校图书情报指导工作委员会主办的评选活动

（一）全国高校图书馆服务创新案例大赛

2014年，教育部高校图工委读者服务创新与推广工作组主办了“首届全国高校图书馆服务创新案例大赛”，105所高校图书馆提交了156个创新服务案例，最终32个入围决赛，其中有8个与阅读推广相关的案例获奖，见表8-6所示。

表8-6 “首届全国高校图书馆服务创新案例大赛”获奖阅读推广案例

单 位	案 例	简 介
同济大学图书馆	文化传承的创新形式闻学堂的实践与探索	成立于2013年6月,是同济大学宣传部与图书馆共同创建的中华传统文化传承基地,由展示区、阅览区和研讨区3个功能区构成,采用传统古典设计形式,藏有精选中华传统文化相关图书4 000余册,设有140多个阅览与休闲席位,集传统文献借阅、展示、研讨3项功能于一体。以5种形式开展传统文化传承活动:“闻学讲堂”,邀请名师大家围绕传统文化进行讲演;“闻学课堂”,引进校内外传统文化课程;“闻学知行堂”,组织开展传统文化技艺体验活动;“闻学展堂”,主要举办传统文化精品实物展览;“闻学雅集堂”,与校内外文化组织、团体合作进行传统文化专题交流与研讨的场所。已举办“中国古代机械复原模型展”“同济大学师生陶瓷作品展”“宋代书法绘画精品展”等多场以传统文化为主题的展览活动
北京交通大学图书馆	“书香杯”读书系列活动	2004年开始举办,以营造校园文化氛围、引导学生“多读书、读好书”为宗旨,倡导师生在阅读中感知、增智、启思、促行。深受广大师生好评,在校内外引起了很好的反响,2009年因“在全民阅读活动中富有创意、深入持久、表现突出”而被中国图书馆学会授予“全民阅读示范基地”荣誉称号
西安理工大学图书馆	文化育人润物无声	该馆开展了“书卷似故人,悦读致青春——理工师生话读书”视频、学生自编自导的“情系图书馆”微电影、自创温馨提示牌和提示音乐、自创艺术作品的展览和布局等阅读推广相关工作

续 表

单 位	案 例	简 介
上海财经大学图书馆	悦读·行者的故事	与香港城市大学联合主办,以人文阅读与写作为核心,以写作工作坊、人文行走、读书交流为形式的品牌活动
湖南大学图书馆	“一校一书一经典、精读、经世阅读活动”案例	每年每个学校在图工委指定参考书目内选择一本图书,全校师生共同阅读,并开展相关阅读研讨活动
华中师范大学图书馆	毕业季,难忘的图书馆回忆	—
上海大学图书馆	360°阅读——莫言作品阅读推广系列活动	举行莫言作品书架展览、网上作品专栏、改编影视作品欣赏、微影评征集与作品朗诵颁奖、读者沙龙,从看、听、说、写全方位推广莫言的作品

2016年,“第二届全国高校图书馆服务创新案例大赛”举行,90个案例参赛,30个获奖,其中近一半(13个)为阅读推广案例,见表8-7所示。

表8-7 “第二届全国高校图书馆服务创新案例大赛”获奖阅读推广案例

单 位	案 例	简 介
四川大学图书馆	微信创新实践“冷技术,热服务”	冷技术:利用开源软件搭建微信管理平台,开发“借还书自动提醒”“预约续借图书”“讲座预约”“摇一摇给我一本好书”“年度阅读对账单”“卡号找回”等12个功能;热服务:通过选题策划、个性化风格,将图书馆使用技巧、馆藏资源、特色服务等巧妙传递给读者,如“毕业情书”。上线不到1个月,粉丝超过4万人,提升服务效率与馆藏资源利用率

续　表

单　位	案　例	简　介
西北工业大学图书馆	“书小白”阅读养成记	通过让学生完成不同难度的阅读任务，积分晋级，完成从“书小白”到“书小生”“书小儒”“百分大咖”的蜕变。“书小白”发送阅读瞬间图片或朗读音频1分/次，满20分晋级；“书小生”发读书感悟或思考1~3分/次、成功上场5分/次，累计60分晋级；“书小儒”参加毓灵沙龙、微讨论或发送优质书评，3分/次，成功上场5分/次，累计100分晋级；“百分大咖”参加“导师征集”，组织微讨论，推送书评，目标为优秀读书人。创建“书小白”微信公众号、“书小白的大窝窝”微信群作为活动的平台
厦门大学图书馆	人文社科实验室	由“文化讲堂”“观点论辩”“学会活动”组成。“文化讲堂”由专家学者主讲区域文化与学术；讲座期间，设立主讲嘉宾的著作专架，每场讲座都成为一场图书推介会。讲座全程录像，收入该馆“学术视频库”和DSpace学术典藏库。此外，通过网络直播、点播等方式，将活动由现场转移到网络、由线下转移到线上。“观点论辩”活动为有态度、有想法的人士提供了一个亮出观点、展开辩论的舞台。“学会活动”是团队进行头脑风暴、思想交流的平台，可以宣传团队、共享智慧
深圳职业技术学院图书馆	面向教师的读书会——深职读书人俱乐部	针对教师对阅读交流平台的需求，成立读书俱乐部，请作者分享写作心路、会员做主题报告、同读一本书、交流读书体会互荐好书、古琴欣赏、品茶、参观博物馆、踏青游园共读、看佳片、学插花、诗文朗诵等活动，成为教师放飞心情、思想加油的精神家园

续 表

单 位	案 例	简 介
中南林业科技大学图书馆	我的馆长我来选,我的地盘我做主——选聘首位学生馆长	图书馆通过公开竞聘,选出1名学生馆长,再由学生馆长牵头组建图书馆学生工作委员会,开展图书馆管理、阅读推广、资源推荐、图书馆微信公众平台建设和维护等工作。他们组织协调多个学生社团开展图书漂流、知识竞赛、读书分享会、茶艺展、书法展等系列活动;打造云舟阅读活动平台,丰富微信内容;采取个别走访、召开座谈会、满意度调查等方式收集读者对图书馆的意见和建议。学生在参与图书馆决策和管理的同时,管理、协调、表达能力也得到锻炼
沈阳农业大学图书馆	"裸读时光"——精深阅读推广案例	设有"共阅读、比阅读、写阅读、评阅读、晒阅读、谈阅读、换阅读"七大版块,包含"阅读一小时"书房挑战活动、"书霸会"经典共享、"共同品鉴"读书观影、作者有约、真人书交流及"与你谋书"好书共读、"诺贝尔书架"等精深阅读品牌活动,使纸本阅读、电子阅读和视听阅读相结合,将线下阅读分享与线上交流感悟相结合,为读者提供集阅览、沙龙、讲座、展览、研讨多功能于一体的深度阅读空间
济宁学院图书馆	"子悦真人图书馆"的创新与实践	围绕开学季、毕业季、传统文化季,以及"博学馆员""学术智者"等系列专题,挑选读者感兴趣的真人书。每期植入新鲜元素,加入游戏环节,制作衍生宣传品,重视读者反馈,多途径征集展示读者的阅读心得
上海对外经贸大学图书馆	"放飞心灵,共享青春"心理健康周系列活动	以5·25"全国大学生心理健康日"为契机,运用"阅读疗法"机理,开展推荐书目、奥斯卡获奖影片以及交流会等活动

续　表

单　位	案　例	简　介
湖北工业大学图书馆	人生在吟诵中升华——全媒体经典诵读活动	线上官微开通“为你诵读”栏目，包括诵读音频、中英文文本、诗享（诗文赏析和作者介绍）、深阅读（作者其他作品欣赏、推荐馆藏书目和相关研究论文）及诵读嘉宾介绍等版块。线下设置“经典阅读区”，开展“在阅读中成长和进步”主题征文，举办“中华经典诵读”等大赛
福州大学图书馆	嘉锡讲坛“三位一体”阅读推广活动	融合讲座、沙龙与影视鉴赏，围绕主讲人开展真人图书馆及读者沙龙活动，围绕书籍开展影视鉴赏等延伸阅读服务
南京中医药大学图书馆	寻找最美书声——在图书馆朗读室读经诵典	针对中药方剂需要学生背诵的需求，在图书馆自修区设置有隔音装置的“朗读室”。以“中医经典”阅读推广为契机，开展“寻找最美读书声”朗诵比赛，选取“最美读书声”作为开闭馆提示声，既为读者提供了声音展示的平台，也满足了图书馆安全管理的需求，更为读者与馆员之间通过互动促进循证服务转型提供了参考
大连海事大学图书馆	阅读名作、演绎经典——丹墨书香”文艺汇演	“采取阅读与表演相结合的阅读推广模式，推荐经典名著，组织学生改编并自导自演这些作品
东南大学图书馆	Amazing Book——享受阅读，“精彩在外”外文阅览室资源推广	借鉴“奔跑吧，兄弟”真人秀节目，把外文图书推广、电子资源推广与图书馆空间利用有机结合，开展一系列环环相扣的竞赛活动

（二）全国高校图书馆阅读推广案例大赛

2015 年，教育部高校图工委读者服务创新与推广工作组主办的“首届全国高校图书馆阅读推广案例大赛”举行，456 个案例参赛，38 个获一二三等奖。排名前十的案例见表 8-8 所示。

表 8-8 “首届全国高校图书馆阅读推广案例大赛”TOP10 案例

单　位	案　例	简　介
四川大学图书馆	光影阅动——微拍电子书	“微”指通过微博、微信、微视频等渠道推广，“拍”则是用手机、DV、美拍等工具录制。“微拍电子书”以线上、线下征稿的方式，向读者征集其自导、自演、自拍完成的 60 秒阅读推荐创意视频，内容包括好书推荐，阅读方式和体验的分享等。适应了新时代读者群的阅读习惯与兴趣倾向，实现了数字阅读推广目的。荣获出版界图书馆界全民阅读年会“2015 全民阅读案例征集与评选”一等奖
清华大学图书馆	读有故事的人，阅会行走的书	由清华大学图书馆、清华大学研究生会和清华大学国家大学生文化素质教育基地联合主办，采取真人面对面沟通的形式让读者来完成“图书”的阅读，从而实现与“真人图书”零距离的互动沟通，领略别样人生。该项目已被纳入该校《文化素质教育》课程
上海交通大学图书馆	鲜悦(Living Library)	于 2008 年在国内首家引入“真人图书馆”概念并赋予中文名称“鲜悦”。真人书主要来源：一是由师生、馆员、鲜悦工作组成员及合作单位推荐；二是自荐。主题根据读者需求不断优化，形成出国留学、外语学习、人生导航、校园生活、社交、考研、考试与论文、艺术人文、就业与创业、馆藏利用等十大主题。已形成品牌，得到同行及媒体的广泛关注，并获得多个荣誉奖励

续　表

单　位	案　例	简　介
北京大学图书馆	书读花间人博雅	以“阅读的少女”为主题，在推荐30本好书的同时，展出30幅模仿西洋读书图的摄影作品，综合运用了好书推荐、阅读摄影、图片模仿秀等形式。活动期间，每天在社交媒体上推出“一书一图一介绍”微展览
武汉大学图书馆	拯救小布之消失的经典	2015年该馆读书节期间推出的经典名著在线游戏，将古今中外经典名著知识制作成知识点，融入动画游戏四大关卡中，用年轻学子青睐的方式来推广经典阅读；同时定制了一系列游戏周边礼品，如杯子、笔记本、环保布袋等
天津财经大学图书馆	书与剧的碰撞，你与我的思扬	用话剧的形式展现经典名著
重庆大学图书馆	“以书评促阅读”系统化推广	“书评中心”是该馆“我的书斋”的组成部分，串联该馆书目系统，以馆藏图书为基础，鼓励读者撰写书评，参与图书评价，分享心得，实现了读者之间、读者与图书馆的交互。实行书评积分制度来激励读者写书评，根据积分，有童生、秀才、举人、贡士、进士、状元的晋级制度，同时积分可兑换礼物；每月评选阅读达人、每月书生
上海财经大学图书馆	“悦读”推广计划系列出版物	包括：及时报道活动、长期刊载校内原创读书方法和读书笔记的馆刊《读者之友》；以简洁活泼的形式揭示校园阅读面貌的《年度校园阅读报告》；收录学生原创作品、教师点评和馆员推荐的自主学习资源《悦读·行者的故事主题征文活动优秀作品选集》和《悦读年刊》；配合主题活动、提供专题化的自主学习资源《澄怀味象——中国书画艺术教育手册》

续 表

单 位	案 例	简 介
中原工学院图书馆	以阅读学课程促进阅读推广	三位一体的教学模式:知识讲授+好书欣赏+活动体验。基于通识课程《阅读学》讲授阅读学知识;根据师生名人荐书、推荐书目、媒体及书评为学生推荐好书;开展“六个一”活动体验:一本刊物、一场诗会、一次征文、每周一书、一个“书香校园”网站、一次图书漂流。成效:形成了立体型阅读教学平台,拓展了图书馆的教育职能,带动了图书馆的学术研究,激发了学生的读书热情
南京航空航天大学图书馆	共读、共写、共生活——南航大学暑期阅读训练营	坚持优质阅读的理念,注重内容的经典性、形式的趣味性与多元性,融阅读指导、文化参观、推荐书目、线上讨论、阅读写作于一体。每年6月初策划,中旬招募营员,暑假开始第一天举行开营仪式。第一周内完成阅读指导课和文化参观线下活动。指导老师开具选读书目,要求营员在6周内精读1本书、泛读2本书、欣赏3本书,一周内提交阅读计划,结营前10天提交阅读报告。文化参观地点主要选取南京地区与阅读相关的代表性历史文化机构。线上讨论主要通过QQ群。活动成效显著,大受欢迎

2017年,“第二届全国高校图书馆阅读推广案例大赛”举行,118个案例参赛,30个获奖(见表8-9所示),获一二三等奖的单位分别有5、10、15个。

表 8-9　“第二届全国高校图书馆阅读推广案例大赛”获奖案例

单　位	案　例	简　介
清华大学图书馆	在这里，我们“横扫清华图书馆”——寻访、阅读老馆珍贵图书系列活动	开展了 5 年的阅读推广项目，对老馆大库藏书进行地毯式搜索，从 27 万册馆藏中找到 1 万多册签章本珍贵图书，建成签章本图书数据库，举办展览。利用老馆开放日、剧演、报告会等形式，引导读者关注善本、阅读经典，发挥图书馆文化育人的作用
北京大学图书馆	遇见文字与声音之美——北大师生“共读一本书”活动	采用一校一书及朗诵的方式，举行曹文轩《草房子》朗诵音频评选、出版及写作分享活动。录音作品采取专家评审与线上投票相结合的方式，评选出 20 位朗读达人。举办朗读交流会暨有声电子书发布会，邀请作者亲临现场，分享《草房子》的创作感悟
沈阳师范大学图书馆	用诵读激发情感用经典润泽心灵——“诵读经典”活动案例	围绕经典阅读，充分依托经典诵读空间，精选馆藏经典名篇，发挥播音主持专业优势，组织学生诵读社团，利用新媒体优势，通过培训、竞赛、荐读、分享等线上线下立体形式的活动，引导全校师生读经典、诵经典、爱经典。20 余个学院，近万名师生参与其中
上海交通大学图书馆	思源悦读：扬帆远航的梦想之舟	基于思源悦读 App 展开，提供随身携带的个性化书屋，可建设多种模式的虚拟阅览室，支持笔记、讨论、交流、发表等多项操作，促进线上线下联动的阅读、交流与研讨。自 2016 年 7 月上线以来，累积点击量 240 万次，阅读时长 2 568 小时，发表阅读感想逾 10 万字，服务成效显著
辽宁大学图书馆	守望经典 · 深耕心灵——乡邦经典深阅读之“经典里的盛京”	—

续 表

单 位	案 例	简 介
北华大学图书馆	尚书房——基于新媒体的深阅读推广模式	利用新媒体优势,通过伴读、交流、直播、读书沙龙等线上线下立体活动,开展尚书房深度阅读,12天完成共读一本书。通过共读这一群体性的阅读行为,引导全校师生读经典、诵经典、爱经典。至2018年初"尚书房"已经开展了19期活动,每期参加人数由最初的24人增长到3000余人。图书馆相关书籍的借阅量也有较大的提高
北京师范大学图书馆	BNU朗读者:享读经典,"悦读"世界	举行朗读者作品征集、评奖及各种形式的线下读书会等活动,引导大学生养成良好的阅读习惯,阅读经典图书,树立正确价值观
大连理工大学图书馆	奔跑吧,2uters——"快闪"模式下的阅读推广	—
东北师范大学图书馆	阅读 · 孵化坊	—
湖南大学图书馆	潇湘读书人——寻找湖大读书种子	与宣传部、教务处、团委、文学院等共同举办,超星支持。安排在每年5月初至6月初,40天时间。分7个阶段:报名与海选、选手参加由名家主讲的读书训练营、在线竞赛、冰书挑战、读书剪影、书海导航、决战麓山,评选出冠军、亚军、季军和团队一二三等奖。该活动被教务处吸纳为通识选修课,并命名为"阅读训练营",32学时,1学分,于每年世界读书日前后开课
湖南师范大学图书馆	图人影院	该馆组建的学生组织图管会设有学生馆长、阅读推广部长之职,负责开展图人影院、美文、好书推荐等阅读推广活动。"图人影院"定期播放经典电影,线上推出电影介绍及学生影评

续　表

单　位	案　例	简　介
华中科技大学图书馆	琅琅读书声	与学生会合作的活动，向师生征集好文字、音频，评选出的“好文字”在图书馆展出，并请人诵读
江苏大学图书馆	基于人体生理信号测量的阅读疗法读书活动	通过对人体大脑与皮肤电信号的监控，掌握被试者的生理、情绪状态，以突破阅读疗法的局限性
空军航空大学飞行基础训练基地图书馆	“电影微课堂”——基于“思维导图”的阅读推广	—
辽宁师范大学图书馆	玩原创体验“阅读推广+”立体书单，品诗舞感受中华文化经典——2017 春季读书系列活动开幕式	融合阅读、音乐、舞蹈的阅读推广
六盘水师范学院图书馆	“故乡书情·诵响乌蒙”——基于地方文献的阅读推广实践	开展地方文献专题展览活动，将文献展览与情景融合进行推广；开展地方文献专题讲座，如举办《弘扬文化，传承经典——地方文献阅读推广》讲座；借助内外媒体宣传和介绍地方文献知识
南方医科大学图书馆	朋辈能量，为阅释放	以学生为主体的阅读推广人队伍创新实践
宁德师范学院图书馆	“览胜景、卧书香、定攻略”阅读推广活动	—
三明学院图书馆	让沉睡百年古籍【活】起来、【动】起来——馆藏百年古籍展演	依托于该校学生社团英阅剧协会，以英语角和表演阅读为载体，开展了多场形式多样、文化交融的阅读推广活动

续　表

单　位	案　例	简　介
上海大学图书馆	“古韵新声”古典诗词吟诵活动	与多个单位合作举办，邀请《中国诗词大会》学术总负责人李定广教授及其他高校文学、音乐教授等作为指导嘉宾，以吟诵、吟唱、朗诵等方式展示诗词作品魅力，并对节目进行评点。活动也吸引到校外中小学师生的参与，200 余人参加了现场活动
上海对外经贸大学图书馆	阿米书社	图书馆指导的学生阅读推广社团，采取游阅的形式，开展海派文化行等活动
上海旅游高等专科学校图书馆	上善若水海纳百川——读出你心中的上海	—
天津财经大学图书馆	邮芳书香共享悦读——邮票首发式与主题阅读	将集邮文化和阅读有机结合，透过方寸解读邮政发展的历史
武汉大学图书馆	“携人间四月赴诗词之约”——中国古典文学知识大赛	开展古典文学知识大赛、古典文学相关主题赏析会、真人图书馆、书画展、书目展、原创诗乐剧等系列活动
西安交通大学图书馆	心静方能入深——基于“主题空间+创意活动”的大学生深阅读行为引导和培养	创设包含经典著作、书香环境、主题活动三位一体的阅读指导主题空间“经济学人空间”。依托于该空间，策划并实施了原创性读书体验活动——“书斋生存 10 小时”，以引导学生阅读经典，提升专业素质和文化修养，在喧嚣的世界找回静心读书的状态，在没有网络只有书香的环境中挑战自我
西北工业大学图书馆	高校 O2O 社群阅读运营探索：“小白大挑战——21 天读书签到排位赛”	与学生会合作，以品牌活动“书小白阅读养成记”的思路为基础，以引领阅读新风尚、培养阅读习惯为目标，结合 O2O 社群阅读的阅读推广实践

续　表

单　位	案　例	简　介
长春工程学院图书馆	乐读无界——寻找阅读推广大使	借鉴浙江卫视综艺节目“奔跑吧，兄弟”的思路，鼓励学生参与游戏，开展阅读活动。分为5个阶段：第一为宣传推广阶段，第二为海选报名及发布推荐书目阶段，第三为预赛阶段，第四为决赛阶段，第五为后续推广阶段。决赛由检索、排架、找书、撕名牌赛组成，由此决出阅读推广大使。活动结束后建立阅读推广群，分享阅读感受，推荐书目，并开展共读一本书的活动
浙江大学图书馆	“悦空间”——读你所爱，写你所想，遇你想读，说你心声	与校团委联合推出的“悦空间——青年读书角”阅读推广活动，采取主办方支持、申报单位联合建设、悦空间基地自主管理的方式，在教学楼、学生公寓、校医院、活动大厅等区域建设小型“书房”，迄今已建立了29个基地，遍布浙大校园的各个校区。各个基地以“悦空间”为平台，开展精彩纷呈的阅读推广与文化交流活动，使“悦空间”成为阅读、文化、创意与交流融为一体的社群空间
中国矿业大学图书馆	智能阅读机器人，助力“智能 & 社交阅读”	—
中国医科大学图书馆	视觉冲击与文字精华的较量	以倡导阅读纸质版书籍的传统阅读方式为目的，致力于宣传“放下手机、计算机、iPad 等电子设备，重拾书本，品味文字真谛，领悟书香气息”的精神。由图书馆流通部教师策划指导、学生助理馆员配合制作完成的宣传视频，以全天循环的播放形式，在图书馆三楼读者培训室放映。同时，在培训室准备了专题书架，供学生们通过观影来阅读纸质图书

五、上海市图书馆学会阅读推广委员会主办的评选活动

2018年,上海市图书馆学会阅读推广委员会主办了“2018阅读推广交流优秀案例”评选活动,90个案例参赛,评出一等奖10个,二等奖18个,三等奖24个。表8-10展示了会议PPT交流案例及部分现场交流案例。

表8-10　上海市图书馆学会2018阅读推广交流优秀案例

单　位	案　例	简　介
上海财经大学图书馆	“博雅之旅”系列立体阅读体验项目	以展览、讲解、现场制作的立体方式,开展剪纸艺术、京剧脸谱等中华传统文化体验推广活动,开展全片观摩+嘉宾访谈+影评分享——“海上光影”活动等
辽宁师范大学图书馆	“智慧阅读推广+X”行动	以“原创”为主打,以“诗、舞、乐”3种“立体书单”为表现形式,呈现了一场饱含个体阅读体验和原创共鸣的文艺盛宴,引导读者把阅读体验与生活情趣相结合
南京艺术学院图书馆	2017江苏大学生书偶创意设计作品大赛	根据学科特色,开展多形式的书偶设计大赛
常熟理工学院图书馆	大学生阅读推广人行动	以老生带新生的方式推广阅读
南京中医药图书馆	文化反哺——我和爸妈共读一本书	由学生带动家庭长辈阅读医学典籍,线上展示交流阅读及实践体会,推进学生阅读和家庭共读

续　表

单　位	案　例	简　介
上海商学院图书馆	“友书·共读”社区阅读推广服务	与该校红十字会共同开展以社区为导向的红十字文化宣传推广志愿服务项目，同徐汇区5个居委会及奉贤区海湾镇社区联合相关机构共同打造基层文化服务。通过特定形式的阅读推广活动、公益性讲座、现场初级急救培训、防艾反歧视教育以及探索人道法瑞德红十字游戏等活动形式，引领和辅导社区内居民进行相关学习与实操
黄河科技学院图书馆	电梯间的诗词大会	图书馆老师每周一至周四将两道诗词题目分别公布到电梯内，同学们可以编辑“【电梯间的诗词大会】+①答案+②答案+姓名+电话”发送至图书馆微信平台，周五公布答案及获奖名单，按照微信平台系统提交时间顺序，回答正确的前10名即可获奖。该活动形式灵活、参与度高，充分调动了师生对古典诗词文化的热爱
上海交通大学图书馆	交圕·安泰书道	借鉴国外高校综合性新生教育计划First-Year Experience与Common Reading项目整合性优点，与该校思政老师合作，面向新生推出融合经典阅读推广、信息素养教育、创新创业能力培育、志愿者行动等的整合性新生教育计划，开展经典之旅、移动阅读App、图书馆之夜、素养之旅、图书馆志愿行等活动，提升了学生的综合素质

第二节　其他特色案例

除了行业协会的评选，学术期刊、著作或网站上也刊发了许多通过专家评审的案例，下文择其特色者介绍之。

一、共读、共写、共生活——南航大学暑期阅读训练营

定位:打造阅读推广精品活动,中小型规模,保证参与者获得最佳体验。

组织管理方式:1 名馆员担任总管理;2 名暑期社会实践学生担任秘书,负责所有线下活动的时间安排、人员签到、子活动现场组织;2 名暑期社会实践学生担任宣传员,负责活动的文字、视频记录,以及通讯报道;每个专题设 1 名暑期社会实践学生担任记录员,负责所有讨论的文字记录。指导老师负责推荐书目、专题指导课、线上辅导、报告审阅。营员参与的活动为:阅读指导课、提交计划报告、自主阅读、线上讨论、文化参观。

开展方式:每年 6 月初策划,中旬招募营员,暑假开始第一天举行开营仪式。第一周内完成阅读指导课和文化参观线下活动。指导老师开具选读书目,要求营员在 6 周内精读 1 本书、泛读 2 本书、欣赏 3 本书,一周内提交阅读计划,结营前 10 天提交阅读报告。文化参观地点主要选取南京地区与阅读相关的代表性历史文化机构。线上讨论主要通过 QQ 群。全营设一个 QQ 群,用于发布活动通知、照片,开展专题讲座及交流。每个专题设一个 QQ 群,每周在固定的时间进行线上共读讨论。每位营员最多可以参加 2 个专题的活动,按老师要求完成阅读任务,可旁听所有其他专题讨论。每届评选 20 位优秀营员。

成效:自 2013 年以来共举办了 3 届,有 224 人参加,结营后营员们阅读量均有所提升,有的营员两次参加。活动受到营员的一致好评,营员们提出在学期中举行专题读书会。其后该馆每周或每两周推出一次读书会,参与学生累计 3 000 余人次,推动该馆与 100 余名阅读热爱者建立起稳定的联系。校内反响良好,校团委、宣传部、校工会等主动联系图书馆合作开展阅读活动。优化了馆藏,训练营导读馆员根据营员的偏好,荐购优秀图书千余种。

总结:坚持传达“优质阅读”的价值观;坚持阅读内容的经典性、高雅性、思辨性;坚持活动形式的趣味性、易参与性、多元体验性;坚持建立馆员提升与成长机制,促进图书馆与读者建立活跃的和谐互动关系。

二、湖南大学图书馆阅读推广案例

(一)潇湘读书人——寻找湖大人读书种子

图书馆与宣传部、教务处、团委、文学院等共同举办,超星支持。安排在 5 月初

至6月初,40天时间,学校课程相对较轻松的时期。整个活动分7个阶段:①报名与海选。在全校选出200名选手。②读书训练营。选手参加由名家主讲的读书训练营,训练时长为两个晚上(6小时8学时,1学时积10分),按参加次数与时长获得积分。③在线竞赛。选手通过手机App进行经典阅读知识网上计时答题,按正确率积分,按积分高低200进100。④冰书挑战。选手将个人读书专题(文字、图片、视频等)发布到指定网络平台,接受社会大众订阅与评价,按10天的订阅与评价获得积分。⑤读书剪影。选手将在校园里捕捉到的精彩读书瞬间拍摄下来,上传到指定平台,按10天的订阅量与评价量获得积分。与冰书挑战同时进行,根据100名选手累积积分取前30名进入下一阶段。⑥书海导航。对选手进行分组后,由图书馆5位老师对选手进行为期3天的师徒式信息素养培训。⑦决战麓山。进行分组经典阅读知识现场决赛。通过个人积分和团队总决赛,评选出冠军、亚军、季军和团队一二三等奖。该活动被教务处吸纳为通识选修课,并命名为"阅读训练营",32学时,1学分,于每年世界读书日前后开课。

(二)公选课"经典阅读之《论语》"

2016年面向全校本科生开设公选课"经典阅读之《论语》"。课程形式为:专家导读+翻转课堂+课堂讲授+小组讨论+情景表演+知识竞赛。共5次课:4个专题讲座+1次知识竞赛+国学剧情景表演,每次3~4节课。第1次课由教授主讲,第2~4次课由图书馆老师主讲,之后将90名学生分为4组,每组派出3名同学参加知识竞赛,其余19名同学参加情景剧表演。

三、南京大学"悦读经典计划"

南京大学组织多个部门于2014年开始准备、2015年正式启动的读书计划,主要内容包括:

(1)编撰经典读本。成立"悦读经典"工作小组,邀请学科专家,按照经典性、思想性、知识性、前沿性和可读性的标准编撰《南大读本》。读本涵盖"文学与艺术""历史与文明""哲学与宗教""经济与社会""自然与生命""全球化与领导力"6个知识单元推荐书目清单,经全校师生网络投票选出60种基本书目和100多种拓展书目。

(2)建设研读课程。设置本科生悦读通识必选学分(2~4个),衔接精品通识课程群建设。由名师领衔教学团队,7~8位名家按照知识单元合力打造通识课程,采用“课前主题阅读+课内导师组研讨+学习组讨论”的方式，以小班研讨的形式面向全校学生开设。邀请包括牛津通识读本著者在内的中外名家开设通识讲座，开发、建设“悦读经典慕课”。

（3）实施导读机制。聘任60位教师组成导师团队，每人负责一本经典书目的阐释工作。开设导读读书班，学生在导师的引导下拓展阅读、线上讨论。建立学生骨干与教师、普通学生之间的沟通桥梁，协助导师开展线下读书活动。成立“悦读书社”，为学生提供阅读咨询服务。组织阅读研讨、学长导学、读书沙龙、学长荐书、文化参访等系列活动，帮助培育深层持久的阅读兴趣。

（4）营造书香氛围。构建覆盖本科一至四年级、课内到课外、第一课堂与第二课堂的立体化经典阅读体系，教育引导学生接触经典、研读经典、好读经典。开展“书香岁月 · 风雅仙林”“与伟大的书籍相遇”专题读书节，组织线上线下“悦读角”，开展“追问名师”系列讲座、“悦读知识竞赛”“悦读微演讲”“悦读之星评选”“南青杯辩论赛”等内容丰富、形式多样的学生经典阅读活动。

四、国内学分制阅读推广

武汉大学图书馆馆长王新才等梳理了高校图书馆开展的学分制阅读推广实践案例，表8-11的内容借鉴了他的研究结果。

表8-11　“211工程”大学实施阅读学分制情况表

学　校	学分类型	内容及考核标准	学　分	评定机构	发布时间
湖北大学	奖励学分	公开发表文学作品、读书心得等	2~6分	所在学院	2004年
武汉理工大学	课外培养计划	阅读课外书籍3本（3 000字，附教师评价）	1分	学院学工办	2005年
西安电子科技大学	本科生课外学分	选择应读书目，写出读书要点或札记	1分/部，最高4分	所在班级	2005年

续　表

学　校	学分类型	内容及考核标准	学　分	评定机构	发布时间
郑州大学	创新学分	提交不少于 3 000 字的必读书目笔记	1 分	创新学分专家评审委员会	2006 年
贵州大学	第二课堂学分	阅读指定书目，撰写不少于 2 000 字的心得体会	0.5 分/次，最高 4 分	素质拓展办公室	2006 年
河海大学	素质拓展学分	课外读书，提交 3 000 字的论文	1 分	—	2008 年
东南大学	毕业学分	参加 8 次文化素质教育讲座，撰写 2 篇读书报告	1 分	—	2008 年
浙江大学	第二课堂学分	参加 10 次读书沙龙活动，撰写 1 篇读书报告	0.5 分		2009 年
中国矿业大学	科研创新学分	针对某一问题撰写 5 000 字读书报告，附教师评价	1 分/次，最高 2 分	学院	2009 年
华中农业大学	课外学分	参加 8 次讲座	1 分	学院	2009 年
		阅读推荐书籍，撰写读书笔记	0.5~1 分	学工部、校团委、各学院	
东北大学	创新学分	课程学习过程中，提交读书报告考核	1~2 分	课程指导老师	2010 年

续 表

学 校	学分类型	内容及考核标准	学 分	评定机构	发布时间
西南大学	名著阅读通识教育学分	阅读名著,撰写读书笔记,参加结业考核	2分	大学生文化素质教育办公室联合教务处、学生处、团委、图书馆等	2012年
北京邮电大学	课外活动学分	学术讲座	0.2分/次,最高2分	图书馆	2014年
		经典阅读	0.2分/册,最高1分		

其他"211工程"高校虽未明确制定阅读学分政策,但部分设置了人文素质教育学分,如厦门大学规定拿到15场讲座的纪念章且提交1份学习心得者,可获得学分;中南大学规定参加讲座并撰写有关论文、总结者,均可获得相应学分,2001年将此活动正式纳入学分制管理,学生在毕业前读完百本书即可获得3个学分,否则不能毕业;此外,黑龙江大学、南京工业大学、扬州大学、山东理工大学、重庆师范大学、温州大学、华中科技大学(中南分校、武昌分校)、襄樊学院、新疆农业大学、广东工业大学、浙江财经学院、重庆师范大学等都有相关政策措施。

五、静宜大学"阅读书写创意研发中心"

静宜大学于2008年底成立"阅读书写创意研发中心"(以下简称中心),为教务处下一个常设部门,由静宜大学盖夏图书馆馆长兼任中心主任,办公和活动场所设在盖夏图书馆内,承担该校一年级学生必修通识课程"阅读与书写"。该课程以"生命教育"为核心,从"阅读"与"书写"两个方面设置课程,包括主题单元设计、教材选文、选文导读、教材教案、范文撰写、生命典范文本、延伸阅读和书写练习本等项目,注重学生的创造力与参与度,从而实现学生深度阅读、自我书写、创意思考、关怀生命的多元目标。

“阅读”对象包括文本和生命史讲座。阅读文本由中心自主编写，分为12个与生命、社会、自然有关的主题单元，上下学期各设计6个主题单元。每个单元包括3篇名家选文和1篇范文，范文由文学系和中心的师生共同创作。“生命史讲座”邀请作家、医生、旅行家、残障人士等对生命有着深刻且有独特感受的人物来分享生命典范经验，引导学生理解与关怀他人的生命。

“书写”主要通过学生写作“个人生命史”“个人创意履历”等作业，及征文比赛的方式展开。专设“文思诊疗室”为学生提供即时的写作咨询服务。文思诊疗室有3位常驻作家来批阅、诊断学生的作品，有1位特约作家，并配有来自文学系的授课教师以及种子教师。教师按小说、诗歌、散文等区分，以提供针对性写作指导。种子教师为学生助教(Teaching Assistant, TA)，提供完整的TA教育训练计划。TA养成需参与“种子教师研习营”、每学期安排自我学习课程、参与TA读书会、办理年度阅读与写作TA培训研习活动；TA实践包括文思诊疗室值班、协助批阅班级学生的作文、带领班级讨论、个人生命史书写、创意履历示范写作。为帮助学生完成“个人创意履历”作业，特设创意履历模组规划：邀请专业经理人担任顾问，共同规划学生创意履历模拟小组，为学生就业模拟实践经验。同时，每学期组织开展包括校园、旅行、历史等各种充满人文气息、与生活息息相关的主题征文/图活动，让学生关注生命和生活，引导学生观察、记录、思考。

另一个与课程相关的组织为“文创事务所”。在全校学生中甄选，依照学生的兴趣与专长，划分为“文创行销团队”“剧本创作编辑团队”“影像创作实验团队”“原住民文化创意发展团队”四大组，分别接受进阶的“行动导向”课程训练，以期学生在学期间能储备就业能力。各实验团队相互合作执行文创专案，所编写内容出版在“阅读书写创意研发中心”发行的季刊《纸飞机生活志》上，并依据专长进行各种服务学习，营造优质的校园文化。

六、韩国江原大学毕业资格认证之读书认证制度

该校从2001年开始对新入校的本科生实行毕业资格认证之读书认证制度。学生通过了读书认证、外语认证、计算机认证中的两个方能毕业。该校成立了毕业资格认证之读书认证运营委员会，同时出台了《毕业资格认证再实施管理条例》《毕业资格认证之读书认证运营委员会运营规定》(以下简称《运营规定》)《毕业资格认证之读书部分使用指南》等配套规章制度，以保障读书认证的规范实施。

《运营规定》规定读书认证运营委员会的委员长由江原大学中央图书馆馆长担任，委员由馆长推荐并由校长任命产生；委员会的职能是：每年度负责选择推荐图书、公示推荐图书的内容、设立读书评价方法的一般标准、确定读书评价试题、管理用于读书评价的计算机系统的开发和运营、负责统计选择读书认证作为毕业资格认证的学生数量，并对这些学生进行管理，以及管理读书认证所涉及的其他所需运营。推荐的图书为各学科优秀文献资源，必须保证在100种以上、每学年有所调整，每种图书的阅读基准按等级分为2~5点。《运营规定》规定：招生单位的学部（科）长或指导教授应在运营委员会公示的推荐图书目录中选择最少认证基准以上的图书，然后将选择的图书目录再次公示。每学年初招生单位的学部（科）长或指导教授应对选择读书认证方式的学生对定量图书的阅读进行指导，学年末应对其读书情况进行确认，应参与并支援教授中心自办的读书俱乐部的运营活动，招生单位都应开展读书指导工作。

读书认证评价工作由中央图书馆主管并负责实施。选择读书认证的学生要阅读读书认证规定的最基本的阅读数量基准或参加读书活动达到规定的积分点数基准，并在CBRT室（读书认证计算机评价系统）通过评价考试后才能毕业。程序为：①读书认证的申请：江原大学主页——学生信息——毕业资格认证管理——选择毕业资格认证读书认证——选择阅读的图书目录——申请评价；②读书评价考试：在申请到的评价日期，在CBRT室接受身份认证后，输入1 000字以上的读后感，读后感评价通过后，进入在计算机题库系统进行的客观题的评价问题答题过程，客观题60%以上回答正确者可以通过一次评价。最终通过所有申请评价达到标准者，方可认定通过读书认证全部评价考试。

七、融合了Common Reading的新生综合教育计划

新生综合教育计划（First-Year Experience, FYE），又被称为First-Year Seminar、Freshman Seminar，是美国高校为应对学生无法适应大学生活及学习而辍学的问题，及帮助学生顺利实现从高中到大学的转变、提升学生保有率及学业成功，而开创的具有很强的整合性的新生综合教育计划，在美国、英国、澳大利亚、中国香港的高校均颇为盛行。FYE由教师、学生事务中心人员、图书馆员等合作开展，主要由入学适应性项目、研讨课程、学术支援类咨询及服务、课外活动等内容构成，通常有1或2个学分。根据美国国家资源中心（National Resource Center, NRC于1998

年更名为 The National Resource Center for The First-Year Experience and Students in Transition)的调查,FYE 高影响力实践(High Impact Practice, HIP)主要包括协同作业(>2/3)、多元化与全球学习(>1/2)、服务学习(1/3)、学习社区(1/3)、共同阅读项目(40%)、写作项目、本科生研究。与 FYE 融合的共同阅读模式在美国高校颇为盛行,在推动新生阅读的同时,帮助其融入大学生活。

第三节　关键成功因素分析

一、阅读推广涉及要素

分析阅读推广工作的关键成功要素,首先需要明确其关联要素。顺德职业技术学院图书馆副研究馆员曹国凤基于扎根理论分析发现,推广主体、阅读环境、阅读帮助、推广设计对高校图书馆阅读推广发展存在显著影响;推广主体是主导,包括推广引领、团队效力、推广协助;阅读环境是保障,包括馆藏、空间、人文氛围、借阅机制;阅读帮助是支持,包括阅读指导、馆员能力、读者培育;推广设计是驱动,包括活动定位、营销策略、营销评估。该研究解析了阅读推广保障支持性因素与推广设计因素。

西安科技大学图书馆阅览室主任姜利华基于美国学者哈罗德·拉斯韦尔(Harold Lasswell)1948 年在《传播在社会中的结构与功能》(*The Structure and Function of Communication in Society*)一文中提出的 5W 模式:谁(Who)→说什么(Says What)→通过什么渠道(In Which Channel)→对谁(To Whom)→取得什么效果(With What Effects),构建了含图书馆、阅读内容、推广渠道、读者、效果等要素在内的图书馆阅读推广模型。该研究给出了流程式的要素解析。

事实上,在当前形势下阅读推广是一种体系化的行为及工作,既包含立体性构成要素,也包含流程性要素,具体涉及推广主体、推广环境(空间、平台、设施支持)、阅读设计(主题、内容、形式)、推广对象、推广设计(流程设计、宣传营销设计)、推广效果(参与情况、读者满意度、品牌建设)。阅读推广项目是否成功,取决于这些要素的合力。

二、学者观点

研究人员对于阅读推广影响因素的考量维度,皆可以归诸上述要素范畴。四川师范大学图书馆副研究馆员张泸月等通过问卷调查及运用因子分析与回归分析方法,发现“阅读设计”“推广支持”“阅读环境”是影响用户满意度的重要推广因素,认为多方参与的深度推广支持服务,差异化、弹性化的阅读设计,推广人员专业素养的提升,是增强用户满意度的有效途径。北京师范大学图书馆黄运红、于静对“第二届全国高校图书馆服务创新案例大赛”获奖案例进行分析,将阅读推广创新服务关键要素总结为:①创意策划是创新阅读推广的灵魂;②挖掘需求是前提;③内容形式是核心;④媒体技术是利器;⑤管理机制是保障:管理机制包括团队建设与管理、激励保障机制、典型传播与宣传推广。

哈尔滨工业大学图书馆孙建辉、丁思思对“首届全国高校图书馆阅读推广案例大赛”的优秀案例进行了分析,认为阅读推广的关键要素为:①创新性、灵活性、趣味性;②从读者需求出发;③注重移动图书馆的影响力,借助微信、微博等新媒体宣传推广;④多部门合作;⑤持续打造品牌效应。

内蒙古大学图书馆蔺继红等分析总结了首届全国高校图书馆阅读推广获奖案例的推广主体、合作模式、案例主题、案例类型、宣传途径和案例的特点:①推广主体主要为图书馆、学生社团、校团委;②宣传途径有社交媒体、网站、实体印刷品;③活动特点为主题新颖、内容丰富、形式多样。

广东石油化工学院图书馆杨木容分析总结“首届全国高校图书馆阅读推广案例大赛”获奖案例的共性特色为:创建活动品牌、注重创意与策划、建设阅读推广团队、关注读者需求与参与、运用新媒体、多元化的合作支持、多维立体开展专题活动和丰富多样的阅读推广模式。

重庆大学图书馆许天才、杨新涯等分析“首届全国高校图书馆阅读推广案例大赛”的获奖案例,认为应联合多方资源,实现内容形式多样化、宣传渠道多元化,努力发展自主原创品牌活动,并建立相应评价体系。

闽南师范大学图书馆吴锦辉分析“首届全国高校图书馆阅读推广案例大赛”案例,认为启迪在于:创意、设专题书架、联合职能部门、吸纳学生社团、利用全媒体宣传、长效机制创品牌。

沈阳工业大学图书馆刘哲、郭宁分析“首届全国高校图书馆阅读推广案例大赛”参赛案例,指出新技术新媒体应用类、真人图书馆、假期体验类、出版物类、流通操作类、阅读课程类以及特藏资源推广类 7 种形式为近年新增的推广方式,认为重视新技术新媒体的应用、重视多方合作机制的建立、学生执行团队的全力培养是今后阅读推广工作的重点。

上述研究均注意到多元推广主体合作、挖掘读者需求、活动设计的创意创新性、新媒体应用、活动宣传与品牌建设等元素对于开展阅读推广工作的重要性。

三、阅读推广关键成功因素分析

考察多份获奖案例名单后，我们可以发现颇有一些案例在由不同组织主办的阅读推广大赛中获奖，显示出较高的认同度。从涉及要素角度，结合已有研究结果，可以归纳总结出阅读推广的关键成功因素。

（一）活动设计的创意及创新

创意及创新是阅读推广的灵魂性因素，体现在活动主题、内容及形式设计上，也体现于活动实施过程中各种文案表达中。王波在多个报告及文稿中均强调“创意”之于图书馆阅读推广的重要价值。获奖案例的亮点所在，即其创意所致。创意根据类型可分为两类：一类是“阅读+”式创意，包括阅读跨界艺术、阅读+写作+文化行走、阅读+新媒体新技术、阅读+心理疗愈；另一类为典型方法创意，包括“真人图书馆”“一校一书”“深阅读”的创新应用。

1.“阅读+”

“阅读+”创意是体验经济时代及传播数据技术发展的必然。推广阅读实质是一种让读者体验、进而激发其与阅读的关联的过程。伯德·施密特（Bernd H. Schmitt）指出：体验式营销从消费者的感官（Sense）、情感（Feel）、思考（Think）、行动（Act）、关联（Relate）5个方面，重新定义、设计了营销的思考方式；此种思考方式突破了传统上“理性消费者”的假设，认为消费者消费时是理性与感性兼具的，消费者在消费前、消费时、消费后的体验，才是研究消费者行为与企业品牌经营的关键。阅读推广作为一种体验式营销行为，较理想的策略是综合运用多种体验方式，这在营销学领域被称为体验杂型和全面体验（Experiential Hybrids and Holistic Experiences）。许多获奖阅读推广案例即采用了体验杂型和全面体验的策略，体现出较强的设计感、潮流感、多元体验碰撞感及人性化的特点，典型类型为：阅读跨界艺术、阅读+写作+文化行走、阅读+新媒体/新技术/数据、阅读+空间/社区拓展、阅读+心理疗愈。

（1）阅读跨界艺术。阅读跨界艺术的阅读推广实践通常采用阅读跨界摄影、吟诵、音乐、电影、戏剧、设计，或综艺节目的创意，颇为吸睛。北京大学图书馆“书读花间人博雅”“电影+学者+青年导演——北大特色的电影艺术阅读推广”“遇见文字与声音之美——北大师生‘共读一本书’活动”、天津财经大学图书馆“书与剧的碰撞，你与我的思扬”、大连海事大学图书馆“阅读名作、演绎经典—‘丹墨书香’文艺汇演”、辽宁师范大学图书馆“玩原创体验‘阅读推广+’立体书单，品诗舞感受中华文化经典——2017 春季读书系列活动开幕式”、三明学院图书馆“让沉睡百年古籍【活】起来、【动】起来——馆藏百年古籍展演”、上海大学图书馆“‘古韵新声’古典诗词吟诵活动”、南京艺术学院图书馆“2017 江苏大学生书偶创意设计作品大赛”、黄河科技学院图书馆“电梯间的诗词大会”等都是阅读与其他艺术形式的综合运用，满足了年轻读者对于设计感强的阅读文艺活动的偏好，有效地激发了他们的参与兴趣与热情，从而达到预期的阅读推广效果。

(2)阅读+写作+文化行走。将阅读写作与文化行走嵌合起来，浑然一体，既达到深读、精读之目标，又拓展文化视野，是当下极流行和受欢迎的阅读推广形式。香港中文大学图书馆“地文新志：社区文学体验计划”、上海财经大学图书馆“悦读·行者的故事”、南京航空航天大学图书馆“共读共写共生活暑期训练营”、上海交通大学图书馆领读者计划活动之一的“西南行思，爱国礼贤”主题行走式阅读研学活动、图书馆员阅读推广彩云之旅等都采用了这种文化体验式的阅读推广方式。

(3)阅读+新媒体/新技术/数据。信息传播技术飞速发展的当下，许多从新奇的视角应用新媒体新技术的阅读推广案例较容易脱颖而出，大受青年学子的喜爱。为数不少的高校图书馆将微信、微博、视音频等新媒体技术作为推广阅读的新方法、新手段，取得了出人意料的良好的推广效果，例如清华大学图书馆“爱上图书馆视频及排架游戏”、北京科技大学图书馆“READay”、四川大学图书馆“光影阅动——微拍电子书”、西北工业大学图书馆“书小白”案例、郑州大学图书馆“微博——@大学生阅读分享平台”、四川大学图书馆“微信创新实践‘冷技术，热服务’”。

另一些图书馆通过系统开发来推广阅读，如武汉大学图书馆“拯救小布之消失的经典”是为推广经典阅读而研发的游戏软件；重庆大学图书馆“‘以书评促阅读’系统化推广”，则是基于该馆的个性化图书馆系统而开发的有助于推动阅读的功能模板；上海交通大学图书馆“思源悦读：扬帆远航的梦想之舟”则是一款与公司合作研发的直接用于支撑学习和阅读的 App。

分析挖掘阅读数据，以比较炫萌的阅读报告或是大屏幕实时展示，已成为多数高校图书馆于毕业季必然开展的阅读推广项目之一。这一活动的创意源自厦门大学图书馆国际图联获奖项目“圕·时光”，其后被广泛效仿及拓展。华中师范大学图书馆获奖案例“毕业季，难忘的图书馆回忆”也采用了该方式。

（4）阅读+空间/社区拓展。拓展型的阅读推广方法在公共图书馆界颇为流行，目前亦引起了高校图书馆的关注与实践。一种类型是在读者方便获取的地方设置阅读空间，如重庆大学图书馆在学生宿舍底楼建“松园书屋”、浙江大学图书馆在便利师生的处所建“悦空间”；另一种类型是将阅读推广到家庭、社区或是乡村，如南京中医药大学图书馆“文化反哺我和爸妈共读一本书”、上海商学院“友书·共读”社区阅读推广服务、国家开放大学图书馆“手牵手农村青少年阅读行动”系列读书活动。

（5）阅读+心理疗愈。基于阅读疗法原理的阅读推广活动在高校也颇受欢迎，如上海对外经贸大学图书馆“放飞心灵，共享青春”心理健康周系列活动、江苏大学图书馆“基于人体生理信号测量的阅读疗法读书活动”。

2. 典型活动方法的创新应用

（1）真人图书馆。自 2009 年上海交通大学图书馆在国内首次引入应用后，“真人图书馆”迅速风靡全国，并不断被创新应用，有的线上线下真人图书馆活动并举，有的将真人图书馆与传统的读书讲座融合，并配合开展其他活动。武汉大学图书馆“微天堂真人图书馆”、清华大学图书馆“读有故事的人，阅会行走的书”、上海交通大学图书馆“鲜悦（Living Library）”、济宁学院图书馆“子悦真人图书馆”均是以真人图书馆为创意的获奖案例，在其他许多获奖案例中也综合运用了这种方法。

（2）一校一书。一校一书活动早在 20 世纪 90 年代即已盛行于美国，这种共读模式现在在国内也得到了越来越多的应用，湖南省高校图工委“一校一书——经典、精读、经世”、北京大学“遇见文字与声音之美——北大师生‘共读一本书’活动”都是以该模式为创意的获奖案例。

（3）深阅读。在浅阅读、碎片化阅读泛滥的年代，推广深阅读成为阅读推广工作的目标之一。围绕这个目标，许多图书馆做出创新性的努力。西安交通大学图书馆基于“心静方能入深”的思想，在该馆包含经典著作、书香环境、主题活动三位一体的新型主题空间“经济学人空间”实施“书斋生存 10 小时”活动，引导学生阅读经典，在喧嚣的世界找回没有网络只有书香的静心读书状态。东北林业大学图书馆发起“成栋书院相约两小时”阅读活动，旨在引导读者关闭手机、静心阅读，依托学生社团“悦兰书会”每周在成栋书院进行两次阅读，每次两小时；或是通过领读者的方式开展听读诵议等阅读活动。

（二）多元推广方法的立体运用

几乎每一个优秀案例都围绕活动主题综合运用了多元推广方法来达成推广目标。一方面，展览、讲座、图书推荐、竞赛、读书报告会、读书沙龙、真人图书馆、图书漂流等方法普遍被联合运用；另一方面，线上线下活动同步，或有策略地利用新媒体宣传推广阅读活动，也是多数阅读推广工作开展的方式。北京大学图书馆举行的“书读花间人博雅”活动，综合运用了图书推荐、阅读摄影、图片模仿秀、社交媒体“一书一图一介绍”微展览等方法。北京科技大学图书馆“对话—足迹”品牌阅读活动综合运用了讲座、真人图书馆、个人读书清单、书展、读书评选等方法。中原工学院图书馆的阅读学课程也采用了“知识讲授+好书欣赏+活动体验”的复合方式，包含一本刊物、一场诗会、一次征文、每周一书、一个“书香校园”网站、一次图书漂流等多种活动方式。上述案例均体现出方法多元的特点，相关文献也都有此结论。

（三）经典、传统文化情怀

多数案例以传统经典、基于经典的传统文化、地方文献、馆藏珍贵文献作为核心推广客体，传递着国学情怀、民族传统文化情怀或地方特色文化情怀。湖南省高校图工委“一校一书——经典、精读、经世”、河南大学图书馆“晨读经典”、同济大学图书馆“文化传承的创新形式——闻学堂的实践与探索”、湖北工业大学图书馆“人生在吟诵中升华——全媒体经典诵读活动”、武汉大学图书馆“拯救小布之消失的经典”、清华大学图书馆“在这里，我们‘横扫清华图书馆’——寻访、阅读老馆珍贵图书系列活动”、沈阳师范大学图书馆“用诵读激发情感用经典润泽心灵——‘诵读经典’活动案例”、辽宁大学图书馆“守望经典 · 深耕心灵——乡邦经典深阅读之‘经典里的盛京’”、六盘水师范学院图书馆“‘故乡书情 · 诵响乌蒙’——基于地方文献的阅读推广实践”等无一例外，均以经典及相关文献为推广内容。

（四）多方推广主体合作

图书馆与相关机构多方合力是成功的阅读推广的基础保障，充分发挥资源整合优势，能够扩大活动的影响力，从而增强阅读推广的效果。当前阅读推广实践体现出5种合作模式：一为图书馆与大学宣传部、团委、学工部、教务处等职能部处合作；二为图书馆依托学生社团开展阅读推广工作；三为图书馆联合院系思政老师、专业名师开展阅读推广工作；四为图书馆配合校级大型读书计划开展相关阅读活动，如南京大学的“悦读经典计划”；五为图书馆与校外机构联合。前两者是被采用最多的模式，第三种是越来越受关注的模式。

以学生为阅读推广主体包含两种情况：①图书馆发起组织创建的阅读推广类学生社团，以学生会员为主体开展阅读推广活动，如上海交通大学图书馆“领读者计划”、天津财经大学图书馆“思扬读书会——校园阅读推广的生力军”、南阳师范学院图书馆“绿荫读书会”、济宁学院图书馆“杏坛读书会”、中南林业科技大学图书馆“我的馆长我来选，我的地盘我做主——选聘首位学生馆长”、北京建筑大学图书馆“招投标——让学生作阅读的主人”、湖南师范大学图书馆图管会、常熟理工学院图书馆“大学生阅读推广人行动”、南方医科大学图书馆“朋辈能量，为阅释放！——以学生为主体的阅读推广人队伍创新实践”、上海对外经贸大学图书馆阿米书社；②与既有的学生读书类社团合作，如三明学院依托红帆文学社、读者协会、英阅剧协会等众多学生社团，开展了广泛的阅读推广工作，取得了良好的成效。

以名师名家为推广主体，也能发挥名人效应推动阅读，如沈阳航空航天大学图书馆“创建红色文化素养基地，引领校园阅读推广”。沈阳师范大学图书馆“阅读推广人计划”聘请著名学者、教学名师、大学生学霸、社会媒体名流、知名军旅作家、企业家等作为阅读推广主体，利用其知名度和吸引力，开展读书沙龙、专家讲坛、经典书目推荐、真人图书分享等活动，产生了较大的社会影响。

紧密结合学科院系的人才培养、科研的需求来展开阅读推广工作，能取得更为广泛和深入的成效，已成为高校图书馆阅读推广工作的一种发展趋势。上海交通大学图书馆“圕·安泰书道”计划、厦门大学图书馆“人文社科实验室”、同济大学图书馆“以辅导员为抓手，积极探索主动式阅读推广”、西安交通大学图书馆“心静方能入深——基于‘主题空间+创意活动’的大学生深阅读行为引导和培养”等皆是此类。

另外，图书馆与校外机构联合也是时有出现的一种模式。如北京大学图书馆与腾讯文化协作开展“当代艺术、感觉主义——艺术与哲学的跨界对话”讲座活动，与 IEEE 中国学生分会合作举办叶永烈先生的讲座“《十万个为什么》背后的故事”。三明学院大学生阅读推广社团与中国大学生在线网站合作开辟“历史上的今天与书籍”“走过四季的图书”“时光机的秘密”等读书频道。

（五）有效的参与激励机制

获奖案例必定是成效佳的案例。读者参与的数量及深度是评估阅读推广工作成功与否的关键要素，故参与激励机制对于阅读推广工作的成效影响极大。当前高校图书馆采用的激励机制主要有三：一为利用名师名人及学生朋辈学习的影响力来激发参与，如沈阳师范大学图书馆的阅读推广人计划；二是设置奖品及荣誉奖励，如重庆大学图书馆“以书评促阅读”系统化推广设置童生、秀才、举人、贡士、进士、状元的晋级制度，南京艺术学院图书馆“2017 江苏大学生书偶创意设计作品大赛”以 iPad 等作为奖品；三是学分式激励机制，学分式激励机制与学生学业紧密结合，比较正式和持续，被越来越多的高校关注及应用。中原工学院图书馆“阅读学”、静宜大学“阅读与写作”、南京大学“悦读经典计划”、湖南大学“经典阅读之《论语》”等以课程为主体，同时配有活动，通过相应考核者获得学分。王新才梳理的许多学分式阅读推广项目、湖南大学溯源于“潇湘读书人——寻找湖大人读书种子”活动的“阅读训练营”、韩国江原大学的毕业读书认证制度则要求学生阅读推荐图书中一定数量的书籍、参与一定数量的阅读活动、完成指定的作业或通过考核，以获得学分、素质拓展分或是毕业资格。

（六）周密的流程设计与控制管理

优异的流程设计与把控是成就优秀案例的必要条件。阅读推广的流程主要有：①活动策划前的需求调研分析与确认，包括读者便于参与的时间，偏好的主题、形式、图书类型及参与激励机制；②确定活动事项、时间地点安排、人员设施、规范文件，形成实施方案；③活动预热阶段的宣传造势；④活动进行阶段各项进程把控、数据及反馈资料收集；⑤活动结束阶段统计各类数据、出版展示读者成果、总结成效。北京大学图书馆“书读花间人博雅”、四川大学图书馆微信创新实践“冷技术，热服务”、南京航空航天大学图书馆暑期阅读训练、湖南大学图书馆“潇湘读书人——寻找湖大人读书种子”、天津财经大学图书馆“书与剧的碰撞，你与我的思扬”等获奖案例都体现出很强的流程设计感、节奏感与管控感。

(七)持续开展及品牌化运作

多数获奖单位有强烈的阅读推广意识、多年的阅读推广实践经验,并确立了具有校级影响甚至是社会影响的阅读品牌,形成了良性的发展态势。北京科技大学图书馆已有12年的阅读推广经验,建立起“心”阅读品牌,产生了广泛的校园及社会效应,2013年、2014年连续获得中国图书馆学会全民阅读先进单位荣誉。上海交通大学图书馆2008年在国内首家引入“真人图书馆”,并持续举行真人图书馆活动,建立起“鲜悦(Living Library)”品牌,得到同行及媒体的广泛关注,并获得多个荣誉奖励。南京邮电大学图书馆于2013年推出阅读刊物《书林驿》,举行入学季、校庆季、毕业季读书活动,也取得了良好的成效。

关键成功因素是决定一个组织或项目运营是否成功的核心要素。结合案例分析及学者观点总结出的阅读推广关键成功因素主要分布于推广组织管理与阅读设计方面。推广的组织管理包括推广主体的组织协调协作、活动宣传推广平台及策略、推广流程的控制管理、推广成效的评估、品牌建设及运营。阅读设计含括主题、活动项目、推广的文本内容、针对需求的参与激励机制设计、流程设计。当阅读推广活动或项目阅读设计优异、运作管理周密有序高效时,即已具备了成功的要素。

第九章　图书馆移动阅读服务与资源类型

移动阅读是指以手机、PSP、MP3/MP4、电子书阅读器、平板电脑等移动终端设备为阅读工具，在移动通信与互联网络相结合的无线网络环境下对电子资源进行随时随地阅读。

图书馆移动阅读服务，即指基于移动互联网环境下用户的阅读需求及阅读目的，借助移动设备和媒介，为读者的阅读活动提供的一系列阅读服务。

第一节　图书馆移动阅读服务的理论

曾妍认为，移动阅读是以移动设备为载体，以电子版方式接收来自互联网上出版、发行的文本信息、图像、声音、数据等多种信息形式的内容，最终实现阅读的一种新方式；张金星认为，数字文档格式标准是移动阅读的障碍，是决定手机图书馆成败的关键；笔者研究了移动阅读产业链下设备制造商、内容提供商及运营商之间的关系，认为图书馆应该开展移动阅读服务，且具有资源、馆员、服务和用户优势。

移动终端设备方面。落红卫介绍了移动阅读终端的软、硬件和功能，简述了移动阅读终端的测试方法；赵亮、顾晓光、唐勇、孙鸥等对以电子书阅读器、平板电脑，以及智能手机为主的移动阅读终端发展进行了系统介绍与展望。

用户移动阅读行为方面。艾瑞咨询、茆意宏、郭慧娟、李武、许广奎和周春萍、付玲玲、焦雁泽等学者基于实证研究，从用户阅读态度、阅读内容、阅读方法、阅读时间、阅读地点等角度分析用户移动阅读的使用状况；潘文娜对用户手机阅读现状与用户接受行为进行研究与阐述；韩超群等基于信息系统、行为科学和心理学理论，发现感知愉悦性、心得体验、感知易用性和感知移动性是影响用户采纳移动阅读的主要因素；李梦婕将 Kano 模型引入移动阅读服务质量分析的过程，识别影响移动阅读服务质量的因素的属性，揭示了不同质量因素对移动阅读服务质量的影响程度；苏帆帆从满意度、感知有用性和自我效能等方面探讨移动阅读业务持续使用的影响因素，有效地解释了用户对于移动阅读业务的持续使用意愿。

移动阅读内容方面。何明星、付跃安和黄晓斌、傅俏等从阅读内容方面对其相应的解决方案进行研究;郭恋从用户认知心理和使用需求角度考虑,对手机阅读材料内容结构及呈现方式等因素进行研究,并针对目前手机移动阅读材料的选择性与设计性中存在的不足提出改进建议和策略。

图书馆作为文化的传播者、文明的传承者和社会教育的实践者,在推广阅读活动、培养用户阅读习惯、提升用户阅读素养方面,肩负着重要历史使命。在移动互联网环境下,学术资源不断向开放获取、面向移动终端的方向靠拢,图书馆推广移动阅读服务已成为图书馆阅读工作的重心。

图书馆移动阅读服务开展方面。吴志攀、曾妍及笔者等对图书馆开展移动阅读服务的可行性、理论基础及服务策略提出相关建议;张春景、叶爱芳指出图书馆移动阅读服务推广的必要性,并提出了使用社交媒体等推广移动阅读服务的相关措施和方法。

国外移动阅读研究更多侧重于用户研究及电子书阅读器可用性研究。PEW指出,美国18周岁以上的群体中有一半人都拥有平板电脑或电子书阅读器;92%的美国成年人拥有手机,其中68%的美国人持有智能手机,63%的美国成年人通过手机上网。美国人电子书阅读上升,纸本阅读呈下降趋势。电子书的日益普及正改变着美国人的阅读习惯;此外,63%的16周岁以上的美国人可能通过App访问图书馆资源和服务,64%的美国人希望图书馆能够根据用户阅读行为提供诸如亚马逊书城式的个性化图书、视频、音频等推介阅读服务,许多图书馆用户期望图书馆拓展数字服务。

Jaemin Jung等通过对用户的消费者意识、兴趣和使用意向等的调查研究发现,人们对电子书阅读器的认识、兴趣和选择意图与其年龄、教育程度、收入等及电子书阅读器本身的属性呈正相关;Dong-Hee Shin研究了用户对电子书内容的阅读兴趣及阅读喜好,并利用使用与满足理论、期望确认理论及扩散理论,探讨了电子阅读器及其内容可以提升和发展的空间;Gardener对Kindle在课堂上使用的优缺点进行了分析,发现一方面Kindle可能会分散学生对学习的注意力,另一方面Kindle也能够提升学生的阅读体验;Hanho Jeong组织了56名小学六年级学生,研究学生在阅读电子书和纸质书时在阅读理解能力和眼睛疲劳度方面的差异,以及学生对电子书的感知印象。

Zhang Liyi和Ma Wei基于用户教育程度和移动阅读行为进行相关分析,旨在调查中国高校学生的移动阅读现状,并对移动阅读服务提供者的差异化服务提供参考和指导;Mc Clure 和 Marji 介绍了移动电子书阅读应用软件 Wattpad,指出用户可以在移动设备上使用此软件阅读电子书;Hudson、Alexia 探讨了移动参考服务,并深入探讨了文化多样性的影响因素;一些学者和机构也对二维码在移动阅读上的应用进行研究与开发,Oliver Van Laere 等、AT & T 公司指出通过手机等移动终端扫描二维码就可以阅读相关内容,并且 USA TODAY Newspapers 已经可以使用二维码阅读信息内容;Eric 等探讨了用户体验移动视频网站情况,并对如何提高用户全神贯注观看移动视频的兴趣和偏好提出相应建议。

移动设备方面。Horn、Caroling 认为,使用手机等移动终端设备为教师鼓励英国青少年阅读提供另外一种引导途径;Murphy、Joe 指出使用移动设备可以用于科学研究。在移动技术背景下,图书馆服务、智能手机及移动数据库三者之间密切关联。此外,Hall、John R 从移动设备的普及度和受欢迎程度,Swathi R. Simmula 从定制电子书阅读器(eBook Readers),Jing Su 从移动设备、移动用户及情景感知等角度对移动设备的功用进行研究;Kathrin Grzeschik 等基于 3 个实验,调研了欧洲图书情报专业学生对电子阅读设备的认知度、调查对象的阅读速度、专注度和使用电子阅读设备的疲劳症状等内容,由此探讨了未来阅读的发展态势,并分析了阅读设备和阅读行为之间的影响关系。

第二节　国内图书馆移动阅读服务实践

国内的公共图书馆和高校图书馆都在陆续将图书馆的传统服务延伸至移动领域,借助移动电子设备和移动互联网技术为其读者提供移动阅读服务。早期的图书馆移动阅读服务,基本上是以短信服务、WAP 网站的形式来开展。随着智能手机、平板电脑、电子书阅读器的普及与推广,互联网通信技术的发展与提升,以及移动通信资费水平的下调,特别是近一两年来,iOS、Android 两大阵营的崛起,成千上万的手机客户端 App 如雨后春笋,迅速普及;提供可下载安装的移动客户端已逐渐成为图书馆开展移动阅读的主流方式,在苹果的 App Store 和谷歌的 Android Market 里以 Libraiy 或"图书馆"为关键词进行搜索,能发现许多欧美、澳大利亚、东亚等国家和地区的公共图书馆和高校图书馆的移动客户端应用,可供免费下载。

通过对我国华北、华南、华东、西南、东北、西北等地区市级以上图书馆进行网络调研得知,目前国内开展移动图书馆服务、搭建移动阅读平台,以及推广移动阅读服务的图书馆队伍规模日益壮大,图书馆移动阅读服务已经由导入期进入发展期;重新对我国公共图书馆的移动阅读服务进行调研,并对数据进行及时更新,表9-1和表9-2是对一些主要公共图书馆和高校图书馆的移动服务和移动图书馆服务的调研结果。

表9-1　我国公共图书馆移动阅读服务进展

图书馆名称	移动阅读内容	服务网址
中国国家图书馆	电子图书、电子期刊、学术论文、音视频、图片等	http://www.nlc.cn/
上海图书馆	电子图书、全国报刊索引(提供部分资源访问)、重庆维普期刊(二次文献)、清华同方期刊(二次文献)等	https://library.sh.cn/
辽宁省图书馆	中图易阅通、超星移动图书馆	http://www.lnlib.com/
新疆维吾尔自治区图书馆	超星移动图书馆	http://www.xjlib.org/
宁夏图书馆	与龙源电子期刊合作、超星移动图书馆	http://www.nxlib.cn
广西壮族自治区图书馆	超星移动图书馆	http://www.gxlib.org.cn
陕西省图书馆	与龙源电子期刊合作、超星移动图书馆	http://www.sxlib.org.cn
河北省图书馆	超星移动图书馆	http://www.helib.net
广东省立中山图书馆	博看期刊数据库	http://www.zslib.com.cn/
福建省图书馆	与龙源期刊合作、提供手机图书馆阅览室服务	http://www.fjlib.net/
浙江图书馆	iPad借阅、与龙源合作、与超星移动图书馆合作	http://www.zjlib.cn

续 表

图书馆名称	移动阅读内容	服务网址
深圳文献港移动图书馆	方正 Apabi 电子图书移动阅读平台、博看手机图书馆、龙源手机图书馆	https://www.szdnet.org.cn
贵州省图书馆	与超星电子书合作	http://www.gzlib.com.cn
黑龙江省图书馆	超星移动图书馆	http://www.hljlib.org.cn
济南市图书馆	超星移动图书馆	http://www.jnlib.net.cn
东莞市图书馆	超星移动图书馆	http://www.dglib.cn
武汉市图书馆	超星移动图书馆	http://www.whlib.org.cn
长春市图书馆	超星移动图书馆，与博看网、库克音乐合作	http://www.ccelib.cn/

除此之外，一些市级图书馆，譬如首都图书馆、杭州市图书馆、厦门市图书馆、苏州市图书馆、绍兴市图书馆、马鞍山市图书馆、攀枝花市图书馆、北海市图书馆、高雄市图书馆等都已对图书馆移动服务的内容进行了拓展和延伸，开始推广移动阅读服务。

二、高校图书馆移动阅读服务进展

我国高校图书馆移动阅读服务进展如表 9-2 所示。

表 9-2 我国高校图书馆移动阅读服务进展

院校名称	移动阅读内容	服务网址
北京航空航天大学图书馆	超星移动图书馆	http://buaa.dooland.com/site/magazine/newarrival.php
北京师范大学图书馆	超星移动图书馆	http://www.lib.bnu.edu.cn
大连理工大学图书馆	超星移动图书馆	http://www.lib.dlut.edu.cn
哈尔滨工业大学图书馆	卓越联盟移动图书馆、超星移动图书馆	http://www.lib.hit.edu.cn/

续 表

院校名称	移动阅读内容	服务网址
同济大学图书馆	库客数字音乐图书馆、超星移动图书馆	https://www.lib.tongji.edu.cn/
南京大学图书馆	—	http://lib.nju.edu.cn/
东南大学图书馆	掌上汇文、Apabi 电子图书	http://lib.seu.edu.cn/
华东师范大学图书馆	超星移动图书馆	http://www.lib.ecnu.edu.cn/
上海交通大学图书馆	超星移动图书馆	http://www.lib.sjtu.edu.cn/f/main/index.shtml
厦门大学图书馆	超星移动图书馆	https://library.xmu.edu.cn/
武汉大学图书馆	超星移动图书馆	http://www.lib.whu.edu.cn/
华中科技大学图书馆	超星移动图书馆	http://www.lib.hust.edu.cn/
华南理工大学图书馆	超星移动图书馆、卓越联盟移动图书馆	http://www.lib.scut.edu.cn/
重庆大学图书馆	超星移动图书馆、卓越联盟移动图书馆	http://lib.cqu.edu.cn/
四川大学图书馆	超星移动图书馆	http://lib.scu.edu.cn/
电子科技大学图书馆	库客数字音乐图书馆、Safari 电子图书	https://www.lib.uestc.edu.cn/
大连医科大学图书馆	超星移动图书馆	http://www.lib.dmu.edu.cn/
北京理工大学图书馆	超星移动图书馆	http://lib.bit.edu.cn/
北京工业大学图书馆	库客数字音乐图书馆、Safari 电子图书	https://lib.bjut.edu.cn/
北京邮电大学图书馆	超星移动图书馆	http://lib.bupt.edu.cn/index.html
北京外国语大学图书馆	超星移动图书馆	https://lib.bfsu.edu.cn/
成都理工大学图书馆	龙源期刊阅览室、书生移动图书馆、超星移动图书馆	http://www.lib.cdut.edu.cn/
湖南理工学院图书馆	—	https://lib.hnist.cn/
华东理工大学图书馆	超星移动图书馆	https://lib.ecust.edu.cn/

续　表

院校名称	移动阅读内容	服务网址
西南医科大学图书馆	超星移动图书馆	http://lib. swmu. edu. cn/
南京林业大学图书馆	掌上汇文	https://lib. njfu. edu. cn/
南京森林警察学院图书馆	超星移动图书馆	http://njsljcxy. chineseall. cn/
香港大学图书馆	—	https://www. lib. hku. hk/
香港教育大学图书馆	—	https://www. lib. eduhk. hk/zh/
西南交通大学图书馆	超星移动图书馆	http://www. lib. swjtu. edu. cn/
玉林师范学院图书馆	博看移动图书馆	http://lib. ylu. edu. cn/
浙江工业大学图书馆	超里移动图书馆	http://www. lib. zjut. edu. cn/index. jsp
浙江工商大学图书馆	超星移动图书馆	http://lib. hzic. edu. cn/
暨南大学图书馆	超星移动图书馆	https://lib. jnu. edu. cn/
河北师范大学图书馆	超星移动图书馆	http://library. hebtu. edu. cn/

第三节　国外图书馆移动阅读服务实践

移动技术作为21世纪信息社会的新技术，在各个领域都发挥着极大的作用。图书情报领域也不例外，移动技术也对图书情报界的发展带来了前所未有的契机。美国作为科技大国，对世界各国教育科研等机构都具有引领作用。针对国外图书馆移动阅读服务的研究，本节主要解读美国图书馆移动阅读服务，便于对我国公共图书馆和高校图书馆提供更多的思考与建议。

一、公共图书馆移动阅读服务进展

2014年11月底，笔者依据中国社会科学院公布的全球城市竞争力报告（2009~2010年），将美国城市竞争力排名靠前的20所城市作为主要研究对象，深入研究美国公共图书馆移动阅读服务的开展现状；2016年10月中旬，笔者又对美国公共图书馆的移动阅读服务进行重新调研，并对数据进行及时更新，根据这一调研结果可以管窥当前美国公共图书馆移动服务和移动阅读服务的发展状况（表

9-3 所示）。

表 9-3　美国公共图书馆移动阅读服务进展

图书馆名称	移动阅读内容	服务网址
纽约公共图书馆	电子书（OverDrive、e-Books from 3M Cloud Library）、音频资料（OverDrive、Freegal Music）、视频资料（OverDrive）	http://m.nypl.org
芝加哥公共图书馆	电子书（OverDrive）、音频资料（OverDrive）、视频资料（OverDrive）	http://www.chipublib.org/news/cpl-apps-use-the-library-on-the-go/
旧金山公共图书馆	电子书（OverDrive）、音频资料（OverDrive）、视频资料（OverDrive）、移动数据库	http://sfpl.org/
洛杉矶公共图书馆	电子书（OverDrive）、音频资料（OverDrive）、视频资料（OverDrive）	http://www.lapl.org/
华盛顿国会图书馆	电子书、音频资料、视频资料（The Congressional Record APP，The BARD Mobile APP、Library of Congress 等）	http://www.loc.gov/apps/
休斯敦公共图书馆	电子书、音频资料、视频资料	http://www.hpl.lib.tx.us/
西雅图公共图书馆	电子书（OverDrive）、音频资料（OverDrive）、视频资料（OverDrive）	http://www.spl.org/
圣地亚哥公共图书馆	电子书、音频资料、视频资料	http://www.sandiego.gov/public-library/
波士顿公共图书馆	电子书（OverDrive）、音频资料（OverDrive）、视频资料（OverDrive）	http://www.bpl.org/

续　表

图书馆名称	移动阅读内容	服务网址
迈阿密公共图书馆	电子书(axis360、OverDrive)、音频资料(Freegal Music)、视频资料(Hoopla)	http://www.mdpls.org/
圣何塞公共图书馆	电子书、音频资料、视频资料(boopsie)	http://sjpl.boopsie.com/
达拉斯公共图书馆	电子书(OverDrive)、音频资料(OverDrive)、视频资料(OverDrive)	http://www.dallaslibrary2.org/mobile/
奥克兰公共图书馆	电子书(OverDrive、Wheelers、EBSCOhost eBooks)、音频资料(OverDrive、OneClickDigital、Ulverecroft Digital)、视频资料(OverDrive)	http://www.aucklandlibraries.govt.nz/EN/Pages/home.aspx
波特兰公共图书馆	音频资料(VONT Performance Digital Marketing)	http://www.portlandlibrary.com/
明尼阿波利斯图书馆	电子书、音频资料、视频资料(boopsie)	http://www.hclib.org/
费城公共图书馆	电子书(OverDrive ebooks、Zinio)、音频资料(OverDrive audiobooks、OneClick Digital)、视频资料(OverDrive audiobooks)	http://libwww.freelibrary.org/mobile/
奥斯汀公共图书馆	电子书(OverDrive、Zinio Magazines)、音频资料(OverDrive、OneClick Digital)、视频资料(OverDrive)、移动数据库	http://www.ci.austin.tx.us/library/

续 表

图书馆名称	移动阅读内容	服务网址
阿灵顿公共图书馆	电子书(OverDrive eBooks、Kindle eBooks,EBSCO eBooks)、音频资料(OverDrive)、视频资料(OverDrive)	http://library.arlingtonva.libguides.com/
辛辛那提公共图书馆	电子书(CincinnatiLibrary Mobile APP、AccessMyLibrary、One-Click)、音频资料(Freegal Music)、视频资料(OverDrive Media Console)	http://www.cincinnatilibrary.org/

如表 9-3 所示,公共图书馆移动阅读服务中,电子书阅读、音频资料阅读,以及视频资料阅读服务已日渐普及。而且大多数公共图书馆都与世界领先的电子书、有声读物、音乐和视频资料等数字内容与服务提供商 OverDrive 开展合作,推广移动阅读服务。

二、高校图书馆移动阅读服务进展

2014 年 11 月底,笔者选取了 U. S. News 中对美国大学排名靠前的 40 所大学图书馆作为调查对象,2016 年 10 月中旬,笔者又对美国大学图书馆的移动阅读服务进行了重新调研,并对数据进行及时更新,进一步了解当前美国高校移动图书馆服务和移动阅读服务的进展,深入解读当前高校移动图书馆服务和移动阅读服务的内容(表 9-4 所示)。

表 9-4 美国高校图书馆移动阅读服务进展

图书馆名称	移动阅读内容	服务网址
哈佛大学图书馆	图像、音视频、乐谱、文章、数据库等	http://library.harvard.edu/
普林斯顿大学图书馆	电子书(OverDrive)	http://library.princeton.edu/

续　表

图书馆名称	移动阅读内容	服务网址
耶鲁大学图书馆	电子书（OverDrive）、音频资料（OverDrive）、视频资料（OverDrive）	http://web.library.yale.edu/
哥伦比亚大学图书馆	电子书（Scopus、ScienceDirect）、移动数据库（EBSCO）	http://library.columbia.edu/
斯坦福大学图书馆	电子书、音频资料	http://library.stanford.edu/
宾夕法尼亚大学图书馆	Overview、AccessMedicine、Archimedes Medical Calculator（Free Version）、Browzine、Dynamed 等	http://www.library.upenn.edu/
加州理工学院图书馆	电子书、移动数据库（American Mathematical Society、Annual Reviews、BioOne、EndNote Web Mobile、Google Book Search mobile）	http://library.caltech.edu/
达特茅斯学院图书馆	电子书、音频资料、数据库、电子期刊	http://www.library.dartmouth.edu/
杜克大学图书馆	电子书、音频资料、视频资料	http://library.duke.edu/
芝加哥大学图书馆	电子书（Springshare）	http://www.lib.uchicago.edu/
约翰·霍普金斯大学图书馆	音频资料（Sheridan Libraries Podcasts）	http://library.jhu.edu/
圣路易斯华盛顿大学图书馆	电子书、音频资料、视频资料（EBSCO）	http://library.wustl.edu/
布朗大学图书馆	电子书（boopsie）	http://library.brown.edu/
康奈尔大学图书馆	电子书、音频资料、视频资料（OverDrive）	http://www.library.cornell.edu/
莱斯大学图书馆	电子书、音频资料、视频资料	http://www.library.rice.edu/

续　表

图书馆名称	移动阅读内容	服务网址
范德堡大学图书馆	电子书、音频资料、视频资料(boopsie)	http://www.vanderbilt.edu/
圣母大学图书馆	电子书	https://library.nd.edu/
埃默里大学图书馆	电子书、音频资料、视频资料(Overview)	http://web.library.emory.edu/
乔治城大学图书馆	电子书、音频资料、视频资料	https://repository.library.georgetown.edu/
加州大学伯克利分校图书馆	电子书	http://berkeley.edu/
卡内基梅隆大学图书馆	电子书、音频资料、视频资料	http://search.library.cmu.edu/
南加州大学图书馆	电子书、音频资料、视频资料、移动数据库(American Chemical Society、ARTstor、EBSCOhost databases、Ebrary、IEEE Xplore 等)	http://www.usc.edu/libraries/
加州大学洛杉矶分校图书馆	电子书、视频资料(BrowZine)	http://m.library.ucla.edu/
塔夫斯大学蒂彻图书馆、赫什健康学图书馆	馆藏书目检索、电子书、数据库等	http://tufts.edu/libraries/ http://hirshlibrary.tufts.edu/
密歇根大学阿伯尔分校图书馆	Twitter、Facebook、Linkedin 社交媒体	http://library.umd.umich.edu/
北卡罗来纳大学教堂山分校图书馆	电子书	http://www.hsl.unc.edu/
波士顿学院图书馆	电子书、音频资源	http://www.bc.edu/libraries.html

续　表

图书馆名称	移动阅读内容	服务网址
威廉与玛丽学院图书馆	音频资源、视频资源(YouTube)、Twitter、Facebook、Flickr 社交媒体	http://library. wm. edu/
纽约大学图书馆	Twitter、Facebook 社交媒体	https://library. nyu. edu/
布兰迪斯大学图书馆	电子书(EndNote Mobile、Library Thing Mobile App、USA. gov、BrowZine)、移动数据库(Ebsco Mobile、Ebrary Mobile APP、Naxos Music Library)	http://library. brandeis. edu/
加州大学圣地亚哥分校图书馆	电子书、视频资源(YouTube)	http://libraries. ucsd. edu/
利哈伊大学图书馆	电子书、音频资料	http://library. lehigh. edu/
罗切斯特大学图书馆	电子书、音频资料、视频资料	http://www. library. rochester. edu/
克拉克亚特兰大大学图书馆	电子书、电子期刊、数据库、音视频、课程检索、数字馆藏、特色库、研究指南等	https://www. auctr. edu/
加州大学圣巴巴拉分校图书馆	电子书、音频资料、视频资料	http://www. library. ucsb. edu/

通过调研发现,很多美国图书馆已经使用 HTML5 语言开发移动图书馆网站,并智能地根据用户行为,以及使用的移动设备环境(系统平台、屏幕尺寸、屏幕定向等)进行相对应的布局;电子书阅读、视听资料阅读、图书馆博客/微博也成为图书馆开展移动阅读服务的主要关注内容。目前,美国图书馆移动阅读的资源主要包括电子书、移动数据库、图书馆自出版的机构库资源等。

第四节　国内外图书馆移动阅读服务的比较研究

一、共性分析

PEW 指出，电子书的日益普及正改变着美国人的阅读习惯，63%的 16 周岁以上的美国人可能通过 App 访问图书馆资源和服务，64%的美国人希望图书馆能够根据用户阅读行为提供诸如亚马逊书城式的个性化图书/视频/音频等推介阅读服务。诚然，图书馆移动阅读服务目前还不能完全满足用户的需求。许多图书馆用户对图书馆数字服务提出更多需求，希望图书馆延伸数字服务，开展移动阅读服务，期望图书馆不仅提供传统的 OPAC 书目查询和借阅服务，还直接提供特色资源和电子书阅览和阅读服务。上海图书馆已经开始提供移动阅读服务，移动阅读服务的步伐发展较快，其不仅提供外借电子阅读器方式开展电子书全文阅读服务，还开展手机电子书服务，即用户可以将在线借阅的电子书下载到手机上，这些移动阅读服务都取得了良好的使用效果。

通过对中美图书馆移动阅读服务的具体调研发现，中美图书馆界都非常关注与重视移动阅读服务的进展。在图书馆界召开的业界会议中，图书馆移动阅读服务的相关议题也逐渐增多，如 2013 年，中国图书馆年会的主题设定为“书香中国——阅读引领未来”。这标志着阅读推广已经成为全体中国图书馆人的自觉，移动阅读实践环节渐入佳境。同时，相关学者陆续发表了大量的移动图书馆理论与实践方面的论文，所有这些都说明了移动阅读服务已经逐渐受到图书馆人的关注与重视，移动阅读理念不断得到重视和加强。

很多图书馆致力于拓展移动社交服务，建立 SNS 社交平台（如开通微博服务等），公共图书馆的移动阅读服务普及度还是非常高的；在电子书的采购方面，图书馆的举措还是比较多的。不难看出，图书馆界已开始致力于思考如何开展服务能更好地留住用户，让图书馆读者回归阅读，加深读者的阅读层次，进而打造“移动技术+移动设备+图书馆阅读资源”的特色阅读服务。但目前这些电子书的全文阅读服务，由于内容格式上的不统一，电子全文数量和种类的不足，终端设备的不兼容，乃至版权问题的限制，对图书馆移动阅读资源的采购和推广，以及移动阅读服务的开展也带来一定的困难和阻力。

二、差异分析

通过对中美图书馆移动阅读服务的具体调研可知，中美图书馆界的移动阅读服务还存在一定的差距，中国高校移动图书馆服务主要是传统服务项目在移动端的再造，提供图书馆公告、图书到期提醒、图书预约、书目信息检索、图书馆展览讲座信息、电子书阅读、参考咨询服务等，美国移动图书馆服务主要提供图书馆新闻、网点查询、开放时间查询、书目信息检索、数据库检索、参考咨询服务等。通过数据，不难发现，美国高校图书馆的移动阅读服务发展迅速，普及程度和推广程度更完善一些，中国的移动阅读服务资讯类信息及文娱类的内容较多，以碎片化、浅阅读为主；而美国图书馆开展移动阅读服务的类型更加丰富，如美国很多图书馆不仅提供电子书移动阅读，还提供视频资源和音频资源的阅读，以及提供移动数据库的查询和检索服务，深化了图书馆移动阅读服务的资源内容。美国图书馆在移动阅读服务深层次开发上更完善和成熟。

我国图书馆移动阅读服务的采购资源的提供方基本是龙源、博看及超星等众多数字提供商，而美国移动阅读服务的采购资源的提供方大多是 OverDrive 和 3M 等世界著名的数据服务提供商，资源类型更丰富，并且在版权保护方面的运行机制更加成熟。

此外，美国大学图书馆主页上，在移动图书馆平台构建上，很多已经开始使用 HTML5、CSS3 语言开发下一代 Web 应用，可以智能地根据用户行为，以及使用的移动设备环境（系统平台、屏幕尺寸、屏幕定向等）进行相对应的布局，而国内在移动阅读平台搭建上对 HTML5 的运用还较落后。

第五节　图书馆移动阅读资源的类型

一、移动馆藏

以美国医学图书馆的移动服务为例，建立移动数字资源导航是其一大特色，绝大多数图书馆的移动图书馆服务基本都提供电子资源的客户端应用和 WAP 网站导航服务，方便读者浏览与下载阅读。

例如，匹兹堡大学医学图书馆系统、康奈尔医学图书馆、加州大学圣地亚哥分校生物医学图书馆都非常人性化地将一些最新的资源信息通过移动网站或者客户端应用程序聚合在一起，并允许用户使用不同的移动终端设备进行访问。总的来说，医学图书馆的移动馆藏资源主要包括电子书、移动版数据库资源及图书馆机构库资源等。

二、电子书

Digital Book World 认为电子书就是传统纸本图书相应的数字媒介。这些数字资源可以通过个人台式机进行数字阅读，也可以通过一些诸如电子书阅读器或者平板电脑等移动终端设备进行移动阅读。例如，华盛顿大学圣路易斯分校医学图书馆的馆藏新增 19 600 册电子书馆藏，支持移动终端设备下载和直接借阅，使用户通过移动终端就可以随时随地移动阅读。

三、移动数据库

移动数据库就是一些数据库出版商提供的一些移动资源，如 PubMed Mobile、MedlinePlus Mobile、mobileMICROMEDEX 等，方便研究人员随时随地查阅、下载或者在线阅读。宾夕法尼亚大学生物医学图书馆在移动图书馆对用户进行细分，并根据临床医生、大学学生、研究人员、移动用户、大学校友会的需求提供人性化、个性化资源；加州大学圣地亚哥分校生物医学图书馆也将移动资源进行区分，如临床资源、药物资源、电子书资源、数据库资源、健康医学方面兼容工具、用户在线学习、培训的实用工具（如 Evernote，Endnote 移动应用软件等）。

四、图书馆特色资源

多数图书馆都具有自己的特色资源，相对来讲，这部分资源更具有稀缺性和不可替代性，从使用便利和文献资源保护的角度，图书馆可以将馆藏特色资源加工整理，譬如培训资源（读者入馆教育视频，图书馆举办的各类讲座、培训、活动的相关资料）、名人访谈节目、教师的授课视频资料等整合到移动终端，方便读者获取与利用；图书馆还可以依据用户使用场景对特色资源进行定制，为碎片化阅读的读者提供以章、节为主的短小精悍的“裁剪式”短篇，为深度阅读的读者提供整篇的长篇或中篇文献。宾夕法尼亚大学医学图书馆在其移动图书馆主页上将图书馆视频网站（YouTube. com）上的视频教学与培训教程，以及相关数据库的培训视频资料及文档资料整理在一起,形成图书馆特有的开放获取机构库资源,便于移动用户获取,并进行移动在线学习。

五、图书馆微博等数字资源

大热起来的社会化阅读将内容资源有效地嫁接到了交友平台上,将大众传播的内容嫁接到人际传播的平台上。数字阅读平台经由社交网络分享其内容,或将成为未来数字阅读发展的重要趋势。这种社交化传播(社交+内容传播)的方式增加了用户主体建构。

图书馆通过微博等社会化工具提供服务具备两大优势:一是时效性好,微博等社交工具可迅速推送简洁凝练的信息;二是具有更好的互动性。图书馆借助微博等社会化工具,可以更好地沟通联系读者,从而提供更优质与个性化的服务;此外,图书馆还可以对资源进行整合,并进行流程再造,利用 Lib2. 0 平台将图书馆资源推广出去,延伸到图书馆用户的移动终端上,拓展用户的移动阅读途径和内容,进而完善现代图书馆的阅读服务。

六、图书馆自出版资源

自出版是指作者自助地使用电子书平台自主出版书籍或者多媒体作品的过程,没有第三方的出版商参与,其作品也称为“原生电子书”。自出版作家全程参与了出版过程,减少了中间环节,可以让作家获得更高的报酬。目前,自出版的运行模式已经引起产学研界越来越多的关注,图书馆作为移动阅读生态链中不可缺少的一部分,也应该高度关注自出版领域,将图书馆的特色资源,通过自出版平台进行运作,为用户和作者发挥中介作用和提供便利条件。

除此之外,图书馆移动阅读的资源还包括移动视频、音频等富媒体资源等类型。

第十章　图书馆移动阅读服务模式研究

关于“模式”一词的含义,《当代汉语词典》指的是某种事物的标准形式或使人们可以照着做的标准样式;在《新语词大词典》中指的是对现实事件的内在机制和事件之间关系的简洁而直观的描述,向人们揭示事物结构或过程的主要组成部分及其相互关系。本书主要关注移动阅读产业链条上,电信运营商、设备制造商、终端提供商、ISP 等产业链的各个环节在整个产业生态环境中的位置、互相的关系。

面对不断庞大的移动阅读用户群体和强大的、已经彰显效益的市场消费能力,产业链中制造商、内容商及运营商都极力抢占市场份额,不断扩宽商业发展模式。现阶段,移动阅读产业链中主流的发展模式有四种,即内容提供商主导型(如亚马逊模式、盛大模式)、平台服务商主导型(如苹果模式、书生模式、超星模式)、网络运营商主导型(如中国移动模式)、终端制造商主导型(如亚马逊模式、汉王模式)。

第一节　移动阅读的模式

一、盛大模式:内容(content)+终端(terminal)

盛大集团主要以提供数字内容著称,可以为用户提供包括数字图书、网络文学、数字报刊等数字商品。2010 年 7 月 29 日下午,盛大推出电子书 Bambook,正式进军电子书行业;2010 年 9 月 28 日,云中书城测试版全面上线;2011 年 2 月,云中书城启用独立域名(www. yuncheng. com);2011 年 7 月开始整合内容与载体,为终端用户提供移动阅读服务,开启了移动互联网营销新模式“读内容送硬件”。盛大提供的云中书城(C)、Bambook 电子书阅读器(T)的服务方式很好地体现了“内容+终端”的阅读模式。

盛大还尝试与上海图书馆合作,提供 200 台锦书阅读器给上海图书馆,其中,每台锦书预装 100 本免费电子书和 1 本付费电子书,为读者开展网络文学的借阅服务,读者可以登录盛大的云中书城对电子书进行更换和下载阅读。2013 年 2 月,盛大文学联手上海图书馆打造数字平台云中上图，专门设立了“云中上图”频道，标志着图书馆馆藏流通领域可以开始借阅原生数字资源内容，形成了企业（B）+图书馆（L）+读者（R）的新业务服务模式，通过与上海图书馆合作，读者只需使用上海图书馆读者证登录“市民数字阅读门户”，选择“网络文学”板块，即可与盛大文学通行证绑定，免费借阅自己喜爱的文学作品。

二、中国移动（包括电信、联通）模式：渠道+内容

以中国移动为首的电信运营商一直充当着提供通信基础平台的角色，成为用户通信的渠道商；移动互联网环境下，电信运营商不断延伸产业链条，扩大其增值业务，继续在阅读内容提供方面抢占移动阅读市场份额。

中国移动在 2009 年 3 月建立了手机阅读基地，并于 2010 年 5 月推出了 G3 品牌电子书，正式全网商用，并在 2014 年中国数字传媒和阅读产业创新大会上，推出了“和阅读”品牌。中国电信于 2010 年 9 月在浙江建设了移动阅读基地，2013 年 1 月 30 日，中国电信的“天阅”移动阅读上线试运营。中国联通于 2010 年 12 月在湖南长沙建立了“沃阅读”基地，2011 年 4 月正式上线。截至 2012 年 7 月，三大电信运营商都与新闻出版总署签署了《推进数字出版产业发展战略合作备忘录》，电信运营商通过与新闻出版主管部门合作，开始了对内容出版与数字终端的融合，致力于在渠道的基础上提供内容整合服务。

三、亚马逊模式：终端+渠道（平台）+内容

亚马逊公司的发展模式一直是移动阅读市场中数据内容提供商、终端设备制造商，以及平台服务商争相效仿的对象。

①内容：亚马逊公司创立于 1995 年 7 月，创业初期主要以网络书店业务为主。亚马逊公司通过自己的电子商务平台主要销售纸质书、电子书、软件及视听等产品，这也为移动阅读用户提供了完善的平台服务和丰富的数字资源。2011 年 5 月，美国亚马逊公司宣布 Kindle 电子书的销量已经超过了纸质书；此外，亚马逊公司“自助数字出版平台”给作者提供创新模式，为用户创造内容提供专业指导、专业包装与推广，并向读者提供书籍。

②终端：亚马逊公司及时把握移动阅读市场的商机，于 2007 年进入电子书硬件行业，并上线第一台 Kindle 电子书阅读器，采取投放低价格专用终端来增加用户

的战略。截至2012年9月,Kindle产品包括4G无线高清Kindle Fire平板电脑和Kindle Paperwhite电子书阅读器。2013年,亚马逊收购了三星旗下的显示屏技术公司Liquavista,并利用Liquavista的显示屏技术为Kindle及Kindle Fire开发出新的显示屏;2014年亚马逊公司全面转战平板电脑市场,与苹果、谷歌等厂商争夺平板电脑的市场占有率;亚马逊公司也将继续推动智能手机平台的开发工作。

③平台(渠道):通过Kindle平台的个人图书馆,亚马逊公司可对读者行为与偏好进行分析,从而实现精确的内容导购及其他个性化服务,为读者提供方便。此外,亚马逊公司也加强与图书馆的合作。自2011年9月开始,持有Kindle阅读器或Kindle App的用户可以从美国上千个图书馆中借阅亚马逊的电子书,读者通过图书馆网站上检索到Kindle电子书,就可以从亚马逊网站上进行借阅,电子书就可以直接发送到用户的移动终端上,读者还可以在电子书上做笔记和高亮显示;2011年11月,亚马逊公司会员持有Kindle阅读器可以从亚马逊书店中免费借阅图书,甚至包括畅销书。

亚马逊公司依靠海量数字内容,不断对内容进行整合,并捆绑硬件设备传播数字内容,打造从上游作者、出版社到下游平台、硬件甚至读者的合纵策略发展模式。

四、苹果模式:终端+渠道(平台)

①终端:苹果公司深得用户之心的当属其推出的移动终端设备,如iPhone、iPad及iPod等,这一系列智能终端在市场拥有高占有率和高覆盖率。目前,苹果公司除了销售iPhone智能手机和iPad平板电脑,还建立了内容应用商店App Store,提供可持续内容应用服务,旨在于打造有形移动终端+无形数字内容的“软硬结合”的发展模式,这也成为苹果公司在移动阅读产业中的主要亮点。硬件+内容的整合发展理念运营,增强了苹果移动设备的电子书阅读功能。

②平台(渠道):App Store里有许多第三方提供的适合在苹果移动终端上使用的应用的程序和内容,电子书就是最重要的应用之一,目前至少有数百种支持电子书阅读的应用程序落户苹果的App Store。苹果移动终端的热销,使大量内容提供商加紧与其合作,建立内容应用。2012年1月苹果公司推出“数字教科书计划”,通过iBookstore销售数字教科书。根据Global Equities Research报告,在数字教科书上线的3天内,iBookstore就销售350000本数字教科书,数字教科书充分体现新媒体的交互特性,用户可以在数字教科书观看嵌入的视频,可以浏览3D图片,还可

以对文字进行高亮显示和标注。通过以读者为中心,以终端为切入点,并提供了相应的优质数字内容和服务。

不难看出,苹果公司依靠高市场占有率的终端设备,吸引越来越多的内容提供商与其合作,通过其 App Store 平台提供移动阅读服务,“终端+渠道”的捆绑运营,使苹果公司在移动阅读市场中占有一席之地。

五、谷歌模式:内容+平台+终端

①内容+平台:谷歌公司在数字内容整合上一直倾注大量的人力、物力和财力。从 2004 年开始就寻求与图书馆和出版商合作,谷歌图书是谷歌数字图书馆计划中的数字产品,对用户提供全文检索服务,用户通过谷歌图书搜索功能可以在线浏览图书或获取图书相关信息,致力于构建完整的数字内容生态体系。

2004 年 8 月,谷歌图书搜索正式启动,提供由内容出版商提供的书本内容的搜索结果,谷歌目前已与 15 000 家出版商、70 多家图书馆进行合作,在欧美地区,很多大型出版集团和知名大学图书馆都与谷歌进行了合作,如哈珀 · 柯林斯出版集团、哈佛大学图书馆等。用户可以检索图书的基本书目信息,如果这本书超过版权期,用户就可以浏览全文和下载。一般情况下,用户可以通过链接去网上书店进行购买,或到图书馆进行借阅。2015 年 10 月,谷歌推出移动新闻阅读器,使用户打开新闻的页面的速度更快,改进用户在智能手机上阅读新闻的体验。

②终端:2007 年 11 月 5 日,谷歌发布了可以与苹果手机 iOS 分庭抗礼的开源手机操作系统 Android,为智能手机的发展做出巨大贡献;2010 年 1 月 5 日谷歌正式发布 Nexus 1 手机,Nexus 系列产品已经更新到 2012 年 10 月上线的 Nexus 4;此外,谷歌分别于 2012 年 6 月 28 日和 10 月 30 日推出自主品牌平板电脑 Nexus 7 和 Nexus 10 平板电脑;2015 年 2 月谷歌宣布和美国二大运营商结盟,并收购其支付合资公司 Softcard 的部分技术。

AT&T、Verizon Communications 和 T-Mobile US 将在运行 Lollipop 和 Kit Kat 版 Android 的手机上预装谷歌钱包应用,收购 Softcard 的资产并改进其支付服务,在智能手机上提供更多的支付功能,挑战苹果,构建更为强大的“内容+平台+终端”的发展模式。

六、微软模式:终端+内容

①终端:Windows Phone 是微软公司进军移动阅读市场的智能手机移动终端,

在美国智能手机市场上份额位居第三，有一定的市场占有率。除此之外，微软目前正在开发自己的电子书设备；围绕微软的平板电脑和自己开发的电子阅读器（eReader），致力于打造一个阅读生态系统，与亚马逊和苹果公司展开竞争。

②内容：2012年，微软公司与巴诺公司（Bames & Noble）宣布将会建立战略合作伙伴关系，巴诺是美国最大的实体图书零售商，微软对Nook业务部门投资3亿美元，软件巨头和电子书巨头联手此举，意在通过“移动终端+数字内容”的联合方式，与亚马逊移动数字内容生态系统进行竞争。

七、索尼模式：终端+内容

①终端：索尼公司在移动终端上的研发由来已久，2004年，索尼公司在日本推出了Librie电子书阅读器，世界首次采用电子墨水（e-Ink）研发与生产产品，并于2006年举办的美国消费者电子（CES）大展中推出Sony eBook Reader产品。目前Sony Reader在市场上仍有较高的占有率。据海外新闻网站调查，截至2012年，索尼的专用终端份额占6%。2014年8月，日本索尼公司公布了一款型号为DPTS-1的电子书，拥有13.3英寸的大屏，采用了Mobius柔性显示屏，它主攻专业领域，目前仅支持PDF格式的文档。

②内容：据百道网2013年5月的消息，索尼公司在已经在美国、加拿大、英国、德国和奥地利涉足电子书业务的基础上，开始扩大海外电子书业务，它们与澳大利亚出版社合作，创建了电子书服务网站。在未来1~2年里，索尼将以欧洲和大洋洲为中心，在约10个国家同时推进电子书的商业化，欲保证电子书的全球市场保持每年30%左右的增速；为抗衡亚马逊公司，索尼公司采取了开放机制，在其终端上可以直接利用当地书店巨头所提供的电子书服务。

索尼公司利用其具有竞争优势的电子书阅读器，整合适合其平板设备终端和游戏设备终端阅读的书籍，以及音乐和电影等影像版权作品服务，来提升硬件（终端）和软件（内容）的乘积效应。

八、日本乐天集团：内容+终端

日本乐天集团是日本最大的电子商务公司之一，拥有7 000多万用户。2011年11月，Rakuten斥资3.15亿美元收购同样在电子书阅读器领域具有强大实力的加拿大电子阅读器制造商Kobo，并通过收购在全球增加了500万潜在用户，通过其

2012 年 7 月推出的日文版的 Kobo 阅读器，为用户提供电子图书阅读，通过硬件与内容的整合效应，来推动移动阅读业务的发展。

九、日本电信公司 NTT DoCoMo 和 KDDI：渠道+终端+内容

NTT DoCoMo 不仅是日本领先的移动通信运营商，也是世界上最大的运营商之一，以提供移动通信技术而著称，如推出 I-MODE 移动服务项目等。在数字内容加工方面，NTT DoCoMo 不断加强数字资源的推广力度。2010 年 8 月和日本大型出版机构“大日本印刷株式会社”（DNP）合作，建立了手机网络书店“2Dfacto”，共同推出电子书服务和电子书阅读器产品，正式开始电子书服务。

日本第二大电信服务公司 KDDI 于 2010 年 12 月发布阅读器“Biblio Leaf SP02”，能预装约 3 000 册图书，太阳能充电功能使该阅读器能阅读约 50 本书。用户通过手机或无线网络，就可以从网络书店 Lismo Bookstore 上下载和购买所要阅读的图书；同时，KDDI 与索尼、凸版印刷公司和朝日新闻社等内容商进行合作，共同组建了一家合资公司，旨在出版和销售电子书，并为用户提供相关阅读服务。

日本电信公司的发展模式也使我们看到了越来越多的电信运营商在移动阅读产业链条上不断开拓增值服务，“渠道+终端+内容”是其寻求服务拓展的主要发展模式。

十、方正模式：内容+终端

方正公司的数字出版内容和平台是其主推的服务内容，方正数字出版系统为其服务平台，可提供涵括电子书、数字报、数字博物馆、专业数据库及移动阅读的一揽子技术解决方案，并能提供内容丰富的数字资源产品的运营服务；2009 年，方正集团也开始研发生产电子书阅读器文房，也旨在打造“内容+终端”的数字内容生态系统。

方正公司通过其数字内容平台，加强与图书馆的合作。例如，方正 Apabi 与上海图书馆合作，提供首家手持阅读器外借计划、跨平台移动阅读综合解决方案，该方案整合了馆藏的书、报、刊、多媒体等达百万种数量级的数字资源，打造一站式的阅读平台，为读者提供尽可能“友好”的操作使用界面，用户使用电子书阅读器、平板电脑及手机等各类移动设备就可进行阅读，并致力于使用户获得较好的移动阅读体验，较好地满足了用户的移动阅读需求。方正 Apabi 也加大与高等院校的合

作力度,开展移动阅读服务,如与东南大学在电子书、图片库等数字资源建设领域展开深入合作。2015 年,在中国图书馆年会上,方正 Apabi 通过“学知课堂解决方案”“方正 Apabi 全民阅读机”“方正 Apabi 论文提交系统”为各图书馆提供优质的知识服务体验,以及多元化的数字交互体验。

十一、汉王模式:终端+内容

汉王集团欲构建与亚马逊 Kindle 的移动阅读发展模式相类似的模式,因此,该公司的移动阅读战略终端与内容两方面都在抓。汉王集团首先在移动终端方面发力,2008 年 10 月汉王公司高调宣布进入该市场,接连推出 5 寸、6 寸、8 寸和 9 寸等多个提供手写、3G、Wi-Fi 等功能的电子书阅读器,是国内电子书阅读器产业比较有影响力的硬件设备制造商,2015 年 10 月 13 日,汉王科技公司举办“汉王云”发布会,正式为企业及个人用户提供云端的识别服务,这也标志着中国的文字识别技术进入 2.0 时代,从 PC 时代进入云计算时代。因此,汉王发展重心侧重于终端市场,辅以内容资源的整合。近年来,随着国外有影响力的电子阅读器终端进入中国市场及中国本土市场大量厂商的介入,电子书阅读器市场竞争激烈;此外,平板电脑市场如日中天,使电子书阅读器市场萎缩加剧,为此,汉王在主推电子书阅读器的同时,逐渐侧重于内容资源的整合与内容平台的构建,也搭建汉王书城阅读平台,通过丰富数字内容增加移动终端的竞争力,同时提供汉王书城 Android 客户端应用,方便用户获取汉王数字内容,逐步构建“终端+内容”的移动阅读发展模式。

汉王集团也注重与图书馆的合作与联盟,如和北京大学图书馆合作,为其提供电子书阅读器,免费提供给北京大学图书馆进行试用。

十二、OverDrive 模式:内容提供商

OverDrive 是世界领先的电子书、有声读物、音乐和视频资料等数字内容与服务提供商,与包括 Random House、HarperCollins、AudioGO、Harlequin 和 Bloomsbury 在内的 2 000 多个出版商进行合作,并为全球 22 000 所图书馆、学校和大学提供数字内容,并且 OverDrive 在数字内容产业中连续两年入选世界“数字内容 100 强”公司,根据 OverDrive 2013 年 1 月数据统计,2012 年 OverDrive 电子书和有声读物的借阅次数超过 70 000 000 次。

OverDrive 在构建下一代图书馆服务平台中,开发出一种基于浏览器的电子书

技术 OverDrive Read，该平台基于 HTML5 和 EPUB 开放标准，能够兼容任何一款移动终端、便携式设备或台式机，用户无须安装任何软件或激活设备就可以随时阅读数字内容。OverDrive 通过提供的云服务，将电子书都存储在云端，用户可以使用任何设备进行同步阅读，并且电子书可以缓存在浏览器中，方便用户脱机阅读。除此之外，下一代图书馆服务平台还包括支持一站式借阅的图书馆镜像网站，强大的搜索引擎，以及流媒体视频技术和 API 应用等。

2012 年 OverDrive 发布的电子书流通情况数据显示：OverDrive 提供服务的图书馆数量已达 2.2 万家；总访问次数达 1.92 亿，比 2011 年增长 93%；年度总借阅数达 7 000 万册次，目录访问达到 27 亿页次，比 2011 年增长 65%；包括电子书、音频资源、视频资源等在内的电子资源总量超 100 万，其中，2012 年新增电子书 30 万种；移动访问数量增加 47%；App 下载量达到 1 600 万次。

2013 年 4 月，OverDrive 与 Innovative Interfaces Inc.（Ⅲ）产品进行深层次 API 集成，使无缝体验成为可能，用户从图书馆 OPAC 可以进行借阅和预约电子书。稍后，这些 API 将提供给合作图书馆进行试点测试。2015 年 8 月，OverDrive 致力于 PDF 的转换工作，实现一个更快的云平台。在 OverDrive 中可以让企业的 PDF 格式的文件转换成电子书行业的 EPUB 标准，并且在格式和功能上没有显著的缺损。此外 OverDrive 还继续加强简化图书馆的应用程序及定制网站。OverDrive 结合用户阅读记录、评论和等级的统计数据，改善用户评论和推荐选择的机制，使他们能够更好地发现符合自己需求的新的作者和书目。

十三、3M 模式：内容提供商

3M 图书馆系统通过提供无线射频识别（RFID）、自动操作系统（AMH）、自助借阅和安全解决方案等前沿技术，致力于帮助图书馆不断发展与壮大。3M 最新创新项目——3M Cloud Library 成为增长最快的电子书借阅服务，这些电子书与 Nook、Kobo 和 Sony 阅读器和 iOS、Android 和 Windows 系统的智能移动终端设备都兼容，而且电子书还可以做笔记和创建标签等，3M Cloud Library 在 App Store 和 Google Play 平台上都有客户端应用，方便用户下载阅读。截至目前，3M 已经聚合了来自 300 家出版商的 200 000 本图书，让图书馆用户无论是在图书馆、家里或随时随地凭借图书馆读者证号就可以借阅电子书进行阅读，而无须读者个人信息，更不需要读者 E-mail 地址或密码信息，并且 3M 信守一旦图书馆购买电子书之后就可以永久拥有电子书内容的经营理念。3M Cloud Library 不仅可以借阅电子书，也可以提供电子书阅读器等硬件借阅服务。图书馆可以购买 3M 品牌的电子书阅读器，3M 阅读器易于使用，没有移动阅读终端设备的用户可以从图书馆借阅硬件设备，如同借阅电子书一样，这是 3M 与 OverDrive 的最大不同之处。目前与 3M Cloud Library 合作的图书馆包括圣保罗公共图书馆、堪萨斯数字图书馆联盟和亚拉巴马州的移动公共图书馆等。

十四、EBSCO：内容提供商

作为图书馆和其他机构主要的数据库和电子书提供者，EBSCO 提供来自世界各地 1 500 多家学术出版社和大学出版社的超过 82 万本高质量的电子书。可以根据高校图书馆、中小学图书馆、公共图书馆、医疗和政府和企业机构的不同需求，对畅销书目、新发行的书目及获奖书目进行相应的搜集。用户在 EBSCO 的 App 中可以查找并下载电子书到他们的设备中，并立即可以阅读。

EBSCOhost 每天的浏览量超过 1 亿次，在 App Store 中提供 App 下载服务，通过诸如 Bluefire Reader 或 Aldiko 应用支持移动阅读服务。

十五、Ebrary：内容提供商

Ebrary 创建于 1999 年，是 ProQuest 的子公司，致力于将重要的信息资源提供给全世界的图书馆和终端用户。目前，Ebrary 公司已与 500 多家世界级的出版社合作，在全球拥有 4 500 家图书馆用户，有公共馆，也有高校馆，包括国家图书馆、耶鲁大学图书馆、斯坦福大学图书馆、普林斯顿大学图书馆、南加州图书馆、奥克兰大学图书馆、旧金山大学图书馆等，Ebrary 帮助客户通过转换、多元化和流程简化等三个步骤获取电子书，并为 1 920 万终端用户提供服务。

目前大约有 290 000 种图书，并且不断更新。为了满足研究人员不断增长的需求，Ebrary 现在提供两种移动 App，一种是 iOS 移动设备，另一种是 Android 设备，研究人员可以基于客户端应用从 Ebrary 平台获取数字内容，包括主要出版商机构的电子书和图书馆上传的文献，研究人员还可以通过 App 平台上传个人研究成果，图书馆用户可以无缝接入 Ebrary 数据库，搜索书目信息，并从 Ebrary 网站上将文献直接下载到设备上，脱机阅读。

十六、EBL：内容+平台

EBL(Ebook Library)隶属于澳大利亚电子书集团有限公司，创建于 1997 年，是全球领先的电子书整合机构，EBL 因其首创灵活、创新的 PDA(Patron-driven Acquisition)模式和 Non-Linear™ 借阅模式而著称。EBL 提供来自 500 多家出版社的 32 万多种电子书，并为高校、企业、研究院所、政府和研究型图书馆提供电子书服务。全球拥有几百家图书馆用户，包括一些最有声望的高校和研究机构。

EBL 的电子书借阅服务可以与图书馆的馆藏和目录系统进行无缝整合，提供特有的按次收费的功能，电子书支持下载，并可以在笔记本计算机和电子书阅读器上离线阅读。为高校和研究型图书馆提供跨平台、兼容多种设备、在线或离线电子书系统。

EBL 电子书兼容任何移动设备。通过手机或者诸如 iPad 之类的移动设备可以访问 EBL 的用户界面，通过终端设备浏览器可以进行阅读，或者通过免费的 Bluefire Reader 将电子书下载到苹果手机、iPad 或者安卓设备上。当系统监测到用户是用户移动设备登录时，会选择直接下载到 Bluefire Reader 上，目前已提供 ePub 格式下载大约 35 000 种图书。

ProQuest 收购 EBL 后，于 2015 年年中发布了新型电子书平台 ProQuest 电子书中心(ProQuest Ebook Central)，该平台综合了 Ebrary 和 EBL 的关键元素，以用户为中心进行设计，改善端到端的电子书研究和管理体验。ProQuest 电子书中心和电子书中心阅读器(ProQuest Ebook Central Reader)的用户界面以 Ebrary 崭新的现代阅读器为基础从发现图书，到阅读再到书架，它可以拓展用户要求的宽度。ProQuest 电子书解决方案包括全球领先的 Ebrary 和 EBL 两个电子书平台，收录了世界著名的 600 多家出版社的逾 64 万种电子书。

十七、MyiLibrary：内容提供商

MyiLibrary 是世界上最大的物理和数字内容提供商 Ingram 内容集团的统一电子书内容聚合平台，为全球的高校、公共、医学、专业及协会图书馆提供书籍、音乐、媒体内容。

对于图书馆用户来说，MyiLibrary 是目前市场上增长最快、最全面的在线数字内容平台，图书馆可以获取一些主要出版商的 400 000 种电子书资源，而且每月增

加5 000种电子书。图书馆用户可以7×24小时随时随地获取数字内容,下载到个人阅读器上、创建书签及添加注释等。公共图书馆和中小学图书馆通过OASIS和iPage可以获取所有MyiLibrary上的电子书馆藏资源;对于苹果产品,也可以通过不同的PDF阅读器进行阅读。

用户通过MyiLibrary平台还可下载电子书,借阅重点新书,还可以预约其他畅销图书,通过个人电子阅读器随时随地享受移动阅读。

Ingram与Proquest开展电子书合作,通过使用OASIS平台可以查找并购买EBL和Ebrary的电子书,用户可以查看并检索来自1 000多家出版商超过60万的电子书。Ingram宣布整合OASIS平台,凭借其领先的iPage搜索功能及在2014年第4季度提供的内容管理工具,在2015年中期分阶段使用户过渡到全面的平台中。

不难看出,信息产业随着新技术的发展呈现出越来越快的融合趋势,技术、网络、应用与服务深度融合,内容提供商、设备制造商、软件服务提供商等之间的界限正逐渐模糊甚至消失,在抢占产业发展主导权的过程中,资源与服务的整体整合能力起着关键作用,移动阅读发展模式已经从单打独斗发展到产业生态系统中各个组成部分的多赢与共赢,软件要素与硬件要素的战略结合,助推产业链条上的各个组成部分不断提升其产业竞争力,保住其自身的行业领先地位。

移动互联网环境下,移动阅读市场产业发展潜力巨大,因此越来越多的电信运营商、内容提供商及硬件设备制造商纷纷进入这一产业生态圈,使这一行业在日趋激烈的竞争中迅速发展,促使整个产业生态圈中各个参与方的竞争格局不断洗牌,并逐渐形成了亚马逊、苹果和谷歌等多足鼎立的态势。

通过以上阐述,本节阐述了图书馆行业之外的竞争主体的移动阅读模式,对图书馆移动阅读服务模式提供很好的借鉴作用,图书馆机构如何在移动阅读业务上与各方力量合作与竞争,是图书馆人需要严肃对待的课题。

第二节 图书馆移动阅读服务模式

图书馆移动阅读服务,即指基于移动互联网环境下用户的阅读需求及阅读目的,借助移动设备和媒介,为读者的阅读活动提供的一系列阅读服务。图书馆作为公益服务机构,在移动阅读服务推广方面,可以与各大数据内容提供商、出版商、终端设备制造商、运营商及技术公司进行合作，共同推动图书馆移动阅读的发展，创造多赢的市场格局。在上文探讨的移动阅读现有模式中，盛大模式、中国移动（包括电信、联通）模式都已经成型，在国内有一定影响，当然它们还不属于图书馆行业的移动阅读，但是图书馆等机构可以探讨与其如何合作事宜，上海图书馆目前的阅读模式值得参考与借鉴；作为与图书馆有过密切合作的电子书、有声读物、音乐和视频资料等数字内容与服务提供商，如国外目前流行的 OverDrive 和 3M 模式，图书馆可以做更多的研究与合作。

总的来说，根据调查可知，目前图书馆移动阅读服务模式主要分为以下四种：①移动设备（如电子书阅读器、平板电脑等），预装数字内容，出借移动设备让读者体验移动阅读；②移动平台或自动化系统（如汇文）的移动服务功能系统，但使用用户自有的移动终端；③Mobile 版数字资源，如 EBSCOhost Mobile、PubMed、RefWorks、WorldCat Mobile 等；④自建移动图书馆或自有数字资源，或者自有特色馆藏资源的移动发布。

一、借阅模式

借阅模式，即由图书馆服务机构购买移动设备（如电子书阅读器、平板电脑等），预装数字内容，出借移动设备为读者提供移动阅读服务。

①纯设备借阅模式，即用户一方面可以通过借阅电子阅读器等移动设备，阅读电子阅读器中随机预装的图书，此外，也可以自己使用阅读器去网站中下载所需资源。越来越多的美国图书馆出借 Kindle 及其他电子书阅读器，供图书馆用户浏览与阅读。2007 年，美国新泽西州的 Sparta 公共图书馆在 Kindle 阅读器刚推出时，在全美就最先采购两台 Kindle 阅读器提供电子书阅读器出借服务，开创美国出现电子书阅读器出借业务的先河，允许用户使用图书馆账号在借出的 Kindle 阅读器上免费下载亚马逊网站上的电子书，便于用户阅读电子书，这种直接让用户采购的政策及时满足了图书馆用户的阅读需要。

北京大学图书馆 2009 年与汉王科技合作，提供汉王电子书阅读器的借阅服务；辽宁省图书馆从 2011 年就提供外借电子书阅读器服务，截至目前，共购入 500 台平板电脑，20 多台汉王电子书阅读器，平板电脑中内置超星软件和图书，除了自身带的 3 000 册图书外，每台电子书阅读器都可以下载馆内丰富的资源；辽宁省图书馆的移动阅读服务主要是基于方正电子图书中华数字书苑和龙源手机图书馆两个数据库的支持。目前，很多公共图书馆和高校图书馆都开始提供电子阅读器、平板电脑出借服务，此种新颖的服务和新的阅读体验深受用户欢迎。

②设备定制模式，即对电子书阅读器的软硬件系统定制开发，以便更好地揭示本馆馆藏，方便读者利用此类设备轻松访问与利用本馆海量专属数据资源。例如，上海图书馆自2009年2月在全国率先推出电子阅读器外借服务后，已经有2 000台电子书阅读器在总馆和5个分馆供读者流通使用；随后，上海图书馆引进盛大锦书阅读器200台，并购买40种付费电子书，每种5复本，共计200复本，用以提供个性化定制服务，对产品的功能进行了优化，内容进行了扩充；内容方面，从纯书籍阅读，向综合网站（集图书、报刊、网络文学于一体）及安装具有以上功能和内容集合的应用发展；硬件功能方面，由电磁笔触控或键盘控制向更接近传统阅读体验的手指触控等发展。图书馆员用户凭借上海图书馆一卡通就可在上海市任意一家图书馆借阅到电子阅读器，并可以登录上海图书馆打造的海量资源阅读平台，方便地检索、下载、浏览并阅读自己所需要的信息资源。

二、采购移动服务平台或移动服务模块

采购移动平台或移动服务模块，即图书馆等服务机构通过购买移动平台或图书馆自动化系统中的移动服务功能模块，为用户提供移动阅读服务。

Demco软件公司（原先的Boopsie公司）作为全球大学和图书馆移动技术解决方案的提供者，至今已为全世界2500多家高校图书馆和公共图书馆提供自主研发的移动App。通过图书馆的Demco ® Discover Mobile本地移动应用集成服务平台，图书馆用户可以访问OverDrive的电子书、音频资源及视频资源，以及3M Cloud Library的电子书资源等。

此外，Springshare公司研发的Libguides内容管理和知识分享平台兼容移动设备，所有页面都针对移动浏览器进行优化。例如，鲍灵格林州立大学图书馆（Library of Bowling Green State University）使用Springshare公司研发的Libguides平台提供移动阅读服务，图书馆用户通过移动设备可以阅读此平台上ARTstor Mobile、Lexis-Nexis Academic Mobile、ProQuest Mobile、PubMed Mobile、RefWorks Mobile和World CatMobile等资源。

国内图书馆用户可以购买书生移动图书馆或超星移动图书馆等移动服务平台，使用各种手持移动终端设备的读者就可以对图书馆的电子资源进行检索、借阅

或全文访问等。目前支持的设备类型包括塞班、Android、苹果的 iOS 等，如辽宁省图书馆、北京理工大学图书馆等购买超星公司的移动平台，提供期刊、论文及电子书在线阅读服务；或者可以通过购买汇文软件的短信服务平台、手机图书馆门户、掌上 App 等，如大连理工大学图书馆购买汇文移动平台，通过书目检索系统手机服务和掌上汇文平台，提供图书咨询、预约、续借、图书评价与最新通报、讲座信息及推荐阅读等服务。

三、采购 Mobile 版数子内容

采购 Mobile 版数字内容，即图书馆通过购买 EBSCOhost Mobile、PubMed、RefWorks、WorldCat Mobile、JSTOR Mobile、ProQuest Mobile 等移动数据库资源，如美国耶鲁大学图书馆、美国达特茅斯学院图书馆等；或者购买 OverDrive、3M Cloud Library 等业界领先的、提供移动阅读解决方案的数字内容提供商，为馆用户提供移动阅读服务。

四、自建或合作开发模式

自建或合作开发模式，即图书馆通过自建（或合作开发）移动图书馆平台、数字资源或机构库等移动馆藏资源，为图书馆用户提供移动阅读服务，如清华大学移动数字图书馆系统（TWIMS）、重庆大学移动图书馆、厦门大学图书馆手机客户端等通过自建（或合作开发）的移动图书馆平台，为拥有相应设备的读者提供移动阅读服务；上海交通大学图书馆自 2011 年 10 月起，向全校师生推送个性化的电子教参资源，并推广电子教参的移动阅读。此外，图书馆的 Self-publishing 平台、图书馆 2.0 资源（微博、微信、SNS 服务、视频网站等）、开放获取资源是图书馆自建移动阅读内容的另一创新模式，为图书馆开展移动阅读、传递信息提供了一个交互式传播渠道。以 Lib2.0 资源为例，图书馆不仅可以通过微博等渠道发布采购的新书目录，还可以给出图书馆电子资源的链接，方便读者的移动阅读。作为读者，可以通过微博留言给出自己的意见，提出自己阅读意愿或者分享阅读体验。图书馆可以根据这些用户的信息进而改进自身的服务，如清华大学图书馆、厦门大学图书馆都在腾讯或新浪上建立了自己的官方微博。

这四种模式的主要区别在于图书馆资源移动访问的处理方法上。模式一的优势在于用户体验较好，因为移动设备由图书馆购买，可以选择契合移动设备的数字

内容预先安装,缺点是移动设备仍然是一笔不菲的投资且受众有限。模式二实际上是立足现有的图书馆资源,通过技术手段使得现有的图书馆资源能被用户访问。因用户的移动设备品种多样,一般仅能支持主流的移动操作系统,如 Android。此模式把资源的移动访问交由第三方来完成,第三方移动平台起连接图书馆现有资源和移动终端的作用。模式三与模式二不同,它由数据库商直接提供其移动访问的平台,从单个数据库角度看,用户体验要好于模式二。模式四属于自有资源的移动发布,不涉及其他图书馆购买访问权的资源。这四种模式并不是完全独立的,它们完全可以共存在同一所图书馆中,提供给用户多样化的选择。

但目前图书馆对移动阅读服务模式的选择一般还停留在感性认识的初级阶段。初级阶段一方面表现在图书馆对用户真正需求的移动阅读服务模式缺乏了解,对移动图书馆的服务效果也缺乏客观的评价;另一方面,图书馆对移动阅读相关产业生态链也缺乏考察分析,不同的移动阅读服务模式,图书馆在产业链中的作用、地位是不一样的。如果不了解图书馆在移动阅读产业链中的地位,就无法切实发挥好图书馆的作用。

五、案例:上海图书馆移动阅读模式

2012 年,上海图书馆与盛大文学云中书城签署协议,宣布上海市民数字阅读推广计划网站——“市民数字阅读网”正式开通。

上海图书馆引进盛大文学锦书阅读器 200 台,做个性化定制;并购 40 种付费电子书,每种 5 本复本,共计 200 本复本。为便于读者使用,每台锦书预装有 100 部免费书籍和 1 部付费书籍,共计 101 部电子书,图书馆用户可自己登录云中书城随时更换与下载新的图书。

从上海图书馆思路出发,有如下发展路径。

①动态复本发展路径。盛大服务器支持动态复本跟踪,锦书读者按照上海图书馆的借书规则(关于册书和借期等规则)任意下载;额满为止。归还再借;可由 40 种扩大到 400 种、4 000 种等;可由 20 本复本扩大到 2 000 本复本、20 000 本复本等。当然,这需要足够多的锦书阅读器,于是扩大为下面几种引申路径。

②读者自带锦书,也能经过认证而借阅,这一做法的结果是扩大了锦书的用户,当然这需要突破目前盛大内容与锦书序列号捆绑的版权管理模式。

③上海图书馆专门设立云中上图频道,用户可以在任意手持设备上下载阅读

购买的盛大内容，这一做法的结果是扩大了盛大文学的读者（此处由上海图书馆来付费）。这一方面可能使盛大的资源看起来“转移”到了上海图书馆的服务器中（可能是虚拟的），另一方面把版权内容的管理需求完全托付给了特殊的文件格式，需要特别的 DRM 控制。

④盛大免费的内容，可做成网上图书的形式，通过书目元数据或 Api，让图书馆进行内容集成，像书一样提供阅读服务。

⑤盛大文学将图书馆从各处订购的、获得服务许可的资源，集成到盛大文学的服务界面中，向盛大文学的用户（需经过简单的注册、虚拟地成为上图的读者之后）和上海图书馆的读者提供整合服务。

⑥盛大云中书城中开设云中上图，上海图书馆数字阅读资源中集成进云中书城，提供任意终端设备的自由阅读。

因此，内容方面，从纯书籍阅读逐渐向综合网站（可同时访问图书、报刊、网络文学等）及安装具有如上功能和内容集合的应用发展；硬件功能方面，由电磁笔触控或键盘控制逐渐向更接近传统阅读体验的手指触控发展等。读者通过上海图书馆一卡通可在上海市任何一家图书馆借阅到电子阅读器，并可以登录上海图书馆打造的海量资源阅读平台，方便地检索、下载、浏览和阅读自己所需要的信息资源。

用上海图书馆副馆长刘炜研究员的话来说，任何新东西出来都是不完美的，虽然我们正在努力，也希望尽力，图书馆一直致力于探索一个合作模式，因此，绝对不敢在任何一个细节上疏忽大意。和盛大的合作是谈了三年，合同也几乎整整签了一年才签下来，图书馆移动阅读服务一直致力于探索一个合作模式，通过谨慎提供清单，经采编甄选，并有事后剔除机制，这也符合盛大的 UGC 筛选过滤模式；同时盛大文学也具有所有出版资质，也能出版大量的优秀作品。

参考文献

[1] 茆意宏. 移动互联网用户阅读行为研究[M]. 北京:中国社会科学出版社,2016.

[2] 茆意宏. 面向用户需求的图书馆移动信息服务研究[M]. 北京:中国书籍出版社,2013.

[3] 李东来. 图书馆数字阅读推广[M]. 北京:朝华出版社,2015.

[4] 叶莎莎. 基于情境感知的移动图书馆服务研究[M]. 上海:世界图书出版上海有限公司,2015.

[5] 图书情报工作杂志社. 移动图书馆服务的现状与未来[M]. 北京:海洋出版社,2015.

[6] 广州市图书馆学会. 图书馆合作创新与发展 2016 年卷[M]. 广州:暨南大学出版社,2015.

[7] 严潮斌,李泰峰. 高校图书馆资源与服务体系建设研究[M]. 北京:北京邮电大学出版社,2015.

[8] 于亚秀,汪志莉,张毅. 高校图书馆创新服务[M]. 上海:上海社会科学院出版社,2016.

[9] 王净,周建彩. 创新服务融合图书馆建设发展研究论文集[M]. 青岛:中国海洋大学出版社,2016.

[10] 程大立. 全媒体环境下图书馆阅读推广工作研究[M]. 合肥:安徽教育出版社,2013.

[11] 赵枫. 大学阅读与图书馆信息服务[M]. 长春:吉林人民出版社,2018.

[12] 黄俊贵,邓以宁. 社会阅读与图书馆服务[M]. 合肥:安徽大学出版社,2010.

[13] 李俊国,汪茜. 图书馆儿童阅读推广[M]. 北京:朝华出版社,2015.

[14] 邱冠华,金德政. 图书馆阅读推广基础工作[M]. 北京:朝华出版社,2015.

[15] 王余光. 图书馆阅读推广研究[M]. 北京:朝华出版社,2015.